Pia Silvani & Lynn Eckhardt

Welpen und Kinder:

So werden sie gemeinsam groß

Ein Ratgeber für Eltern

Kynos Verlag

Titel der englischen Originalausgabe: *Raising Puppies & Kids Together – A Guide for Parents*

Aus dem Englischen übertragen von Gisela Rau

KYNOS VERLAG
Dr. Dieter Fleig GmbH
Am Remelsbach 30
D - 54570 Mürlenbach/Eifel
Fon: +49 (0) 6594 653
Fax: +49 (0) 6594 452
web: www.kynos-verlag.de

Fotos:
Lynn Becker: Seite 183
Mary Bloom: Seite 104
Jean Donaldson: Seite 150
Lynn Eckhardt: Seiten 15, 27, 36, 43, 45, 54, 71, 48, 90, 99, 100, 109, 112, 118, 125, 127, 134, 136, 147, 157, 163, 166, 176, 198, 201, 203, 207, 208, 222, 225, 226, 233
Tim Eckhardt: Seite 236
Isabelle Francais: Seiten 8, 13, 18, 20, 33, 35, 38, 42, 49, 59, 62, 64, 66, 68, 73, 77, 83, 85, 94, 96, 103, 108, 116, 123, 128, 130, 132, 140, 142, 164, 165, 168, 170, 171, 174, 181, 182, 186, 189, 214, 216, 228,234
Pia Silvani: Seiten 10, 16, 24, 51, 56, 74, 99, 134, 147, 155, 159, 169, 176, 193, 201

Druck: SIA Printfinder, Riga, Lettland

ISBN 978-3-938071-30-4

Inhaltsverzeichnis

Inhaltsverzeichnis

Vorwort

Endlich! Ein vollständiger Ratgeber für all diejenigen Eltern, die der magischen Kombination von Kindern und Hundewelpen erlegen sind.

Sie müssen sich nicht länger zweifelnd fragen, ob Sie es schaffen können, ein wohlerzogenes Kind und einen wohlerzogenen Welpen in die Familie zu integrieren. Sie werden Erfolg haben und Momente voller Lebensglück für alle Familienmitglieder erreichen.

Auf alle Fragen finden Sie verständliche und alle Aspekte berücksichtigende Antworten, und wenn Sie schon mitten in der Phase der tatsächlichen Durchführung stecken, finden Sie hier alle nötigen Informationen.

Die Autorinnen schöpfen aus ihren Erfahrungen mit Tausenden von Menschen und Hunden aus ihrem Kundenkreis, bereichern dieses Buch mit leicht verständlichen Erklärungen und aus dem Leben gegriffenen Beispielen zur Verdeutlichung jeder Lektion.

Es ist kein Wunder, dass die beiden die perfekten Kandidatinnen für ein Buch zu diesem Thema sind: Sie haben Tausende von Kunden und treuen Anhängern in den ganzen Vereinigten Staaten, die ihnen für ihre Hilfe zur Problemlösung und den Spaß, den sie zusammen mit jeder Lektion vermitteln, dankbar sind. Das einzige Problem war, sie rechtzeitig zum Aufhören zu bewegen, damit sie ihren praktischen Erfahrungsschatz konzentriert in diesem Buch wiedergeben konnten.

Ein erfolgreiches Management von Kindern und Hundewelpen wird zu einer lebenslang bleibenden Lektion in Einfühlungsvermögen, Sorge tragen, Lernen oder einfach nur herzhaftem Lachen. Mit diesem Buch müssen Sie nicht länger nach der besten Methode suchen, wie Sie all das bewerkstelligen können. Die Autorinnen haben die Antworten auf Ihre Fragen und stellen realistische Erwartungen sowohl an Kinder als auch an Welpen.

Wir empfehlen dieses Buch und freuen uns auf den sicherlich kommenden Zuwachs an human aufgezogenen Hundewelpen und glücklichen, wohlerzogenen und mitfühlenden Kindern.

Edwin Sayres Jr., Präsident der amerikanischen Gesellschaft gegen Grausamkeit an Tieren (ASPCA)

»Wer auch immer gesagt hat, dass man Glück nicht kaufen könne – er hat dabei nicht an Hundewelpen gedacht.« (Gene Hill)

Teil 1

Was Sie wissen sollten, bevor der Welpe kommt

Kapitel 1

Welpen: Die ersten 12 Lebenswochen

Ihr Ziel als frischgebackene »Welpenmama« oder als »Welpenpapa« ist es, dem Welpen den bestmöglichen Start ins Leben zu ermöglichen. Dabei sind die richtige Pflege, Ernährung und Sozialisation während seiner ersten 16 Lebenswochen grundlegend wichtig. Die ersten Monate im Leben eines Hundes sind die wichtigsten Monate seines ganzen Lebens: Sie sind entscheidend für seine soziale Entwicklung und sein künftiges Wohlergehen.

Der durchschnittliche Welpe lernt zwischen der 3. und 16. Lebenswoche mehr als in seinem ganzen restlichen Leben. Was auch immer in dieser entscheidenden Entwicklungsphase geschieht, hat bleibende emotionale und kognitive Auswirkungen auf den Hund. Leider haben wir nur über einen Teil dieser entscheidenden Sozialisationsphase selbst die Kontrolle, weil wir Welpen normalerweise erst im Alter von etwa acht Wochen zu uns holen. Werden Sie sich darüber klar, welche Entwicklungsstadien Ihr Welpe gerade durchmacht, sodass Sie ihn da abholen können, wo er steht. Wie der Welpe seine ersten fünf Wochen verbracht hat, legt das Fundament dafür, dass er ein in Körper und Verhalten gesunder Hund wird.

Die Entwicklung des Hundes

Die neonatale Phase (Neugeborenenphase)

Hunde sind während ihrer ersten zwölf Lebenstage ziemlich hilflos. Ihre Augen und Ohren sind noch nicht geöffnet und ihre Bewegungsfähigkeit ist noch sehr eingeschränkt. Sie sind praktisch blind und taub, können ihre Körpertemperatur noch nicht selbst regulieren und sich nicht ohne Stimulation lösen. In dieser neonatalen Phase verbringen die Welpen die meiste Zeit mit Schlafen und Saugen. Wenn sie angefasst und milden Umweltreizen ausgesetzt werden, kann dies positive Auswirkungen auf ihre späteren Lebensjahre haben. Welpen, die während dieser Phase ungestört gelassen oder isoliert aufgezogen werden, können hingegen emotional besonders empfindlich reagieren, wenn sie ins Erwachsenenalter kommen. Meist bemerkt man die Anzeichen dafür erst, wenn der Hund zwei bis drei Jahre alt ist (je nach Rasse und Größe des Hundes), denn sie sind anfangs so schwach, dass ein unerfahrener Hundehalter sie nicht als Beginn eines möglichen kommenden Problems erkennt. Solche Anzeichen können zum Beispiel sein, dass sich ein Hund vor plötzlichen Bewegungen oder Geräuschen erschreckt (z.B. vor einer auf den Boden fallenden Zeitung), dass ein Hund auf das kleinste Geräusch hin bellt und immer »in Habachtstellung« zu sein scheint, dass er nur ungern alleine bleibt, ohne im Haus etwas zu zerstören oder dass ein Hund Scheu vor fremden Menschen hat und fremde Menschen anbellt.

Die Übergangsphase

Die sogenannte Übergangsphase findet ungefähr zwischen dem 12. und 21. Lebenstag statt. In dieser Zeit beginnen die Welpen, ihre Fähigkeiten zu Sinneswahrnehmung und Bewegung weiter zu entwickeln, meistens am 18. oder 19. Tag. Die Augen und Ohren öffnen sich, die Welpen haben größere Kontrolle über sich selbst. Sie beginnen, anfangs ungeschickt umherzulaufen, erstmals weiches Futter zu sich zu nehmen (mit Durchkommen der ersten Zähne) und tauchen in eine Welt voller für sie neuer Reize ein. Wenn man sie jetzt in einer fremden Umgebung alleine lässt, beginnen sie zu winseln und zu jammern, auch wenn sie es warm und bequem haben. Weil ihr Gehör sich jetzt entwickelt, erschrecken sie sich auch vor Geräuschen. Mit ihrer Mutter und den Wurfgeschwistern lernen sie Sozialverhalten. Auch verlassen sie nun erstmals das »Nest« oder den »Bau«, um Kot und Urin abzusetzen.

Die Sozialisationsphase

Die Sozialisationsphase beginnt im Alter von etwa drei Wochen und endet normalerweise um die 12. Lebenswoche. Dies ist eine sehr sensible Phase in der Entwicklung jeden Hundes. Außerdem ist dies für Welpen die ideale Zeit, um Erfahrungen zu sammeln und die Welt kennenzulernen, ohne Angst davor zu bekommen.

Die Sozialisationsphase beginnt etwa im Alter von drei Wochen.

3. bis 5. Lebenswoche

Zwischen der dritten und fünften Lebenswoche durchlaufen die Welpen eine vorläufige Sozialisationsphase, in der schon ein großer Teil des Lernens stattfindet. Sehr vieles davon legt schon die Grundlagen für künftige Verhaltensmuster (gute und schlechte), die der Hund im späteren Leben einmal zeigen wird. Der Züchter kann jetzt anhand der Lautäußerungen mehr Stress im Wurf beobachten: Winseln, Jammern, Weinen und manchmal auch etwas, das sich wie Schreien anhört, treten auf. Die Welpen beginnen nun auch, mit ihren Wurfgeschwistern zu spielen und dabei ihre Zähnchen einzusetzen. Sie beißen sich spielerisch, packen, schütteln einander und halten sich gegenseitig fest. Wenn ein Welpe dabei zu fest zubeißt, eine Hautfalte packt oder einen anderen Welpen zu brutal festhält, stößt der Angegriffene ein hohes Schmerzjaulen aus, welches das Spiel sofort beendet. Die Spielunterbrechung macht dem »Angreifer« klar, dass er dem anderen wehgetan hat. Der »Verletzte« lernt, dass er die unangenehme Aktion mit seinem Jaulen beenden konnte. Das zu grobe Spiel führte zum Ende der Spielaktivitäten – was eine Strafe für den Angreifer bedeutet. Auch der Angegriffene beendete das Spiel, für ihn aber bedeutete das eine Belohnung. Jeder der beiden Welpen hat also eine wichtige Lektion gelernt: Der »Beißer«, dass das schöne Spiel aufhört, wenn er mit gleichem Kraftseinsatz weitermacht. Der »Gebissene«, dass ein

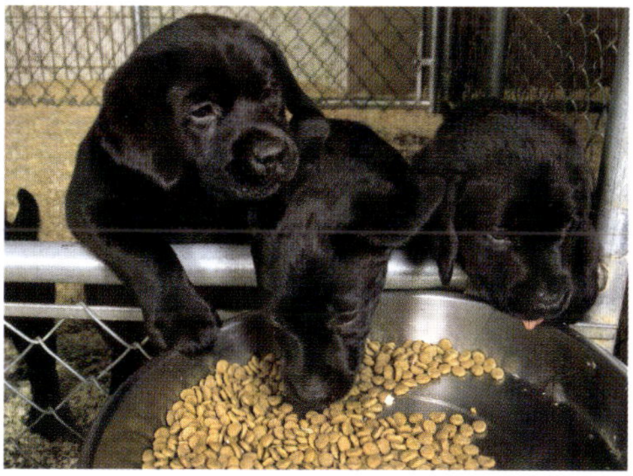

Ein Großteil des Lernens findet während der ersten Lebenswochen statt.

helles Aufjaulen die Schmerzen durch die Zähne des anderen beendet. Im Gegensatz zu Menschen hegen Welpen aber nach einer solchen Aktion keinen Groll oder ziehen sich beleidigt zurück, sondern spielen schon kurz darauf wieder weiter. Der allzu forsche Welpe wird nun seine Zähne etwas sanfter einsetzen. Er hat gelernt, vorsichtig mit ihnen umzugehen, damit der Spaß weitergeht. Der andere Welpe hat gelernt, zu jaulen, wenn er sich bedroht oder ängstlich fühlt oder Schmerzen hat.

Zwischen der 3. und 5. Lebenswoche findet ein großer Teil des Lernens statt.

Wie viele Menschen haben schon einmal schnell nach einem Welpen gegriffen und waren dann von dessen plötzlichem Aufjaulen überrascht? Dies ist etwas, das der Welpe beim Spielen gelernt hat. Für ihn ist es ein Schlüssel zur Sicherheit – wichtig für Sie zu wissen! Wenn Ihr Welpe jault, während Ihr Kind mit ihm spielt, ihn umarmt oder knuddelt, dann versucht er, mit dem Kind zu kommunizieren. Sein Jaulen sollte nicht ignoriert werden!

Während dieser Phase zeigt der Welpe auch ein gesteigertes Interesse an belebten oder unbelebten Gegenständen und beginnt, die Welt um sich herum zu entdecken. Gewissenhafte Züchter sorgen dafür, dass die Welpen Zeit dafür haben, ihre Entdeckungen auf ungefährliche Art und Weise zu machen. Dabei müssen sie jederzeit die Möglichkeit zum Rückzug haben, wenn sie Angst bekommen. Untersuchungen haben gezeigt, dass Welpen, die während dieser Phase ohne Fluchtmöglichkeit in Käfigen oder Zwingern gehalten werden, keine normale Fluchtreaktion entwickeln. Oft hören wir von Hundehaltern nach Beißvorfällen, dass der Hund eigentlich ängstlich aussah und hätte ausweichen können, stattdessen aber das sich nähernde Kind gebissen habe. Dies kann daran liegen, dass der Hund nie eine richtige Fluchtreaktion gelernt hat.

In dieser Zeit tritt die Persönlichkeit des Welpen mehr und mehr zutage. Die forschen und selbstsicheren Welpen ergreifen die Initiative zu Beginn und Ende von Spielen, entfernen sich zu Entdeckungszwecken weiter vom Wurf weg, ohne dabei Angst zu zeigen und beweisen Neugier, indem sie irgendwelche Objekte für sich entdecken oder angreifen. Eher schüchterne und vorsichtige Welpen folgen zwar vielleicht ihren forschen Geschwistern, scheuen aber vor fremden Gegenständen zurück oder warten erst ab, was auf den Vorstoß ihrer mutigeren Geschwister hin geschieht.

Welche Welpenpersönlichkeit besser zu einem Kind passt? Das ist schwer zu sagen, weil sich die Welpen in dieser Phase von Tag zu Tag und von Woche zu Woche verändern. Der mutige Welpe kann heute furchtlos und morgen vorsichtig oder umgekehrt erscheinen. Manchmal kann ein forscher Welpe perfekt für Kinder mit unerschrockener Persönlichkeit sein und ein ruhiger Welpe für ein von Natur aus ruhigeres Kind. Wenn wir selbst Welpen für Familien aussuchen, versuchen wir stets, die Persönlichkeiten der Welpen denen der Kinder so gut wie möglich anzupassen. Wenn die Familie mehr als ein Kind hat, haben natürlich nicht alle die gleiche Persönlichkeit. In diesem Fall wäre ein möglichst ausgeglichener Welpe die beste Wahl.

Fünf Wochen alter Wurf.

5. Lebenswoche

Im Alter von ungefähr fünf Wochen beginnt der Entwöhnungsprozess. Gute Züchter mischen sich da nicht ein, weil das Schnappen und Knurren der Hündin nach den Welpen wichtig für das spätere Wohlergehen der Kleinen ist. Die Welpen können während dieser Zeit sehr viel von ihrer Mutter lernen, und zwar sowohl über Menschen als auch über Hunde.

Im Alter von fünf Wochen lernen Welpen sehr viel von ihrer Mutter.

Wenn das Verhalten der Hündin gegenüber einem sich nähernden Erwachsenen, Kind oder Hund eine Angstreaktion bei den Welpen auslöst, könnten sie später grundsätzlich ängstlich gegenüber Menschen oder Hunden sein.

Unzureichende Sozialisation in dieser Phase kann in späteren Jahren zu vielen Problemen führen. Schlecht sozialisierte Hunde neigen zu Hyperaktivität, können sich schlechter anpassen, zeigen

Welpen müssen ihre Umwelt entdecken können.

Angst, angstbedingte Aggression, zwanghaftes Verhalten (z.B. Pfotenlecken, im Kreis drehen, sich selbst beißen) und bellen öfter als durchschnittliche Hunde. Werden Welpen in dieser Phase von ihrer Mutter getrennt, können sie eine Intoleranz gegenüber anderen Hunden entwickeln oder die Unfähigkeit, normales Hundeverhalten zu erkennen und zu verstehen. Wenn die Welpen in dieser Zeit nicht mit Menschen (besonders mit Kindern) sozialisiert sind, können sie später misstrauisch werden, weil sie einfach zu wenig Erfahrung mit ihnen gemacht haben.

Viele Leute fragen sich, warum Welpen, die in einem Haushalt mit Kindern aufgewachsen sind, grob oder sogar intolerant zu Kindern sind. Die Antwort ist einfach – wenn die Erfahrungen des Welpen mit Kindern nicht positiv und angenehm waren, hat er am Zusammensein mit ihnen keine Freude. Kinder verhalten sich anders als Erwachsene. Sie betrachten Welpen eher als Spielgefährten oder als Spielzeug, auch sind sie viel impulsiver. All das kann einen Welpen sehr einschüchtern, wenn Sie nicht darauf Acht geben.

6 bis 12 Wochen

Die zweite Sozialisationsphase findet etwa zwischen der 6. und 12. Lebenswoche statt, wobei die vermutlich am stärksten prägende Zeit in der 9. Woche liegt. Die Welpen zeigen zwar nun mehr Entdeckerdrang und Neugier, aber gleichzeitig auch mehr Angst. Wie wir mit den Jahren von vielen Experten gelernt haben, ist entscheidend, dass Welpen genügend Sozialkontakt haben, damit sie sowohl Menschen als auch Hunde mögen lernen. Außerdem muss ein Welpe während dieser Sozialisationsphase so vielen Umweltreizen wie möglich ausgesetzt werden. Was auch immer Ihr Welpe in dieser zweiten Sozialisationsphase erfährt, wird einen starken Einfluss auf ihn haben, der für den Rest seines Lebens anhält. Messen Sie dieser Zeit also die nötige Bedeutung zu und legen Sie die Grundlage für einen wohler-

MERKE

Beginnen Sie frühzeitig mit der Erziehung

Wir haben unsere Welpen mit sieben Wochen vom Züchter geholt und schon in ihrer ersten Woche bei uns mit der Grunderziehung begonnen. Mit neun Wochen fuhren sie problemlos in der Box im Auto mit, kamen mit zu Verwandtenbesuchen, machten gute Erfahrungen in der Tierarztpraxis und trafen Artgenossen gleichen Alters. Sie lernten Menschen aus verschiedenen Kulturkreisen kennen und unternahmen mit uns tägliche Ausflüge an öffentliche Plätze (z.B. zum Schuster, in die Reinigung, zum Wochenmarkt, ins Gartencenter, die Scheune des Nachbarn und verschiedene Parkanlagen, wo sie unter anderem lernten, ihre Pfoten ins Wasser zu setzen). Auf diese Weise stellten wir sicher, dass die Welpen zu ausgeglichenen und vertrauensvollen Hunden heranwuchsen.

zogenen Hund. Mit sieben Wochen ist das Gehirn eines Welpen weit genug entwickelt, um verarbeiten zu können, was er lernen muss.

Stellen Sie also unbedingt sicher, dass Ihr Welpe sich sozial gut entwickeln kann. Das ist ihm nicht möglich, wenn seine Umwelt ihm nicht genügend Erfahrungen bietet. Wenn Sie an Ihrem Welpen ein Verhalten bemerken, das Ihnen Sorgen macht, sollten Sie bei einem guten Spezialisten, zum Beispiel bei einem Tierart mit Fachrichtung Verhaltenstherapie, Rat suchen.

Die juvenile Phase

Mit etwa 12 Wochen tritt der Welpe durch Reifung im Verhalten und in sexueller Hinsicht in die juvenile Phase oder das Jugendlichenalter ein (wir

Sind Sie sich darüber im Klaren, was ein Welpe für Ihr Leben bedeuten wird?

nennen das gerne die »Teenagerzeit«). Weil das für Sie, den Hund und die Kinder eine schwierige Zeit sein kann, haben wir diesem Thema ein eigenes Kapitel gewidmet. (Siehe Kapitel 11, Die juvenile Phase.)

Was Sie während der ersten 12 Wochen erwartet

Ihr Welpe *wird*:

- ins Haus machen, trotz Ihrer Bemühungen, ihn stündlich hinauszubringen.
- mitten in der Nacht aufwachen und jammern, weil er hinausmöchte oder sich lösen muss. Er kann in diesem Alter einfach körperlich noch nicht so lange einhalten.
- an Ihren Sachen (wie z.B. Schuhen und Kleidern) herumkauen, wenn diese nicht außerhalb seiner Reichweite aufbewahrt sind. Er macht das nicht mit böser Absicht! Er ist ein Welpe.
- mit den Spielsachen Ihrer Kinder spielen und diese vielleicht kaputtmachen. Die Kinder müssen nach dem Spielen aufräumen, weil ein Welpe »dein« und »mein« nicht verstehen kann.
- Ihre Kinder anspringen, sie umwerfen, an ihren Kleidern, Haaren, Armen und Beinen ziehen, sodass Ihre Kinder ärgerlich, wütend oder genervt werden. Er reagiert einfach auf das lebhafte Verhalten der Kinder.
- Papier zerfetzen (vielleicht die Schulaufgaben Ihrer Kinder), Papiertaschentücher aus dem Abfall ziehen, auf Bleistiften, Kulis oder allen möglichen anderen Gegenständen herumkauen, die Sie auf Tischen liegen gelassen haben.
- Wäsche aus dem Wäschekorb zerren und dann ein Fang-mich-doch-Spiel veranstalten.
- versuchen, auf Möbel und Betten zu springen.
- an Tischbeinen, Teppichen, Vorhängen, Zimmerpflanzen und vielem mehr herumbeißen. Er hat dabei viel Spaß – nach seiner Vorstellung!
- möglicherweise das neue Schlafkörbchen, das Sie ihm gerade gekauft haben, auseinandernehmen, genauso wie Plüschtiere oder ähnliche Gegenstände.
- viel Spaß daran haben, die Kissen vom Sofa zu zerren und zu zerfetzen.
- alles, was er finden kann, ins Maul nehmen, egal, wie es schmeckt. Wenn es Ihre Aufmerksamkeit hervorruft, muss es gut sein.
- an Ihren Händen, Armen und Füßen nagen. Genau wie Kinder

haben Welpen Schmerzen, wenn sie ihre Zähne bekommen. Welpen spielen außerdem mit ihrem Maul. Weil sie die »Spielregeln« noch nicht gelernt haben, sind sie einfach Welpen!

Jetzt haben Sie eine bessere Vorstellung davon, wie die ersten 12 Lebenswochen Ihres Welpen aussehen und können einen Welpen aussuchen, der zu Ihrer Familie und Ihrem Lebensstil passt.

Kapitel 2

Überlegungen zur Welpenwahl

Woher wissen Sie also nun, ob Sie bereit für die Verantwortung sind, einen Welpen in Ihr Haus zu nehmen? Die Entscheidung, einen Welpen in eine Familie mit Kindern zu bringen, sollte nicht zu leicht genommen werden. Das »Abenteuer Welpe« kann sich durchaus in eine unerwünschte Richtung entwickeln, wenn Sie nicht genügend Sorgfalt auf die Suche verwenden. Nehmen Sie sich Zeit, um den richtigen Welpen für sich und Ihre Familie zu finden. Kaufen Sie einen Welpen nie spontan aus einem Impuls heraus. Man wird beim Anblick eines Welpen nur zu leicht schwach und ist hin und weg, auch wenn man sich vorher fest vorgenommen hat, eine rein sachliche Entscheidung zu treffen. Wenn Ihnen der Welpe leid tut, weil er sich vielleicht in einer Ecke versteckt hatte oder wenn Sie dem kleinen Fellbündel nicht widerstehen konnten, das man Ihnen in die Arme gelegt hat, dann haben Sie damit möglicherweise einen schlechten Start. Sie und Ihre Familie werden es auf lange Sicht leichter haben, wenn Sie warten, bis Sie auf den richtigen Hund treffen. Wenn Sie mit Ihrem neuen besten Freund durch dick und dünn gehen möchten, ist eine gute Planung nötig.

Ein Welpe für ein Kind?

Einer der größten Fehler, den Eltern machen, ist, einen Welpen »für die Kinder« zu kaufen. Immer wieder hören wir Aussagen wie »Das ist Kevins

Wenn sich die Regeln jeden Tag ändern, ist das für den Welpen sehr verwirrend.

Welpe, er muss sich darum kümmern.« Kinder können die Last einer solchen Verantwortung noch nicht tragen. Das wäre nicht nur unpraktisch, sondern auch unfair gegenüber Kind und Welpe. Welpen brauchen Beständigkeit in ihrem Leben, um gut zurechtzukommen, und das Verhalten von Kindern ist nun einmal eher unbeständig. Wenn sich die Regeln von Tag zu Tag ändern und die Grenzen nicht klar gesetzt sind, ist das für den Welpen verwirrend. Wenn ein Welpe notgedrungen raten muss, was man von ihm möchte, wird er das tun, was ihm am meisten Spaß macht. Wer würde das nicht? Und können Sie ein Kind dafür beschuldigen, dass es keine klaren Richtlinien aufgestellt und sie verfolgt hat? Oder den Welpen dafür, dass er Richtig und Falsch nicht auseinanderhalten kann? Beide, sowohl Kind als auch Welpe, müssen unter solchen Umständen zwangsläufig scheitern. Dies ist also sicher nichts, was wir empfehlen können, um eine gute Beziehung zwischen Welpe und Kind zu schaffen.

Schauen Sie sich einmal den Terminkalender Ihres Kindes genau an: Ist er voller als Ihr eigener? Sobald der Reiz des Neuen verflogen ist, haben Sie als Eltern mit dem Welpen eine zusätzliche Verantwortung. Haben Sie die Zeit dafür? Heutzutage arbeiten nicht nur Väter, sondern auch viele Mütter in Vollzeitberufen und müssen sich nebenher um Haushalt und Familie kümmern. Nur wenige von uns haben noch Zeit für Muße – wir hetzen von Termin zu Termin und sind immer auf Hochtouren.

Auch die Kinder haben mit ihren Schulaufgaben, verschiedenen Freizeitaktivitäten und ihren Freunden schon jede Menge Druck in ihrem Leben. Wir haben das doch auch selbst erlebt: Als Kinder haben wir unseren Eltern versprochen, dass wir neben dem Aufräumen natürlich den Hund auch pflegen und füttern würden, dass wir nie mehr mit unseren Geschwistern streiten würden, dass wir unsere Schulnoten verbessern würden und so weiter. Raten Sie mal, wer sich dann letzten Endes um den Hund gekümmert hat? Verstehen Sie uns nicht falsch: Es ist natürlich kein Fehler, einen Welpen in eine Familie mit Kindern zu holen, aber es muss sichergestellt sein, dass die Eltern bereit sind, die Verantwortung für dessen Aufzucht zu übernehmen.

Ein Welpe als Gesellschaft für Ihren anderen Hund?

Der zweite häufig begangene Fehler ist, dass Welpen als Gesellschaft für schon vorhandene Hunde angeschafft werden. Zwar genießen die meisten Hunde die Gesellschaft von Artgenossen, brauchen sie aber auch nicht unbedingt. Überprüfen Sie auch hier wieder kritisch Ihren Lebensstil: Wenn Sie schon wenig Zeit haben, sich um einen Hund zu kümmern (neben der Familie) und deshalb manchmal Gewissensbisse haben, dann haben Sie sicherlich keine Zeit für noch einen zweiten Hund.

Noch wichtiger ist. Es gibt keinerlei Garantie dafür, dass sich die beiden Hunde auch verstehen werden. Ein älterer, an seinen Lebensrhythmus gewohnter Hund ist vielleicht gar nicht angetan davon, dass Sie ihn mit einem »Krabbelkind« überraschen. Stellen Sie sich vor, Sie würden Ihrer 87-jährigen Großmutter plötzlich ein Kleinkind anschleppen, um das sie sich kümmern soll, weil Sie dachten, dass Gesellschaft ihr gut tun würde. Ein neun Jahre alter Hund hat nicht annähernd so viel Energie wie ein zehn Wochen alter Welpe. Und sobald der Kleine ins »Teenageralter« kommt, kann es sein, dass der ältere Hund ihn noch weniger gerne mag.

Manche Menschen kaufen auch Welpen als Gesellschaft für einen Hund mit aggressiven Tendenzen gegenüber Menschen und anderen Hunden – in der Hoffnung, dass dessen aggressives Verhalten sich bessert, wenn er sieht, wie sozial der Welpe ist und wie gerne er andere Menschen und Hunde mag. Genau das wird bestimmt nicht geschehen. Nur weil Sie bestimmte Menschen sympathisch finden, heißt das noch lange nicht, dass Ihre Familienmitglieder oder Ihr Partner das automatisch auch tun müssen. Wenn Hunde nicht mit anderen Hunden oder mit Kindern zurechtkommen, dann liegt das vor allem an mangelnder Sozialisation. Ein neu hinzukommender Welpe wird dem älteren Hund nicht helfen, andere mögen zu lernen. Vielleicht lernt er, den Welpen zu mögen, aber auch dafür gibt es keine Garantie.

Und wenn Sie zu wenig Zeit haben, um Ihrem ersten Hund Bewegung zu verschaffen, dann kaufen Sie keinen Welpen in der Hoffnung, dass die beiden Hunde sich gegenseitig auf Trab halten werden. Dieser Wunschgedanke könnte zwar wahr werden, aber um den Preis, dass Sie plötzlich zwei Hunde haben, die völlig außerhalb Ihrer Kontrolle geraten und die beide nicht mehr auf Sie hören. Ihre Frustration wächst, besonders am Morgen, wenn Sie versuchen, die Kinder für die Schule fertig zu machen, die Hunde währenddessen draußen die Welt erobern und »hier« nicht zu ihrem Wortschatz gehört. Sie haben sich gegenseitig und viel Spaß, warum also sollten sie auf Sie hören? Hunde brauchen konstruktive Bewegung und konstruktives Training, sie erledigen das nicht von alleine. Welpen können zwar alleine spielen lernen, aber sie haben keinen Bildschirm, auf dem sie ablesen könnten, wie viel Bewegung pro Tag denn nun gut für sie ist. Viele Menschen sind der Ansicht, dass ein Hund genug Bewegung hat, wenn er den ganzen Tag im Hof herumlaufen kann, den Kindern hinterherjagt oder mit anderen Hunden spielt. Das ist nicht der Fall! Ein Hund, der im Hof herumläuft, wird nur einen Bruchteil seiner aufgestauten Energie los. Eine solche Form von Bewegung ist nicht konstruktiv.

Zwei Welpen auf einmal?

Zwei Welpen auf einmal? Das ist einer zu viel!

Der dritte häufig begangene Fehler ist, zwei Welpen auf einmal zu kaufen – entweder aus dem gleichen Wurf oder weil man dem zweiten, einsam in seinem Käfig sitzenden nicht widerstehen konnte. Wie jeder weiß, der schon einmal einen Welpen großgezogen hat, ist dies eine sehr zeitaufwändige und anstrengende Angelegenheit. Wenn Sie nicht gerade den ganzen Tag zuhause sind, Hilfe zur Hand und viel Zeit haben, sollten Sie nicht über zwei Welpen gleichzeitig nachdenken.

Die Erziehung zur Stubenreinheit wird doppelt so schwierig. Es ist schon schwierig genug, einen Welpen jeweils rechtzeitig nach draußen zu schaffen – aber zwei Welpen müssen nicht notwendigerweise zur gleichen Zeit. Sind Sie dazu bereit, den einen um ein Uhr nachts und den anderen um drei Uhr nachts nach draußen zu bringen? Selbst wenn Sie viel Glück haben und beide zur gleichen Zeit rausmüssen, kann es sein, dass der eine ein lustiges Spiel anfangen möchte, während der andere sein Geschäft zu erledigen versucht – der Erziehungseffekt ist dann dahin! Es ist schon schwierig genug, einen Welpen im Auge zu behalten – und stellen Sie sich vor, Sie müssen auf zwei aufpassen, die jeweils mit einem Schuh im Fang in entgegengesetzte Richtungen laufen!

Ein weiterer Grund dafür, warum zwei Welpen gleichzeitig keine gute Idee sind, ist die Zeit, die zum Aufbau einer Bindung bleibt. Anfangs ist es wichtig, dass Sie so viel Zeit wie möglich mit dem neuen Welpen verbringen, damit sich eine feste Bindung zwischen Ihnen und dem Hund entwickelt. Wenn Sie aber zwei Welpen, womöglich noch aus dem gleichen Wurf haben, dann binden diese beiden sich aneinander, und zwar lange, bevor sie sich an Sie binden! Es sei denn, Sie beschäftigen sich mit jedem von ihnen ausgiebig einzeln – aber haben Sie dazu Zeit?

Wir raten davon ab, zwei Welpen auf einmal zu sich zu nehmen.

Und zu guter Letzt meinen leider viele Menschen auch, dass zwei Welpen keine Sozialisation mit anderen Hunden bräuchten, weil sie sich ja gegenseitig haben. Das ist ein Trugschluss! Beide benötigen Möglichkeiten zur Sozialisation, und zwar ohne, dass der andere Welpe dabei ist. Nur so kann jeder von ihnen lernen, mit anderen Hunden und Menschen alleine zurechtzukommen, anstatt sich nur im Team stark zu fühlen. Vermutlich haben heutzutage nur wenige Menschen so viel Zeit – denken Sie also lieber zweimal darüber nach, bevor Sie zwei Welpen zu sich nehmen!

Welcher Welpe passt zu Ihnen?

Welpen gibt es in allen möglichen Formen und Größen. Wenn Sie beschlossen haben, sich wirklich auf das Abenteuer einzulassen, gibt es nun viele verschiedene Wege, dies anzugehen. Versuchen Sie als Erstes, eine Liste all der Eigenschaften zu machen, die Sie von Ihrem neuen hündischen Begleiter erwarten. Hier eine kleine Hilfestellung:

- Rasse (reinrassig oder Mischling)
- Größe (klein, mittel oder groß im Erwachsenenalter)
- Temperament/Energie (Arbeitshunderasse mit viel Energie oder eher Sofarutscher)
- Fell (lang- oder kurzhaarig)
- Geschlecht (Rüde oder Hündin)

Rasse

Rassehunde

Wenn Sie nicht sicher sind, welche Hunderasse am besten zu Ihnen passt, versuchen Sie anhand guter Rassebücher herauszufinden, welcher Typ von Hund am besten zu Ihrer Familie passen könnte. Sie können auch verschiedene Züchter anrufen, Hundeausstellungen besuchen und mit Besitzern sprechen, die einen Hund der Sie interessierenden Rasse haben. So finden Sie mehr über Wesen, Verhalten und Bedürfnisse (z.B. viel Energie, braucht viel Arbeit) der Rassen heraus. Oft mögen Menschen eine bestimmte seltene oder ungewöhnliche Rasse wie zum Beispiel den Tervueren, weil diese Hunde äußerlich so attraktiv sind. Wenn sie dann aber hören, wie viel Bewegung und Erziehung ein solcher Hund braucht, streichen sie ihn schnell wieder von der Liste! Gute Informationsbeschaffung ist wichtig, um voreilige Entscheidungen zu verhindern. Kaufen Sie einen Welpen nicht nur deshalb, weil Ihnen das Aussehen oder die Größe gefällt oder die Rasse gerade in Mode ist.

Eignen sich bestimme Rassen besonders gut für Kinder?

Kinder und Hunde können sich wunderbar gegenseitig »hochschaukeln«, und bevor Sie sich umsehen haben, schreit einer von beiden um Hilfe. Selbst wenn Sie Ihre Hausaufgaben gemacht und einen Hund einer Rasse ausgesucht haben, die nach der Beschreibung »kinderlieb« ist, gibt es keine Garantie dafür, dass beide gut miteinander zurechtkommen. Wenn man die Beschreibungen von Wesen und Persönlichkeitsmerkmalen in den Hunderassebüchern liest, steht eigentlich bei fast jeder »kinderlieb« dabei. Wer aber kann das künftige Verhalten eines Hundes oder Kindes wirklich vorhersagen? Die Behauptung, bestimmte Rassen seien besonders gut für Kinder geeignet, ist sehr problematisch, weil sie den Menschen ein trügerisches Gefühl von Sicherheit und die Erwartung vermittelt, alles sei ganz einfach.

Informieren Sie sich gut, bevor Sie einen Welpen aussuchen.

Die beliebtesten Familienhunde sind hierzulande Golden Retriever und Labrador Retriever, weil es immer wieder heißt, diese Rassen seien besonders kinderlieb. Die Eltern neigen dann gern zu dem Glauben, Kind und Hund bedenkenlos miteinander alleine lassen zu können und sind schockiert, wenn sie herausfinden, dass auch Hunde dieser Rassen beißen können (wie alle Hunde), wenn die Situation sie zur Verteidigung ihrer Interessen zwingt.

Viele Eltern schrecken vor Hütehundrassen zurück, weil sie meinen, solche Hunde mit ihrem Hütetrieb würden die Kinder ständig vor sich hertreiben und in die Waden zwicken. Das kann zwar in manchen Fällen zutreffen, aber man kann es einem Hund eben auch anders beibringen. Wir leben beide mit insgesamt fünf Hütehunden zusammen und alle fünf kommen bestens mit Kindern zurecht. Den Züchtern und unserer eigenen Arbeit haben wir es zu verdanken, dass die Hunde schon früh erzogen und gut mit Kindern sozialisiert wurden. Keiner von ihnen zwickt Kinder in die Waden!

Züchter

Wenn Sie sich für eine bestimmte Hunderasse entschieden haben, hier noch ein wichtiger Rat, den Sie unbedingt beherzigen sollten, bevor Sie einen Welpen kaufen: Gehen Sie nur zu einem seriösen Züchter mit gutem Ruf. Anhand dieser Kriterien finden Sie einen:

Bei einem guten Züchter lernen Welpen früh, sich überall anfassen zu lassen.

- **Besorgen Sie sich Referenzen.** Das Internet kann eine gute Informationsquelle sein, aber bedenken Sie auch, dass jeder eine schöne Homepage über alles Mögliche ins Netz stellen kann. Hundeseiten bilden da keine Ausnahme. Sammeln Sie so viele Informationen und Referenzen wie möglich über den Züchter. Professionelle Züchter inserieren ihre Welpen nur selten in Tageszeitungen oder hängen Schilder an der Straße aus, weil ihre Welpen meist schon weit im Voraus versprochen und vergeben sind – oft sogar schon vor der Geburt.
- **Hygiene und Gesundheit.** Gute Züchter achten auf Gesundheit, Wesen und Körperbau der Elterntiere. Sowohl Rüde als auch Hündin sollten auf HD geprüft sein (bei großen Rassen auch auf Dysplasie der Ellbogengelenke), außerdem sollten auch Herz und Augen überprüft worden sein. Manche Rassen sind anfällig für Erkrankungen der Schilddrüse, Epilepsie oder Krebs. Fragen Sie den Züchter, ob in den letzten drei Generationen irgendwelche

Probleme bekannt geworden sind. Die Tatsache, dass Ihr Welpe »Papiere« (eine Ahnentafel) besitzt, heißt nichts weiter, als dass seine Eltern als Rassehunde registriert sind. Sie sind weder eine Garantie für Gesundheit noch dafür, dass aus dem Welpen einmal ein ganz bestimmter Hund wird.

- **Sozialisation.** Ein guter Züchter weiß um die entscheidenden Sozialisationsphasen und was man tun muss, damit die Welpen zu Hunden mit einem gesunden Verhalten heranwachsen.
- **Wesen.** Eine Hündin von gutem Wesen wird ihren Wurf während der ersten zwei bis drei Wochen beschützen und danach Besuchern erlauben, die Welpen anzufassen. Fragen Sie, wie sich beide Elterntiere gegenüber Menschen und anderen Hunden verhalten. Sie sollten freundlich und offen sein, und nicht argwöhnisch oder gar aggressiv. Falls der Züchter Aussagen in der Art von »Sie werden nie einen Gebrauchshund finden, der nicht knurrt, wenn jemand ins Haus kommt,« dann seien Sie misstrauisch und fragen sich, welche Art von Sozialisation die Hunde hier wohl erleben. Wir selbst haben viele Jahre lang Gebrauchshunde besessen, und alle waren freundlich zu ins Haus kommenden Fremden. Sowohl Hündin als auch Rüde vererben ihr Wesen an die Welpen weiter, außerdem lernen die Welpen das Verhalten von ihrer Mutter. Wenn die Mutter Fremde anknurrt, können Sie darauf wetten, dass die Welpen es auch tun werden. Hören Sie im Zweifelsfall auf Ihr Bauchgefühl. Nur zu oft haben uns Menschen berichtet, dass ihr anfängliches schlechtes Gefühl in Bezug auf das Verhalten eines Welpen sie später nicht getäuscht hat.
- **Schauen Sie die Hündin an.** Ein professioneller Züchter wird vor Stolz nur so platzen, wenn er Ihnen die Hündin, den Rüden oder andere Welpen aus dieser Linie zeigen kann. Sollte er hingegen mit irgendwelchen Entschuldigungen zu begründen versuchen, warum Sie den Wurf oder die Hündin gerade nicht sehen können, sollten Sie lieber woanders suchen. Vorsicht, wenn die Hündin bei der Geburt gestorben ist oder nur ein einziger Welpe geboren wurde. Andere Welpen oder eine andere Hündin können die fehlende Sozialisation durch Mutter und Geschwister nur unzureichend ersetzen. Probleme im späteren Leben können die Folge sein.
- **Welpenkauf im Ausland.** Wenn Sie einen Welpen im so weit

entfernten Ausland kaufen sollten, dass Sie selbst nicht hinfliegen können, um ihn abzuholen, können Sie vielleicht mit dem Züchter ausmachen, dass er Ihnen den Welpen gegen Bezahlung bringt. So kann der Welpe je nach Fluggesellschaft mit in der Kabine reisen und muss nicht als Frachtgut aufgegeben werden. Ist eine lange Reise geplant, bitten Sie den Züchter in jedem Fall, den Welpen rechtzeitig an eine Reisebox zu gewöhnen. Er muss nachts zum Schlafen von den Geschwistern weg und in die Box gebracht werden, damit die spätere plötzliche Trennung vom ganzen Wurf ihn nicht traumatisiert. Die Reise sollte in jedem Fall so kurz und direkt wie möglich gehalten werden.

- **Probleme.** Ein verantwortungsvoller Züchter wird den Hund in jedem Alter lieber zurücknehmen, als zu sehen, wie sein Halter ihn aufgibt. Er interessiert sich für den Welpen, hält auch weiterhin mit Ihnen Kontakt und beantwortet gerne alle Ihre Fragen. Schließlich haben Sie keinen neuen Pullover gekauft!

Wenn Sie unsicher sind, welcher Welpe aus dem Wurf der Beste für Sie und Ihre Familie ist, fragen Sie unbedingt den Züchter um Rat. Dabei hilft es, wenn Sie zuvor in einer Liste aufgeschrieben haben, was Sie von einem erwachsenen Hund erwarten und wie Ihr Alltag aussieht. Gute Züchter beobachten jeden einzelnen Welpen sorgfältig und tun ihr Bestes, um für jeden die passenden neuen Besitzer zu finden. Ein sehr überschwänglicher und selbstbewusster Welpe ist vielleicht nicht die beste Wahl für eine Familie mit kleinen Kindern, genauso wie ein sehr schüchterner. Suchen Sie also nicht den am ruhigsten in der Ecke sitzenden aus. Welpen müssen genau wie Kinder verspielt, unbedarft und tollpatschig sein. Wenn der Welpe Sie nicht zum Lachen und Ihre Kinder nicht zum Kichern bringt, ist er nicht der Richtige für Sie!

Spezielle Vermittlungsorganisationen

Für viele Rassen gibt es eigene Vereine oder Organisationen, die Hunde aus Notfällen an neue Besitzer vermitteln und »Retriever in Not« oder ähnlich heißen. Meist sind diese Hunde in Pflegefamilien untergebracht, bis ein neues festes Zuhause gefunden ist. Meistens handelt es sich bei den »Pflegeeltern« um Züchter oder Fachleute, die lange Jahre mit der Rasse zu tun hatten. Viele dieser Organisationen arbeiten auch mit Tierheimen zusammen, um Hunde »ihrer« Rasse aus den Heimzwingern erst an Pflegefamilien und dann an neue Besitzer zu vermitteln. In guten Organisationen dieser Art wird das Wesen jedes neu hinzukommenden Hundes sorgfältig beurteilt, um das passende neue Zuhause zu finden. Wir haben einige erwachsene Hunde auf diesem Weg zu uns genommen und müssen sagen, dass sie nicht ganz ohne gewisse Vorbelastungen kommen. Stellen Sie viele Fragen über die Vorgeschichte des Hundes und wie und warum er an die Vermittlungsstelle gelangte. Welpen werden über solche Hilfsorganisationen nur sehr selten vermittelt, meist sind es erwachsene Hunde.

Viele Menschen möchten lieber einen Hund aus dem Tierheim adoptieren.

Mischlinge

Viele Menschen möchten auch lieber einen Hund aus dem Tierheim adoptieren. Meistens sind hier Mischlinge zu finden. Tiervermittlungsportale im Internet können bei der Vorauswahl helfen. Vorsicht vor Seiten, die alle angebotenen Hunde ausnahmslos als freundlich, zutraulich und kinderlieb bezeichnen.

Hierauf sollten Sie bei einem Tierheim achten:

- Stellen Sie vor dem Besuch im Tierheim die gleichen Nachforschungen an wie bei einem Züchter. Fragen Sie nach, wie die Rücknahme von Hunden gehandhabt wird. Ein gutes Tierheim nimmt einen vermittelten Hund jederzeit auch wieder zurück, wenn es beim neuen Besitzer Probleme gibt. Räumt man Ihnen nur eine Rückgabefrist von 30 Tagen ein, sollten Sie misstrauisch werden.
- Auch wenn Sie einen Mischling haben möchten, ist es wichtig, etwas über die Eigenschaften der verschiedenen Hunderassen zu wissen. Wenn Sie sehr aktive Kleinkinder haben, ist ein Mischling aus drei Terrierrassen sicher keine besonders gute Idee.
- Scheuen Sie sich im Tierheim nicht, Fragen nach der Herkunft des Welpen zu stellen. Schlüsselfragen sind: *Wo ist die Mutter? Wurden die Welpen gefunden oder hier abgegeben? Kam der Welpe alleine ins Tierheim oder mit seinen Geschwistern?* Manchmal wird es so sein, dass das Tierheim solche Informationen wie »Wer war die Mutter?« gar nicht hat. Oft kann man dann nur raten, welche Rassen in einem Mischling stecken.
- Gute Tierheime oder Vermittlungsorganisationen stellen Ihnen ge-

nau wie gute Züchter viele Fragen über Ihre Familie und Ihren Lebensstil. Fühlen Sie sich deswegen nicht beleidigt! Dies ist nur das Bemühen, den am besten passenden Besitzer für einen Hund zu finden, um künftige Probleme zu vermeiden.

Fragen Sie, nach welchen Kriterien Wesenstests der Welpen durchgeführt werden. Viele Tierheime testen auch die erwachsenen Hunde, bevor sie sie weitergeben. Zwar ist kein Wesenstest narrensicher, aber eine gewisse Vorstellung vom Temperament eines Welpen vermittelt er schon. Einer, der sein Futter bewacht, ist vielleicht nicht die beste Wahl für eine Familie mit Kindern. Wichtige Fragen, die Sie stellen sollten, sind: Verteidigt der Welpe seine Spielsachen, Kauknochen oder sein Futter? Wie kommt er mit anderen Hunden aus? Hat er je geknurrt oder aus irgendeinem Grund seine Zähne gezeigt? Macht es ihm etwas aus, hochgehoben und festgehalten zu werden? Beruhigt er sich dabei schnell oder kämpft er mit aller Kraft und Einsatz der Zähne, um freigelassen zu werden? Hat der Welpe jemals einen Menschen gebissen? Können Sie ihm ohne Schwierigkeiten Gegenstände aus dem Fang nehmen, auch solche, die für ihn sehr wertvoll sind? Falls nein, was tut er dann? Was macht er, wenn Sie seine Krallen schneiden? Wie lässt er sich erziehen? Woher wissen Sie, ob er kinderlieb ist? Hatte er jemals Angst bei Gewittern oder lauten Geräuschen?

- Fragen Sie, wie es mit der weiteren Unterstützung aussieht. Wird man Sie kostenfrei beraten, wenn Sie irgendwelche Probleme mit dem Welpen haben sollten? Oder kann man Ihnen einen guten Hundetrainer oder Verhaltenstherapeuten in der Nähe empfehlen?

Die Größe

Eine wichtige Überlegung bei der Auswahl eines Welpen ist, welche Größe er später als erwachsener Hund haben wird. Es ist nun mal so, dass Welpen unwiderstehlich sind! Mit zwei Monaten sind selbst Hunde der größten Rassen klein, niedlich, tapsig und kuschelig. Auch Bernhardiner – aber sie entwickeln sich schnell zu erwachsenen Hunden, die an die fünfzig Kilo wiegen. Ist es das, was Sie möchten?

Leben Sie in einer Mietwohnung oder in einem Haus mit Garten? Wie viel Platz ist für den Hund? Sind Sie eher ein Outdoor-Typ, der gerne wandert, Rad fährt oder schwimmt? Verreisen Sie oft mit dem Flugzeug und möchten Ihren Hund dann mitnehmen? Mit einem kleinen Hund ist das einfacher, weil er in einer speziellen Reisetasche in der Kabine mit Ihnen mitfliegen kann. Auch ist es ein Unterschied, ob man die Hinterlassenschaften eines vierzig oder eines vier Kilo schweren Hundes wegräumen muss. Der Vier-Kilo-Hund hat dafür vielleicht keine Lust auf Spaziergänge an nassen, windigen und kalten Abenden. Bedenken Sie all das, bevor Sie sich einen Hund anschaffen, um spätere Enttäuschungen zu vermeiden.

Überlegen Sie, wie groß der Welpe als erwachsener Hund sein wird.

Kleine Hunde

Die Gründe, warum viele Menschen lieber einen kleineren Hund möchten, sind meist immer die gleichen:

1. Man kann leichter mit ihnen umgehen, weil sie nicht so schwer und stark sind wie ein großer Hund.
2. Fehlverhalten (wie z.B. Anspringen, an der Leine ziehen) wirkt sich bei einem kleinen Hund nicht so schlimm aus wie bei einem großen.
3. Mit kleineren Hunden kann man leichter verreisen und sie werden eher in Restaurants oder anderen öffentlichen Orten akzeptiert – man kann sie mit in Urlaub nehmen und spart das Geld für die Tierpension.
4. Sie sind besser für das Leben in Mietwohnungen geeignet, weil sie einfach weniger Platz brauchen.
5. Sie fressen weniger als große Hunde und sind deshalb billiger im Unterhalt.

Und hier ein paar typische *Fehlannahmen* zu kleinen Hunden:

1. Viele Menschen meinen, krafts- und gewichtsmäßig sei ein kleinerer Hund besser für Kinder geeignet. (*Jeder schlecht sozialisierte Hund kann problematisch mit Kindern sein!*)
2. Es macht anderen Menschen nichts aus, von einem kleinen Hund angesprungen zu werden. (*Nicht alle Menschen mögen von Hun-*

den angesprungen werden oder einen kleinen Hund auf dem Schoß haben, wenn sie auf dem Sofa sitzen.)

3. Sie brauchen nicht so viel Bewegung wie andere Hunde. (*Viele kleine Rassen sind sehr aktiv und brauchen genauso viel, wenn nicht noch mehr Bewegung wie große Hunde.*)
4. Sie müssen nicht erzogen werden. (*Alle Hunde müssen erzogen werden!*)

Große Hunde

Und aus folgenden Gründen fühlen manche Menschen sich eher zu großen Hunden hingezogen:

1. Sie glauben, dass große Hunde wegen ihrer Größe und ihres Gewichtes die Aktivitäten und Streiche kleiner Kinder besser verkraften.
2. Familien, die gerne draußen aktiv sind, finden einen größeren Hund geeigneter für ihre Freizeitaktivitäten (z.B. Radfahren, Wandern, Joggen, Segeln etc.).
3. Viele Menschen spielen gerne zusammen mit ihrem Hund und meinen, dass ein großer Hund sich beim Ballspielen, Fangen von Frisbeescheiben etc. leichter tut.
4. Sie wünschen sich einen Wachhund oder einen Hund, der »auf die Kinder aufpasst«.

Wägen Sie die Pros und Kontras von großen oder kleinen Hunden ab, bevor Sie Ihre Entscheidung treffen.

Im Bezug auf große Hunde gibt es einige typische *Irrtümer*:

1. Große Hunde sind härter im Nehmen und tolerieren deshalb die energischen Aktivitäten kleiner Kinder besser. (*Nur weil ein Hund wegen seiner Größe und seines Gewichtes die rauen körperlichen Aktivitäten eines munteren Kindes besser verträgt, heißt das noch lange nicht, dass er diese mag oder dass er auch freundlich zum Kind ist.*)
2. Große Hunde machen sich nichts aus Kälte und Regen. (*Viele große Hunde sind bei Kälte und Regen nicht gerne draußen, wenn sie nicht daran gewöhnt sind. Außerdem gibt es viele große Rassen, die nur ein dünnes Haarkleid haben.*)
3. Große Hunde spielen gerne zusammen mit Menschen. (*Allen Hunden muss man erst beibringen, dass sie Dinge apportieren oder mit Ihnen spielen sollen, von alleine tun sie das nicht.*)
4. Große Hunde sind gute Wachhunde. (*Die Körpergröße allein sagt noch gar nichts darüber aus, ob ein Hund ein guter Wachhund ist.*)

Haarkleid

In der Hundezucht hat man je nach Verwendungszweck der einzelnen Rassen verschiedene Arten von Haarkleidern herausgezüchtet. Viele Jagdhunderassen haben ein etwas fettigeres Fell, das besonders gut Wasser abstößt. Jeder Felltyp braucht eine besondere Pflege. Ein langhaariger Hund muss zwar vermutlich öfter gebürstet werden als ein kurzhaariger, aber das bedeutet noch nicht, dass ein kurzhaariger Hund überhaupt keine Fellpflege mit Waschen und Bürsten braucht. Wir selbst bürsten unsere Hunde jeden Tag kurz über, bevor sie nach draußen gehen. Wenn man sich das einmal angewöhnt hat und die Hunde dabei stillstehen, dauert diese Prozedur nur ein paar Minuten. Wenn man sich nicht die Zeit nimmt, einen langhaarigen Hund regelmäßig zu bürsten, riskiert man Verfilzungen und andere Unannehmlichkeiten. Auch kurzhaarige Hunde müssen täglich gebürstet werden, damit das Fell glänzend und die Haut sauber bleibt. Und beide Haartypen – lang und kurz – verlieren Haare. Der Unterschied ist nur, dass die Haare eines langhaarigen Hundes sich knäuelweise in den Ecken Ihres Hauses fangen und umherwirbeln, während kurze Haare eher hochfliegen und sich dann wie Tannennadeln überall festpieksen. Wenn Sie gegen Hundehaar oder Haarschuppen von Hunden allergisch sind, wäre vielleicht eine Hunderasse mit einem speziellen, »nicht-allergenen« Haarkleid etwas für Sie. Die Haare dieser Hunde haben eine besondere Struktur.

Geschlecht

Bei den meisten Rassen sind die Hündinnen normalerweise etwas kleiner als die Rüden. Beide sind gleich intelligent und gleich gut erziehbar. Aus unserer eigenen Erfahrung können wir sagen, dass beide Geschlechter jeweils etwas ganz Besonderes für sich haben. Es ist wirklich nur eine Frage Ihrer ganz persönlichen Vorliebe. Wir raten Ihnen allerdings, Ihren Hund unabhängig vom Geschlecht kastrieren zu lassen. In den USA werden jedes Jahr etwa 8 Millionen Hunde eingeschläfert, weil sie herrenlos aufgefunden oder von ihren Besitzern nicht mehr gewollt werden. Für kastrierte Hunde ist außerdem das Risiko, in höherem Alter Gesundheitsprobleme zu entwickeln, viel geringer. Bei einer Hündin verändert die Kastration das Wesen nicht, bei einem Rüden kann sie positive Auswirkungen haben. Kastrierte Rüden markieren weniger mit Urin und sind weniger territorial, auch ihre Neigung zum Streunen nimmt ab.

Rüden und Hündinnen sind gleich intelligent und gleich gut erziehbar.

Geben Sie sich nicht zu schnell zufrieden

Wenn Sie sich genau überlegt haben, welche Merkmale Ihnen bei einem Welpen wichtig sind und der Züchter oder das Tierheim dann aber keinen da hat, der genau diesen Anforderungen entspricht, dann nehmen Sie auf keinen Fall »den Nächstbesten«, nur, weil Sie jetzt auf der Stelle unbedingt einen Welpen haben möchten. *Geben Sie sich nicht zu schnell zufrieden!*

Wenn Sie einen Welpen finden, der zu Ihnen zu passen scheint, dann lassen Sie sich bei Ihrem Besuch Zeit. Und denken Sie an diese wichtigen Punkte:

Vielleicht finden Sie auch im Tierheim einen Hund, der perfekt zu Ihnen passt.

Welpentest im Alter von fünf Wochen.

- Halten Sie Ausschau nach einem freundlichen, zutraulichen und anhänglichen Welpen. Er sollte Ihre Aufmerksamkeit suchen, indem er Sie anspringt und zum Spielen auffordert – zum Beispiel, indem er spielerisch Ihren Finger zwischen seine Zähnchen nimmt.
- Er sollte gern zu Ihnen kommen, wenn Sie sich hinknien und mit der flachen Hand auf den Boden klopfen. Er sollte der Beschäftigung mit Ihnen nicht aus dem Weg gehen, denn das wäre kein guter Anfang. Wählen Sie keinen Welpen, der zittert oder sich unter dem Tisch oder in einer Ecke versteckt. Zwar ist es möglich, auch einen solchen Welpen mit etwas mehr Arbeit noch zu sozialisieren, aber Sie mit Familie haben dazu vermutlich nicht genug Zeit. Außerdem müssen Sie es sich ja nicht unnötig schwer machen. Es kann gar nicht oft genug gesagt werden: Nehmen Sie keinen Welpen nur deshalb mit nach Hause, weil er Ihnen leid tut!
- Wenn Sie den Welpen hochnehmen, sollte er zufrieden wirken und keinen ängstlichen Eindruck machen. Können Sie ihn ohne Schwierigkeiten festhalten und streicheln? Welpen sollten den Kontakt zu Menschen genießen. Bis zum Alter von sechs Monaten sind sie unter Umständen etwas »maulig«, das heißt sie nehmen Ihre Hände und Arme gerne zwischen die Zähne. Das sollte allerdings nicht so weit gehen, dass Ihre Haut verletzt wird! Der Welpe sollte nicht vor Ihnen zurückscheuen, sich ducken oder ängstlich benehmen. Kein gutes Zeichen ist es, wenn er sich »abschüttelt«, nachdem Sie ihn berührt haben, denn das bedeutet, dass ihm der Kontakt nicht gefällt – und das kann mit der Zeit nur schlechter werden.

- Hat der Welpe Spaß am Zusammensein mit Ihren Kindern? Wenn er ihnen aus dem Weg geht und bei Ihnen Schutz sucht, sollten Sie sich nach einem anderen Welpen umsehen – dieser hier hat Ihnen schon gesagt, dass Kinder nicht so sein Fall sind. Es kann sein, dass er sich nie an sie gewöhnen wird. Wann immer Ihr Bauchgefühl kein gutes ist, sagen Sie nein. Haben Sie mehrere Kinder, sollten sich diese im Umgang mit dem Welpen abwechseln, damit dieser nicht von allen gleichzeitig überfallen wird. Außerdem können Sie das Verhalten des Welpen so besser beobachten.
- Zeigt der Welpe irgendwelches aggressives Verhalten gegenüber anderen Hunden oder Menschen? Knurrt er, wenn Sie ihm etwas aus dem Fang nehmen möchten? Dann ist dies nicht der richtige Welpe für Sie. Streichen Sie ihn sofort von Ihrer Liste, falls er jemanden anknurrt oder auf ihn zustürzt. Sie werden die nächsten zehn bis fünfzehn Jahre mit diesem Hund verbringen – und sich kaum die ganze Zeit lang Sorgen machen wollen, weil er nicht sozial mit Menschen, Kindern oder anderen Hunden umgehen kann.

Wenn Sie sich dann für einen Welpen entschieden haben, müssen Sie überlegen, welche Vorbereitungen Sie zuhause noch treffen müssen, damit der Neuankömmling sicher aufgehoben ist und gesund bleibt. Machen Sie sich Gedanken darüber, was alles auf Sie zukommt!

Nehmen Sie nie den erstbesten Welpen.

Kapitel 3

Vorbereitungen für den Einzug des Welpen

Jetzt, wo Sie Ihren Welpen ausgesucht haben, müssen Sie dafür sorgen, dass Sie, Ihre Familie und auch Ihr Haus und Ihr Grundstück für den Neuzugang gerüstet sind. Wenn Sie Kinder haben, erinnert Sie das alles vielleicht daran, wie es war, als Sie damals das Baby erwartet haben: Das Kinderzimmer herrichten, alle nötigen Dinge zum Füttern und für die Pflege des Kleinen kaufen und das Haus »babysicher« machen, damit das Kleine sich nirgends etwas tun kann. Alle diese Vorbereitungen sollten Sie auch für einen Hundewelpen treffen!

Bereiten Sie sich vor

Nehmen Sie die Verantwortung, einen Welpen großzuziehen, nicht zu leicht. Es richtig zu machen, wird Sie eine ganze Menge Zeit kosten. Lynn kann Ihnen ein Lied davon singen, welche Geduldsprobe es ist, zwei Kinder im Krabbelalter und einen sieben Wochen alten Welpen im Haus zu haben. Ihr Vorrat an Energie und Ihre Aufopferungsbereitschaft werden stark strapaziert! Wenn Sie später kummervoll »Muss der Welpe denn schon wieder raus?« seufzen, dann denken Sie daran, dass all Ihre Bemühungen dieser ersten anstrengenden Monate – ihm die Hausregeln beizubringen und zu erklären, wie man mit Menschen umgeht – später in der Zukunft reiche

Früchte tragen werden. Das macht es ein bisschen leichter!

Wie sieht Ihr derzeitiger Terminplan aus? Wann haben Sie Freizeit? Haben Sie überhaupt welche? Wenn nein, was könnten Sie ändern, um sich Zeit für das Spazierengehen und Spielen mit dem Welpen zu schaffen, um ihn zu füttern und pflegen? Wenn Sie ganztags arbeiten, sollten Sie für mindestens zweimal täglich einen Freund, Verwandten oder Nachbarn organisieren, der sich um den Welpen kümmert, ihn hinausbringt und mit ihm spielt. Einmal am Vormittag (gegen 11 Uhr) und einmal am Nachmittag (gegen 15 Uhr) muss der Welpe auf jeden Fall »zur Toilette«.

Wie viel Bewegung der Welpe benötigt, hängt sowohl von der Rasse ab, die Sie sich ausgesucht haben als auch von seinem Temperament. Manche Rassen und manche Hunde sind einfach von Haus aus aktiver als andere und brauchen mehr Bewegung, damit sie ausgelastet sind und nicht auf dumme Ideen kommen. Haben Sie so einen Welpen erwischt? Wenn ja, richten Sie sich darauf ein, öfter mit ihm hinauszugehen. Ein müder Welpe macht das Leben entscheidend leichter.

Die Beaufsichtigung von Kindern und Welpen wird Sie viel Zeit kosten.

Sind Sie jemand, der Wert auf acht Stunden ungestörten Schlaf jede Nacht legt? Mit einem Hundewelpen im Haus ist unwahrscheinlich, dass Ihnen das vergönnt ist. Sie werden nachts aufstehen und ihn hinausbringen müssen, damit er sein Geschäft erledigen kann. Manche Welpen halten es auch die ganze Nacht (das heißt fünf bis sechs Stunden) aus, ohne vor die Tür zu müssen. Vielleicht haben Sie Glück und es stellt sich heraus, dass der Welpe nach dem letzten Abendgang um elf Uhr ruhig bis fünf Uhr morgens durchschläft. Ein anderer muss vielleicht schon um drei Uhr nachts hinaus. Eltern wissen, wie wichtig es ist, dass man nachts öfter aufsteht und sich um einen Säugling kümmert, wenn er eingenässt hat oder Hunger hat. Das gleiche Opfer müssen Sie auch für einen Welpen bringen. Irgendwann wird er die ganze Nacht durchhalten und eines schönen Tages werden Sie auch wieder die ganze Nacht durchschlafen können, aber das braucht seine Zeit. Es geht einfach nicht, dass Sie im Bett bleiben, weil Sie müde sind und es draußen kalt ist und die Tatsache ignorieren, dass der Welpe hinausmuss. Wenn Sie zwei Erwachsene im Haus sind, können Sie sich vielleicht mit dem »Welpen-Nachtdienst« abwechseln.

In Ihrer eigenen Vorbereitung auf den Welpen müssen Sie sich auch bewusst machen, dass Sie viel Zeit damit verbringen werden, das Zusammensein Ihrer Kinder mit dem Welpen zu beaufsichtigen. Vielleicht waren Sie es bis jetzt gewöhnt, dass Ihre Kinder im Wohnzimmer spielen, während Sie in der Küche hantieren. Sobald der Welpe im Haus ist, wird es nicht gehen, ihn zusammen mit den Kindern im Wohnzimmer alleine zu lassen. Entweder müssen Sie mit allen zusammen im Wohnzimmer bleiben oder den Welpen mit in die Küche nehmen.

Vergessen Sie nicht, dass ein Hund rund ums Jahr und bei jedem Wetter nach draußen muss, um sein Geschäft zu machen, spazieren zu gehen und zu spielen. Wenn Sie in einer Gegend leben, in der die Winter kalt sind, gehen Sie vielleicht wegen der Temperatur irgendwann nicht mehr mit den Kindern zum Spielen nach draußen, aber mit dem Welpen können Sie das nicht machen. Er muss auch dann raus, wenn es zwanzig Grad minus sind oder wenn es in Strömen regnet. Der Welpe muss übrigens auch lernen, dass er bei jedem Wetter vor die Tür muss. Wir wissen gar nicht mehr, wie oft uns Hundebesitzer erzählt haben, dass ihr Hund bei Regen nicht vor die Tür will (was bedeutet, dass er stattdessen ins Haus macht). Gehen Sie also auch bei Regen und Schnee mit dem Welpen hinaus und haben Sie möglichst viel Spaß dabei. Investieren Sie in einen guten Regenmantel und vernünftige Allwetterschuhe, falls Sie so etwas noch nicht besitzen.

Bereiten Sie Ihre Kinder vor

Immer wieder hören wir Eltern sagen »Wir haben den Welpen für die Kinder gekauft«. Wie bereits in Kapitel 2 gesagt, ist das ein großer Fehler. Kinder, vor allem Kleinkinder, sind einfach noch nicht alt und reif genug, als dass man von ihnen erwarten könnte, die Zeit und Pflege aufzuwenden, die ein Hundewelpe nun einmal benötigt. Und selbst ältere Schulkinder, die zwar vielleicht zumindest teilweise das Füttern, Ausführen und etwas Erziehung übernehmen können, haben einfach nicht genug Zeit. Sobald der Reiz des Neuen verflogen ist, werden die Kinder wieder in ihren gewohnten Alltagstrott zurückfallen und die Bedürfnisse des Welpen vergessen.

Auch wenn die Kinder nicht die alleinige Verantwortung für den Welpen tragen können, so müssen sie doch – egal, wie alt sie sind – lernen, dass es bestimmte Regeln für den Umgang mit dem Welpen gibt. Es ist Ihre Aufgabe, ihnen diese Regeln beizubringen. Wenn Ihre Kinder schon alt genug sind, um Erklärungen zu verstehen, versuchen Sie, mit ihnen diese Regeln schon vor Ankunft des Welpen durchzusprechen. Wir können gar nicht oft genug betonen, wie wichtig bei Kleinkindern die ständige Beaufsich-

So sollte ein vernünftiger Umgang zwischen Kind und Welpe aussehen.

tigung ist. Wir werden es in diesem Buch auch noch öfter wiederholen: *Welpen und Kinder dürfen nie miteinander alleine gelassen werden!*

Und das sind die Regeln, die Sie mit den Kindern besprechen sollten, bevor der Welpe in Ihr Haus einzieht.

Richtiges Anfassen

Der Einzug eines Welpen ist für alle Beteiligten sehr aufregend und spannend. Jeder aus der Familie möchte den Kleinen gern einmal hochheben. Wir raten dringend dazu, den Kindern Verständnis dafür beizubringen, dass sie den Welpen anfangs nicht auf den Arm nehmen dürfen. In Teil 3 des Buches lesen Sie mehr über die wichtigsten Umgangsregeln mit Welpen.

Kein Rennen, Schreien und Fangenspielen im Haus

Es wird Ihnen später jede Menge Probleme ersparen, wenn Sie Ihren Kindern begreiflich machen können, dass sie im Haus so wenig wie möglich rennen sollten. Etwas, das sich schnell bewegt, ist eine riesengroße Versuchung für einen Welpen und er wird nicht widerstehen können,

Welpen und Kinder dürfen niemals miteinander alleine gelassen werden!

hinterherzujagen. Je nach Rasse und Temperament des Welpen kann das Fang-mich-doch-Spiel damit enden, dass er das Kind stellt und mit Hilfe seiner Zähne stoppt. Wenn Kleinkinder und junge Hunde im Haus sind, empfehlen wir deshalb dringend ein »Laufverbot« im Haus. Rennen und Toben ist etwas, das man draußen tun kann. Wenn Ihre Kinder oder der Hund im Haus etwas rau zu spielen beginnen, ist das ein Zeichen dafür, dass sie zu viel Energie aufgestaut haben. Dann ist es höchste Zeit für alle, nach draußen zu gehen! Das Leben innerhalb der vier Wände wird dann wesentlich einfacher.

Bringen Sie Ihren Kindern bei, dass sie nicht in der Welpenbox spielen dürfen.

Die Welpenbox ist keine Spielburg und kein Puppenhaus

Wir empfehlen, eine Gitterbox für den Welpen anzuschaffen. Sie macht die Erziehung zur Stubenreinheit leichter und der Kleine ist sicher verwahrt, wenn Sie sich einmal nicht um ihn kümmern können. Kaufen Sie die Box möglichst schon vor Ankunft des Welpen und erklären Sie den Kindern die »Boxentabu-Regel«. Eine solche Box ist für Kinder ein absolut faszinierender Spielplatz. Sie möchten unbedingt hineinkrabbeln und am liebsten auch die Tür hinter sich zumachen. Erklären Sie den Kindern unbedingt, dass die Box nur für den Welpen bestimmt ist und sie dort nicht hineingehören. Der Welpe braucht unbedingt einen Platz, an dem er sich sicher fühlen und an den er sich zurückziehen kann, wenn ihm der Trubel im Haus zu viel wird.

Nie die Haustür aufmachen, um den Welpen rauszulassen

Für uns Erwachsene klingt das offensichtlich, aber kleine Kinder machen irgendwann gerne nach, was sie bei Ihnen jeden Tag beobachten: Sie machen die Türe auf, um mit dem Welpen hinauszugehen. Die Kinder schauen genau zu, was Sie so alles machen, aber sie können nicht jedes Detail davon verstehen oder begreifen, warum Sie etwas machen. Sie versuchen einfach, Ihr Verhalten nachzuahmen. Wenn Sie keinen umzäunten Hof vor dem Haus haben, könnte das in einem Desaster enden. Auch hier ist wieder gute Aufsicht Ihr Schlüssel zum Erfolg. Sagen Sie Ihren Kindern, dass sie niemals ohne Ihre ausdrückliche Erlaubnis die Haustür aufmachen dürfen, um den Welpen hinauszulassen. Bei kleinen Kindern können Sie das vielleicht damit erklären, dass sie selbst ja sicher auch nicht gerne alleine draußen seien und dass es dem Welpen genauso ginge. Bringen Sie ihnen bei, dass sie immer einen Erwachsenen fragen müssen, bevor sie die Haustür aufmachen dürfen.

MERKE

Die Hunde rauslassen

Jeder Morgen läuft bei Anne zuhause gleich ab: Sie steht um halb sieben auf, zieht sich an und bringt die Hunde nach draußen, damit sie ihr Geschäft erledigen können. Anschließend macht sie drinnen Frühstück. Inzwischen sind meistens auch die Kinder aufgestanden und gehen mit ihr nach draußen oder warten bei schlechtem Wetter an der Tür. Sie kennen den Ablauf. Als Anne sich eines morgens im Schlafzimmer fertig machte, um nach unten zu gehen, sah sie aus dem Augenwinkel durchs Fenster, wie sich ein schwarzes Etwas über den Hof bewegte. Ihr Hund? Der Welpe war zum Glück noch in seiner Box im Schlafzimmer, und sie wusste, dass sie den anderen Hund noch nicht nach draußen gelassen hatte. Ihr Mann war auch schon zur Arbeit gefahren. Die Schuldige tauchte schnell von selbst auf – Annes zweijährige Tochter. Auf die Frage, ob sie den Hund hinausgelassen hätte, antwortete sie mit einem strahlenden, stolzen Lächeln: »Ja, Mama!« Sie hatte einfach beschlossen, dass sie sich jetzt einmal um die morgendlichen Erledigungen kümmern würde, schließlich wusste sie, was zu tun war.

Bedenken Sie: Ihre Kinder tun so etwas nicht aus Bosheit. Sie versuchen nur, Ihr Verhalten nachzuahmen und Ihnen zu helfen!

Kinder sollten nicht versuchen, Probleme alleine zu lösen

Eine einfache Regel, um Konfrontationen zwischen Ihren Kindern und dem Welpen zu verhindern, ist: Bringen Sie den Kindern bei, dass sie zu Ihnen kommen und um Rat fragen sollen, wenn es irgendein Problem mit dem Welpen gibt oder wenn sie sich über etwas ärgern, das der Welpe tut. Das ist wesentlich besser, als wenn die Kinder selbst die Initiative ergreifen und die Situation zu lösen versuchen. Sie können dann höchstens sich selbst die Schuld geben, weil Sie die Kinder und den Welpen miteinander alleine gelassen haben!

Der Welpe muss in Ruhe fressen können.

Den Welpen in Ruhe fressen lassen

Kinder sind fasziniert vom Anblick eines Welpen, der gerade sein Futter kaut. Kleine Krabbelkinder kommen gern in die Versuchung, sich daneben zu setzen und ihre Hände direkt in den Futternapf zu stecken. Die Kinder müssen verstehen lernen, dass der Welpe in Ruhe fressen können muss.

Organisation der tierärztlichen Versorgung

Sie brauchen einen Tierarzt, der die medizinische Betreuung Ihres Hundes übernimmt. Fragen Sie Ihre tierbesitzenden Freunde und Nachbarn nach den Tierärzten in Ihrer Umgebung und gehen Sie ruhig vorab einmal zu den Tierarztpraxen hin. Sind die Angestellten freundlich? Sind die Räumlichkeiten sauber?

Suchen Sie einen Tierarzt aus, der möglichst schnell von Ihnen zuhause aus erreichbar ist, falls Sie einmal einen Notfall haben. Wichtig ist auch, dass Sie gerne mit ihm sprechen, denn das wird in den ersten Monaten häufiger der Fall sein. Falls Ihr Tierarzt keinen 24-Stunden-

Notdienst hat, erkundigen Sie sich schon jetzt nach der nächstgelegenen Kleintierklinik, die Tag und Nacht geöffnet hat. Warten Sie mit all diesen Dingen nicht bis zur letzten Minute.

Wir empfehlen auch unbedingt, den Welpen möglichst bald nach seinem Einzug bei Ihnen für eine Bestandsaufnahme zum Tierarzt zu bringen: Es ist wichtig, gleich zu Beginn zu wissen, ob es irgendwelche Gesundheitsprobleme bei Ihrem Welpen gibt oder nicht. Manche Züchter oder Tierheime machen diese Erstuntersuchung innerhalb einer bestimmten Frist nach Übernahme sogar zur Voraussetzung für die Abgabe eines Welpen. Es ist nur zu Ihrem Besten!

Regelmäßige Tierarztbesuche

Damit Ihr Welpe gesund bleibt, braucht er mehrere Schutzimpfungen, die ihn vor schwerwiegenden ansteckenden Krankheiten bewahren. Dazu sind mehrere Impftermine während der ersten paar Lebensmonate notwendig, um eine Grundimmunisierung aufzubauen. Danach reicht ein Tierarztbesuch pro Jahr für die Auffrischungsimpfung, sofern es keine sonstigen Gesundheitsprobleme gibt.

Besonders bei Welpen muss man sich auch über Parasiten Gedanken machen. Der Tierarzt kann eine Kotprobe untersuchen, um zu sehen, ob und unter welchen inneren Parasiten der Welpe leidet und die passenden Entwurmungsmittel mitgeben. Auch später ist eine Kotuntersuchung pro Jahr sinnvoll. Äußere Parasiten wie Flöhe und Zecken können ebenfalls Krankheiten verursachen, wie beispielsweise die durch Zeckenbiss übertragene Borreliose. Besprechen Sie mögliche Vorbeugemaßnahmen mit dem Tierarzt.

Die Fütterung

Sie geben sich alle Mühe, damit Ihr Kind dreimal am Tag etwas Vernünftiges isst. Welpen brauchen das Gleiche: Bis zum Alter von etwa einem halben Jahr sollten sie dreimal täglich gefüttert werden.

Bis zum Alter von sechs Monaten sollten Welpen drei Mahlzeiten pro Tag bekommen.

Vielleicht hat Ihnen der Züchter oder das Tierheim etwas von dem dort verwendeten Trockenfutter mitgegeben. Sie können die gleiche Marke weiterfüttern oder wechseln. Es gibt viele gute Futtersorten auf dem Markt – es ist ganz Ihre Sache, wofür Sie sich entscheiden. Wir selbst bevorzugen Sorten, die strengen ökologischen

Qualitätskontrollen unterliegen und auf Frische und Schadstofffreiheit geprüft wurden. Es gibt mehrere solcher »natürlichen« Futtersorten auf dem Markt. Sie können das Hundefutter auch selbst zuhause zubereiten – in diesem Fall sollten Sie sich aber vom Tierarzt beraten lassen oder ein gutes Fachbuch zum Thema anschaffen, denn wenn Sie den Welpen falsch oder einseitig ernähren, kann das gravierende Auswirkungen nicht nur auf sein Körpergewicht, sondern auch auf seine Gesundheit haben. Füttern Sie nichts sehr Fettiges, Essensreste inbegriffen.

Werfen Sie regelmäßig einen Blick auf den Kot des Welpen: Ist er zu einem schönen festen Würstchen geformt? Lockere Konsistenz oder leichter Durchfall können ein Zeichen dafür sein, dass das verwendete Futter für Ihren Welpen nicht ideal ist. Manche Welpen haben ein empfindlicheres Verdauungssystem als andere. Manchmal machen auch Allergien es nötig, dass man auf bestimmte Futtermittel oder Inhaltsstoffe verzichtet. Wenn Sie sich nicht sicher sind, ob Sie Ihren Welpen ideal füttern, fragen Sie Ihren Tierarzt.

Vorbereitungen im Haus

Jetzt sind Sie und Ihre Familie auf den Welpen vorbereitet – aber was ist mit Ihrem Haus? Schauen Sie sich einmal ganz genau die Umgebung an, in der Ihr Welpe demnächst leben wird.

Das welpensichere Haus

Im Idealfall sollte Ihr Haus so welpensicher wie möglich sein. Das kann bedeuten, dass Sie Ihre Gewohnheiten vielleicht ein bisschen ändern müssen. Kicken Sie normalerweise einfach Ihre Schuhe von den Füßen, wenn Sie zur Tür reinkommen und lassen sie dann auch da stehen? Ihre Schuhe könnten eine Quelle größten Vergnügens für Ihren Welpen sein – es macht einen Riesenspaß, sie wegzuschleppen, weil jeder im Haus ihm dann sofort aufgeregt hinterher rennt und ein lustiges Fang-mich-doch Spiel mitspielt. Außerdem sind die meisten Schuhe aus einem Material, auf dem Welpen sehr gerne herumkauen. Sie müssen also Ihre Angewohnheiten ändern und die Schuhe am besten in einen geschlossenen Schrank stellen oder jedenfalls irgendwohin, wo sie vor dem Welpen sicher sind. Schauen Sie sich Ihr Zuhause immer wieder nach dem Gesichtspunkt an »Wie kann ich es meinem Welpen möglichst leicht machen, sich gut zu benehmen?« Wenn Ihr Kind ständig zu Ihren Schuhen krabbeln und diese in den Mund nehmen würde, würden Sie sie schnellstens so wegstellen, dass es nicht mehr darankommen kann. Tun Sie das Gleiche für Ihren Welpen. Wie schon zuvor erwähnt, muss Ihr Welpe bei jedem Wetter nach draußen. Sind Sie auch darauf vorbereitet, einen vor Schmutz und Nässe triefenden Hund danach wieder ins Haus zu lassen? Heben Sie alte Handtücher auf, für den Hund werden sie noch wunderbare Dienste leisten. Am besten deponieren Sie gleich ein paar davon neben der Tür. Eins können Sie auch auf den Boden der Diele legen, damit er beim Hereinkommen darüber gehen muss und seine schmutzigen Pfoten schon mal etwas abwischt. Mit einem zweiten Handtuch können Sie ihn dann säubern und abtrocknen. An Regentagen haben Sie so zwar ein paar Minuten mehr Arbeit, aber die Sache ist es wirklich wert, bevor der pudelnasse und schmutzige Hund durchs ganze Haus läuft und Ihre guten Teppiche ruiniert! Wenn Sie sich dieses Säubern beim Hereinkommen zur Gewohnheit machen, wird Ihr Hund schon bald an der Tür warten, bis Sie ihm die Pfoten abgetrocknet haben und sich nichts daraus machen. Unsere Hunde mögen es sogar.

Machen Sie Ihr Haus möglichst welpensicher.

Sitzmöbel

Entscheiden Sie schon jetzt, ob Sie den Hund später auf Sofa und Sessel lassen möchten oder nicht. Stellen Sie sich vor, wie groß er sein wird, wenn er ausgewachsen ist. Die meisten Menschen haben nichts dagegen, wenn ein niedlicher kleiner Welpe sich in ihren Schoß kuschelt, während sie auf dem Sofa sitzen. Außerdem haaren Welpen auch nicht oder nur ganz wenig und sind eben noch ganz handlich. Aber was, wenn ein später vierzig Kilo schwerer Hund auf das Sofa möchte und ganze Haarknäuel dort zurücklässt, die sich untrennbar mit dem Couchbezug verweben? Wollen Sie das immer noch? Sie haben die Wahl. Das Gleiche gilt für alle anderen Sitzmöbel und übrigens auch für Ihr Bett. Der Welpe braucht gleichbleibende Regeln, um herauszufinden, wie sich das Zusammenleben mit Ihnen gestalten soll. Für ihn ist es schwer zu verstehen, dass er meistens auf das Sofa darf, Sie aber ärgerlich werden, wenn er nass und schmutzig von draußen hereinkommt und dann aufs Sofa springt. Er ist der Meinung, das Sofa sei immer erlaubt und ist verstört wegen Ihres Ärgers. Stellen Sie deshalb gleich am Anfang eine Regel auf – Sofa ja oder nein – und bleiben Sie dann ein für alle Mal dabei. Ihr Welpe braucht kein Sofa, um es sich bequem zu machen. Für ihn ist es vollkommen in Ordnung, auf dem Boden oder Teppich zu liegen. Sie können ihm natürlich auch ein extra Hundebett kaufen. Wenn Sie entscheiden, dass Ihr Welpe (und in Kürze erwachsener Hund) grundsätzlich aufs Sofa darf, dann bringen Sie ihm bei, nur auf Ihre Aufforderung hin hinaufzuspringen und, noch wichtiger, es auch jederzeit auf Aufforderung wieder zu verlassen. Sollte Ihr Hund irgendwann einmal Schwierigkeiten machen und nicht mehr vom Sofa hinunterwollen oder sie sogar anknurren, wenn Sie ihn hinunterschicken wollen, sollten Sie ab sofort jedes Sofa-Sitzen radikal verbieten. Es ist Ihr Sofa und nicht seins, und er darf es nur benutzen, wenn er sich an Ihre Regeln hält.

Ihr Welpe kennt keinen Unterschied zwischen seinem Spielzeug und dem Ihrer Kinder.

Auf dem Boden liegende Sachen

Schauen Sie sich einmal kritisch um, was normalerweise bei Ihnen zuhause alles auf dem Boden liegt. Wenn Sie kleine Kinder haben, ist die Wahrscheinlichkeit sehr hoch, dass im ganzen Haus irgendwelche Sachen herumliegen. (Über Ihre Schuhe und die Notwendigkeit, sie wegzuräumen, haben wir ja schon gesprochen.) Hundewelpen sind sehr neugierig und verspielt. Sie können nicht verstehen, dass diese Sachen nicht für sie bestimmt sind und sie sie nicht wegtragen oder darauf herumkauen sollen. Wenn Sie ständig irgendwelche Gegenstände zwischen den scharfen Zähnchen Ihres Welpen wieder hervorholen müssen, sollten Sie vielleicht einen Raum (nur *einen*) bestimmen, in dem die Kinder ihre Sachen auf dem Boden liegen lassen dürfen und den Welpen nicht dort hineinlassen. Dabei müssen Ihre Kinder natürlich mitmachen. Aber Kinder lernen sehr schnell, wenn eins ihrer Lieblingsspielzeuge erst einmal von scharfen Welpenzähnen kaputtgemacht wurde. Wie sieht es mit Ihren Zeitungen und Zeitschriften aus – kann der Welpe leicht an sie herankommen? Seiner Vorstellung nach sind sie prima zum Zerreißen in viele kleine Schnipsel geeignet. Schauen Sie sich überall in Haus und Woh-

Machen Sie es dem Welpen leicht, sich gut zu benehmen!

nung um – wo kann der Welpe herankommen? Sehen Sie nicht nur auf den Boden, sondern denken Sie auch an niedrige Couchtische, Regalfächer und ähnliches. Vielleicht müssen Sie das ein oder andere Möbelstück wegstellen, solange der Welpe noch klein ist. Nochmals: *Machen Sie es dem Welpen so einfach wie möglich, sich gut zu benehmen!*

Das Badezimmer

Badezimmer sind für Welpen grundsätzlich sehr interessante Räumlichkeiten: Ob diese große Schüssel da ein weiterer Trinknapf ist? Für viele Welpen liegt das nah. Toilettenpapierrollen sind ein fantastisches, wunderbares Spielzeug für Welpen, man kann sie so schön abwickeln und zerfetzen…räumen Sie sie außer Reichweite. Wir haben selbst schon erlebt, wie ein Welpe eine Papierrolle packte und damit durchs ganze Haus rannte, eine lange Bahn hinter sich herziehend. Was für ein Spaß! Auch der Abfalleimer im Bad ist für kleine Hunde äußerst interessant, denn er ist meistens klein, steht niedrig und enthält jede Menge interessanter Sachen wie Taschentücher, Einmalrasierer und ähnliches. Halten Sie also am besten die Tür zum Badezimmer immer geschlossen. Die allerbeste Idee ist natürlich, den Welpen überhaupt nicht alleine auf Entdeckungsreise durchs Haus streifen zu lassen, wenn Sie nicht dabei sind.

Die Küche

Was für ein fantastischer Ort die Küche doch ist – voll von leckeren Essenssachen und guten Düften. Lassen Sie öfter Lebensmittel auf der Arbeitsplatte oder auf dem Tisch stehen? Eine große Versuchung für einen Welpen! Anfangs ist er vielleicht noch zu klein, um an Sachen auf dem Tisch oder der Anrichte heranzukommen, aber irgendwann ist er groß genug oder findet eine andere Möglichkeit. Auch hier ist wieder Aufsicht der Schlüssel zum Erfolg. Wenn der Welpe in der Küche ist, sollten Sie dabei sein. Wenn Sie ihn später irgendwann einmal in der Küche einsperren und ihn dort allein lassen sollten, stellen Sie sicher, dass Sie nirgends zugängliche Lebensmittel stehen gelassen haben – auch nicht ein Krümelchen. Wo ist der Mülleimer? Steht er auf dem Boden oder in einem Schrank versteckt? Ein unbeaufsichtigter Welpe wird versuchen, hineinzuklettern, besonders, wenn auch noch Essensreste darin sind. Geben Sie ihm gar nicht erst die Gelegenheit, die Erfahrung zu machen, dass sich das Umwerfen von Mülleimern lohnt.

Zimmerpflanzen

Achtung, Gefahr: Viele Zimmerpflanzen sind für Hunde giftig.

Seien Sie sich darüber im Klaren, dass auch die Zimmerpflanzen in Ihrem Haus höchst interessant für einen Welpen sind. Er wird sie gerne näher untersuchen, indem er ein paar Blätter abreißt oder sie sogar auffrisst. Möglicherweise findet er aber auch die Erde im Blumentopf spannender als die Pflanze selbst. Wissen Sie, dass viele der üblichen und beliebten Zimmerpflanzen für Hunde giftig sind? Machen Sie sich in Gärtnereien, Fachbüchern oder Internet schlau, ob das auf manche Ihrer Zimmerpflanzen zutrifft. Sicher legen Sie weder auf zerpflückte Pflanzen noch auf Blumenerde auf dem Fußboden oder auf einen kranken Welpen Wert. Wir wissen, wir wiederholen uns, aber auch hier ist wieder Aufsicht der beste Schlüssel zum Erfolg. Wenn Sie den Welpen nicht alleine lassen, wissen Sie auch immer, was er gerade tut oder (noch besser) was er gerade vorhat, sodass Sie seine Pläne schon von vorneherein vereiteln können.

So bereiten Sie den Welpen aufs Alleinebleiben zuhause vor

Es wird irgendwann Zeiten geben, in denen Sie Ihren Welpen auch einmal alleine zuhause lassen müssen. Manchen Welpen fällt das leichter als anderen. Hunde sind sehr soziale Tiere und genießen es, mit Ihnen und der Familie zusammen zu sein. Wenn sie es gewohnt sind, die ganze Zeit in Gesellschaft zu sein, kann der Übergang zum Alleinebleiben für sie sehr schwierig sein, auch, wenn es nur um ein paar Stunden geht. Beginnen Sie deshalb mit der schrittweisen Gewöhnung ans Alleinesein schon ab dem Moment, in dem Ihr Welpe nach Hause kommt. Dazu empfehlen wir, dass Sie ihn in seine Gitterbox setzen. Dort ist er sicher und Sie haben Kontrolle darüber, woran er herankommt. Stellen Sie Wasser hinein und geben Sie ihm ein geeignetes Kauspielzeug mit – und Sie haben die Gewissheit, dass Ihre Wohnungsreinrichtung vor ihm sicher ist. Bevor Sie aus dem Haus gehen, müssen Sie natürlich dafür sorgen, dass der Welpe genug Bewegung hatte und sich gelöst hat. Wenn der Welpe müde und zufrieden ist, wird er sich zu einem Schläfchen in seine Box legen und sich nichts daraus machen (oder gar nicht merken), wenn Sie das Haus verlassen. Ein bisschen vorausschauende Planung Ihrerseits und ein paar Minuten mehr Bewegung vorab werden Ihnen sehr viel helfen.

Lassen Sie ihn anfangs immer nur kurz allein, vielleicht eine halbe oder ganze Stunde, während Sie einkaufen gehen. Wichtig ist, dass Sie beim Nachhausekommen kein großes Aufhebens um das Wiedersehen machen. Sonst vermitteln Sie dem Welpen den Eindruck, dass es das Größte überhaupt ist, wenn Sie zurückkommen – und folglich das Schlimmste überhaupt, wenn Sie das Haus verlassen. Kommen Sie einfach herein, erledigen Ihre Dinge und gehen erst dann ruhig und langsam zur Box, um den Welpen herauszulassen. Sprechen Sie ihn mit unaufgeregter, ganz normaler Stimme an und bringen Sie ihn gleich nach draußen, damit er sich lösen kann. Wenn er sich wacker gehalten hat, können Sie die Dauer des Alleineseins allmählich steigern, und zwar am besten über einen Zeitraum von mehreren Wochen hinweg.

Vorbereitungen am Grundstück

Wenn Sie in einer Wohnung ohne eigenes Grundstück leben, müssen Sie sich um diesen Punkt keine Gedanken machen, ansonsten empfehlen wir Ihnen, auch diesen Abschnitt gut zu lesen!

Einzäunen oder nicht einzäunen?

Dies ist eine wichtige Entscheidung und eine, die von den meisten Menschen erst dann getroffen wird, wenn der Welpe schon im Haus ist. Manchmal gibt es vom Hausbesitzer oder von der Baubehörde Einschränkungen betreffs der Zaunhöhe oder der Art des Zaunes. Vielleicht dürfen Sie auch überhaupt keinen Zaun errichten. Auch dies ist wieder ein Fall für die vorausschauende Planung: Haben Sie bei Ihren Überlegungen, welchen Hund Sie sich anschaffen möchten, daran gedacht, ob Ihr Grundstück auch für diesen Hund geeignet ist? Ein guter, stabiler Zaun von ausreichender Höhe schafft einen sicheren Freilaufbereich für Ihren Hund (mit »sicher« meinen wir, dass der Hund nicht fortlaufen kann und dass keine anderen Hunde in Ihr Grundstück eindringen und Ihren Hund belästigen können).

Für diejenigen, die ihr Grundstück oder ihren Hof nicht mit den üblichen Zaunbaumaterialien umfrieden können, ist vielleicht ein spezieller Elektrozaun für Hunde die Lösung. Er besteht aus stromführenden Kabeln, die unterirdisch um Ihr Grundstück verlegt werden und einem speziellen Sendehalsband, das der Hund tragen muss. So bekommt er einen leichten Stromimpuls, wenn der dem »unsichtbaren Zaun« zu nahe kommt. In manchen Gegenden der USA sind diese »elektrischen Hundezäune« sehr beliebt, sie haben allerdings ihre Vor- und Nachteile:

Vorteile:

- Ihr Grundstück behält sein gewohntes Erscheinungsbild.
- Ihr Hund wird auf dem Grundstück gehalten, solange er das Spezialhalsband trägt.

Nachteile:

- Die Nachbarshunde werden nicht daran gehindert, Ihr Grundstück zu betreten und Ihren Hund zu ärgern oder sogar anzugreifen.
- Der Zaun funktioniert nur dann, wenn der Hund auch das Halsband trägt.
- Wie alle elektrischen Anlagen kann der Zaun Störungen haben oder ausfallen. Vielleicht funktioniert das Halsband einmal nicht und der Hund kann das Grundstück verlassen. Uns ist auch ein Fall bekannt, in dem ein Hund dauernd Stromstöße erhielt, egal, wo auf dem Grundstück er sich befand, nur, weil das Halsband eine Fehlfunktion hatte. Der Hund zitterte anschließend jedes Mal vor Angst, wenn er das Haus verlassen sollte.
- Manche Hunde werden den Stromstoß einfach in Kauf nehmen, um hinter einem anderen Tier oder Menschen herzujagen, kommen dann aber nicht mehr auf das Grundstück zurück.

Falls Sie sich doch für einen solchen Zaun entscheiden, empfehlen wir Ihnen, Ihren Welpen erst dann damit bekannt zu machen, wenn er schon etwas älter ist. Unserer Meinung nach setzt ein solches »Stromhalsband« einen Welpen übermäßig unter Stress, was negative Auswirkungen auf sein ganzes späteres Leben haben kann.

Was ist mit Außenzwinger oder Kette?

Beides wären Möglichkeiten, einen Hund am Weglaufen zu hindern, wenn er draußen auf Ihrem Grundstück ist. Ein Außenzwinger ist ein umzäunter Freiauslauf, oft mit Hundehütte darin, in dem man einen Hund sicher einsperren kann. Wenn Sie nicht Ihr ganzes Grundstück einzäunen, sondern nur einen kleineren Bereich für Ihren Hund reservieren möchten, ist ein Außenzwinger für Sie vielleicht eine gute Lösung.

Vorteile:

- Sie konnen sich draußen aufhalten, ohne sich Sorgen um den Hund machen zu müssen.
- Sie können den Außenzwinger als Löseplatz benutzen, sodass Ihr Rasen geschont wird.

Nachteile:

- Wenn der Hund länger im Außenzwinger eingesperrt ist, wird er möglicherweise viel bellen.
- Jemand kann Ihr Grundstück betreten und den Hund mitnehmen.
- Ihr Hund kann sich unter dem Zaun hindurchbuddeln und weglaufen (was bei den meisten Zäunen passiert).

Ein Beispiel für einen sicheren Außenzwinger.

Als Alternative zum Außenzwinger wird vielerorts immer noch das Festmachen des Hundes an einer Kette oder an einem zwischen zwei Bäumen gespannten »Laufseil« betrachtet. Wir raten dringend davon ab, einen Hund jemals draußen anzuketten. Die Kette ist viel schlimmer als ein unsichtbarer elektrischer Zaun, denn Ihr Hund ist allein von Gnade und Wohlwollen der Nachbarshunde abhängig – angebunden und unfähig zur Flucht. Wir kennen viele Horrorgeschichten von Hunden, die draußen angebunden waren: Von Hunden, die sich selbst um Bäume gewickelt und erwürgt haben, sich Läufe gebrochen haben oder die Anbindeseile zerbissen haben und fortgelaufen sind. Auch Verhaltensstörungen können die Folge sein – der einst so freundliche Welpe wird sehr territorial und fällt wütend bellend alles und jeden an, der sich in der Nähe vorbei bewegt.

Kettenhaltung, auch zeitweise, ist absolut unakzeptabel.

FALLBEISPIEL

Legen Sie Ihren Welpen nie an die Kette

Nach langer Beratung und Überlegung hatte sich eine Familie mit drei Kleinkindern einen Golden Retriever Welpen angeschafft. Der nette kleine Hund wurde jeden Tag im Hof des Hauses an einer Kette festgebunden. Niemand war bei ihm, er hatte keine Spielzeuge, Kauknochen oder irgendetwas anderes, das ihm da draußen die Zeit verkürzen und seine Langweile vertreiben konnte. Jeden Tag, egal zu welcher Zeit, sahen wir ihn da draußen an seiner Kette. Und obwohl den ganzen Tag jemand zuhause war, blieb der Welpe ständig im Hof angekettet. Warum nur? Dieser offensichtlich freundliche Welpe mit so viel Potenzial würde aufgrund dieser Kettenhaltung mit ziemlicher Sicherheit früher oder später gravierende Verhaltensprobleme entwickeln. Schließlich gelang es uns, ein Gespräch mit dem Besitzer zu führen. Es stellte sich heraus, dass der Welpe sich im Haus zu stürmisch und wüst benahm (eine Folge der mangelnden Bewegung!) und dass die Frau, die den ganzen Tag zuhause war, damit nicht umgehen konnte oder wollte. Also kam der Welpe nach draußen. Ein trauriges Beispiel für eine Familie, die nicht bereit war, die nötige Verantwortung für einen Welpen (oder überhaupt einen Hund) zu tragen.

Ein Zaun als »Welpensitter«?

Einen umzäunten Freibereich als bequemen »Babysitter« für den Welpen zu gebrauchen, ist eine ganz schlechte Idee. Wichtiger als die Frage, welche Art von Außenzwinger oder Freilaufbereich Sie bauen oder ob Sie das überhaupt tun, ist, dass Sie immer dann draußen sind, wenn der Welpe es auch ist. Es kann nicht oft genug wiederholt werden, aber die Regel Nummer eins lautet: *Solange der Welpe draußen ist, müssen Sie dabei bleiben.* Dieser wichtige Punkt ist für viele Hundebesitzer offenbar schwierig umzusetzen. Immer wieder hören wir Dinge wie »Ich habe den Außenzwinger gebaut, damit ich den Hund auch mal alleine rauslassen und in dieser Zeit andere Dinge erledigen kann« oder »Der Hund braucht frische Luft und ist gerne draußen«. Würden Sie Ihr ein bis drei Jahre altes Kind alleine draußen im

Lassen Sie Ihren Welpen niemals unbeaufsichtigt draußen. Er wird Wege finden, sich selbst zu beschäftigen.

Hof lassen, ohne Aufsicht eines Erwachsenen? Vermutlich nicht. Geben Sie Acht, dass Sie Ihrem Welpen nicht zu viel Freiheit geben und ihn nicht zu viel Zeit ohne Sie verbringen lassen.

Nehmen wir an, Sie haben ein umzäuntes Grundstück. Anfangs verhält der Welpe sich vielleicht unauffällig, wenn er alleine draußen ist und unternimmt nicht viel. Mit der Zeit wird er aber immer größere Bereiche des Grundstücks erkunden. Ist Ihr Grundstück welpensicher? Welche Gegenstände könnten eine Gefahr für die Gesundheit Ihres Welpen sein, falls er beschließt, einmal hineinzubeißen? Befinden sich Dinge dort, die Ihnen lieb und teuer sind und von denen Sie nicht möchten, dass sie kaputtgemacht werden?

Viele Menschen lassen ihren Hund alleine in den Garten oder auf den Hof, damit er sich ein bisschen bewegt. Hunde bewegen sich aber nur sehr selten von alleine. Sie rennen zwar vielleicht anfangs mit einer gewissen Aufregung zur Tür hinaus, aber die Begeisterung legt sich meistens schnell. Vermutlich wandert der Hund nur noch ein bisschen umher und überlegt, was er so Interessantes anstellen könnte. Die Wahrscheinlichkeit, dass diese »interessante Beschäftigung« nicht in Ihrem Sinne ist, ist hoch – zum Beispiel Löcher buddeln, Blumen zerrupfen, Steine herumtragen, den Gartenschlauch zerbeißen oder das Beet umgraben. Wenn Sie mit dem Welpen zusammen draußen sind und er mit einer dieser unerwünschten Tätigkeiten beginnt, können Sie sofort eingreifen und ihm begreiflich machen, dass Sie seine Mithilfe beim Umgraben nicht schätzen oder nicht möchten, dass er den Gartenschlauch zerkaut. Ist er hingegen alleine, können solche und ähnliche Dinge bald zu seiner Lieblings-Freizeitbeschäftigung werden und es wird viel schwieriger, sie ihm später wieder abzugewöhnen.

Ein draußen auf dem Grundstück alleine gelassener Welpe kann sich aber noch viel schlimmere Dinge angewöhnen, als nur Ihren Garten zu ruinieren. Vielleicht wohnen Sie in einer belebten Gegend und es kommen oft Menschen und andere Hunde an Ihrem Zaun vorbei. Und weil Ihr Hund sich alleine draußen vermutlich langweilt, wird jede Aktivität, die jenseits des Grundstückszauns stattfindet, für ihn interessant und eine willkommene, aufregende Abwechslung sein. Er beginnt, aufgeregt am Zaun auf und ab zu laufen, mit der Zeit kommt wahrscheinlich auch noch ein aufgeregtes und unkontrollierbares Bellen hinzu. Das ist nicht nur nervtötend für Sie und Ihre Nachbarn, sondern auch nicht gerade gesund für den Welpen, wenn er sich so aufregt. Vielleicht eskaliert die ganze Sache nach einigen Monaten sogar so weit, dass Ihr Hund Sie zu beißen versucht, wenn Sie irgendwann genervt einzuschreiten und ihn festzuhalten versuchen. Noch schlimmer wäre, wenn gleichzeitig Ihre Kinder draußen wären und der Hund sie in seiner Aufregung beim Entlanglaufen am Zaun überrennt oder seine Frustration auf ein unschuldiges Kind umlenkt. Vielleicht kommt auf der anderen Seite des Zauns regelmäßig ein Nachbarshund vorbei, der nicht besonders freundlich zu anderen Hunden ist. Wenn Ihr Welpe älter wird, beginnt er möglicherweise, mit diesem Hund durch den Zaun hindurch zu kämpfen. Was als unschuldiges Spielchen begann, entwickelt sich zu einem Albtraum für Sie!

Regel Nummer eins: Solange der Welpe draußen ist, müssen Sie dabei bleiben.

Zu guter Letzt noch eine ganz einfache Begründung, warum Sie Ihren Hund nicht alleine draußen lassen sollten: Er ist nicht mit Ihnen in Kontakt. Wenn unsere Junghunde draußen sind, sind wir jede Minute mit dabei. Bemühen Sie sich, es genauso zu machen!

Eine von uns hat ein eingezäuntes Grundstück, die andere nicht. Wir haben aber beide immer unsere Welpen mit nach draußen genommen, egal, wo auf dem Grundstück wir uns aufhielten. Wir achteten immer darauf, dass wir ein Bestandteil des Vergnügens waren, das die Welpen draußen hatten und brachten ihnen bei, dass Spiel und Spaß nur bei uns zu haben sind und nicht irgendwo anders. Lynn nahm auch absichtlich ihren Welpen mit in einen nicht umzäunten Bereich ihres Grundstücks, um dort mit ihm zu spielen. Er sollte lernen, einfach immer bei ihr zu bleiben, ob mit oder ohne Zaun. Pia lebt auf einem Hof, der auf drei Seiten von großen Weizenfeldern und Wald umgeben ist. Jeden Morgen und Abend ging sie um das Grundstück herum, verschiedene Pfade entlang und verbrachte zwei Stunden täglich damit, das Zurückkommen auf »Hier« mit dem Welpen zu üben. All das mit der Absicht, dass der junge Hund die Grundstücksgrenzen kennenlernen sollte, immer wissen sollte, wo es nach Hause ging und seine Aufmerksamkeit immer auf Pia konzentrieren lernen sollte anstatt

Wild zu jagen. Wir verbrachten also beide viel Zeit mit den Welpen, schufen so eine enge Bindung und sicherten uns eine starke Führungsposition. Dank der vielen Zeit und Mühe, die wir in den ersten Monaten investiert haben, besitzen wir heute Hunde, die lieber bei uns bleiben, anstatt wegzurennen – auch ohne Leine!

FALLBEISPIEL

Zu viel Freiheit ist nicht gut

Einmal fragte ein Paar bei uns um Rat, das sein mehrere tausend Quadratmeter großes Grundstück mit unsichtbarem Elektrozaun eingezäunt hatte. In der Hintertür war eine Hundeklappe angebracht, sodass ihre Hündin nach Belieben heraus und wieder hinein konnte. Die Hündin beschäftigte sich den ganzen Tag lang alleine und tat, was ihr beliebte. Sie kam nur zum Fressen zurück und abends, um in ihrem Hundebett zu schlafen. Sie genoss zwar die Gesellschaft ihrer Besitzer, brauchte sie aber nicht unbedingt. Die Halter beklagten sich darüber, dass ihre Hündin nicht hörte und eigentlich nie auf Zuruf kam, wenn sie sie auf einen Spaziergang mitnahmen. Auch hatte sie überhaupt kein Interesse am gemeinsamen Spielen mit ihren Menschen, sondern jagte lieber Kaninchen oder anderem Wild hinterher. Warum sollte sie einem Ball oder einer Frisbeescheibe nachlaufen? Solche Spiele waren viel zu simpel für einen so sportlichen Hund und nicht halb so aufregend wie ein aufgescheuchtes Reh. Die Hündin hatte gelernt, dass sie im Freien tun konnte, wonach ihr der Sinn stand, und Menschen gehörten zu dieser Freizeitgestaltung nicht mit dazu. Und weil das schon so lange so ging, war ihr dieser Lebensstil zur festen Gewohnheit geworden.

Bereiten Sie Ihr Auto vor

Genauso wie Sie Ihr Auto auf ein Baby vorbereiten, indem Sie einen Kindersitz kaufen, sollten Sie es auch für einen Hundewelpen einrichten. Wie groß wird Ihr Hund, wenn er erwachsen ist? Welches Auto fahren Sie? Ist darin so viel Platz, dass Ihr Hund auch noch dann, wenn er ausgewachsen ist, darin liegen kann – am besten in einer Box? Nur zu oft haben wir erlebt, dass Leute sich irgendwann ein neues Auto angeschafft haben, nur um den Hund endlich vernünftig transportieren zu können (wir selbst sind da keine Ausnahme).

Der sicherste Weg zum Transport des Welpen ist eine Box.

Die sicherste Möglichkeit, sowohl Welpen als auch erwachsene Hunde im Auto mitzunehmen, ist in einer Box. Hier ist der Hund bei einem möglichen Unfall besser geschützt und kann auch selbst keinen solchen verursachen, weil er Sie vielleicht während des Fahrens ablenkt oder Sie gar am Arm stupst. Ungesichert im Auto sitzende Hunde können selbst bei einem leichten Auffahrunfall haltlos durch die Windschutzscheibe fliegen. Während der ersten Monate kommen Sie bestimmt gut mit einer kleinen Welpenbox im Auto zurecht. Aber denken Sie schon jetzt darüber nach, wie groß Ihr Hund einmal werden wird: Passt die Box für ihn auch dann noch in Ihr Auto? Denken Sie daran – die Box muss so groß sein, dass der Hund darin stehen, sich umdrehen und hinlegen kann. Sie muss aber nicht so groß sein wie die, die Sie im Haus für die Erziehung zur Stubenreinheit benutzen (mehr dazu später). Wenn keine Box in Ihr Auto passt, können Sie alternativ über ein spezielles Anschnall-Geschirr für Hunde nachdenken.

Nicht nur für den Welpen ist es am besten und sichersten, wenn er im Auto entweder angeschnallt oder in der Box untergebracht ist, sondern auch für Ihr Auto! Wenn Sie ihn frei im Auto lassen, ist die Wahrscheinlichkeit hoch, dass er den Innenraum auf die ein oder andere Art beschädigt. Sind Sie auch darauf vorbereitet, seine Hinterlassenschaften eventuell aus dem Auto entfernen zu müssen? Und genau wie kleinen Kindern kann es auch Hunden im Auto übel werden. Wenn das passiert und der Hund sich während des Fahrens übergibt, wäre es einfacher, die

Bescherung aus der Box zu entfernen als vom Rücksitz. Höchstwahrscheinlich wird es auch einmal Zeiten geben, in denen Ihr Hund nass und schmutzig wieder ins Auto steigen muss. Haben Sie Lust auf nasse, schlammige Autositze? Und wie sieht es mit dem Haarkleid Ihres Hundes aus? Mögen Sie untrennbar mit den Sitzbezügen verbundene Massen von Hundehaaren? Wie ist es mit dem dringenden Kaubedürfnis des Hundes? Wenn er in der Box sitzt, kann er nicht am Lenkrad nagen. Er könnte sonst auch unterwegs in aller Ruhe ein Loch in den Rücksitz fressen oder einen Sicherheitsgurt zerbeißen. Einmal ganz davon abgesehen, dass solche Dinge auch nicht unbedingt bekömmlich für Hundemägen sind, wenn sie verschluckt werden. Anstatt Ihren Hund für die angerichtete Bescherung ausschimpfen zu müssen, sollten Sie lieber dafür sorgen, dass so etwas gar nicht erst passieren kann und ihm eine Box oder ein Anschnallgeschirr kaufen. So ist er sicher und das Auto bleibt sauber.

Im Auto fährt der Hund am sichersten in einer Box mit.

Wenn Sie öfter lange Strecken fahren oder der Hund längere Zeit im Auto bleiben muss, sollten Sie Wasser, einen Wassernapf, ein Handtuch und eine zusätzliche Leine mit Halsband im Auto mitnehmen.

Was machen Sie im Urlaub?

Haben Sie darüber nachgedacht, was Sie mit Ihrem Hund machen wollen, wenn Sie mit der Familie in Urlaub fahren? Es ist wichtig, sich darüber Gedanken zu machen, und zwar am besten schon jetzt und nicht erst zwei Wochen vor Ihrem Abreisetermin. Sie würden doch auch Ihre Kinder nicht bei einem Babysitter lassen, den Sie gar nicht kennen oder sie in ein Ferienlager schicken, über das Sie nichts wissen. Also vergewissern Sie sich auch vorher, ob die in Frage kommende Person, die auf Ihren Hund aufpassen wird oder die Tierpension, die ihn aufnehmen wird, so gut wie irgend möglich für ihn sorgt. Sie haben verschiedene Möglichkeiten:

Sie könnten Ihren Hund in eine Tierpension bringen. Solche Einrichtungen können höchst unterschiedlich sein, und zwar sowohl von Anlage und Einrichtung her als auch von den Serviceleistungen, die geboten werden. Fahren Sie vorher hin und bitten Sie darum, dass man Ihnen alles zeigt – wenn die Betreiber dazu nicht bereit sind, denken Sie noch nicht einmal darüber nach, Ihren Hund dorthin zu bringen! Ist es dort sauber? Ist das Personal freundlich? Wie sind die Preise im Vergleich zu anderen Pensionen in der Region? Ist Ihr Hund es gewohnt, dass viel gelaufen und gespielt wird? Suchen Sie eine Pension aus, die ihm das bietet, anstatt ihn nur eine Woche lang in ein Gehege zu sperren.

Und wie wäre es mit einem Urlaub, zum dem Ihr Welpe mitkommen kann?

Sie können Ihren Hund natürlich auch zu Freunden oder Verwandten Ihres Vertrauens bringen oder einen Hundesitter engagieren, der mehrmals am Tag zu Ihnen nach Hause kommt oder sogar für die Dauer Ihrer Abwesenheit bei Ihnen einzieht. Fragen Sie den »Hundesitter« nach Referenzen und arrangieren Sie ein »Probetreffen« zwischen ihm oder ihr und Ihrem Hund. Wie geht er oder sie mit dem Hund um? Mag Ihr Hund diese Person? Erkundigen Sie sich, ob der Hundesitter alleine arbeitet oder noch Mitarbeiter hat, ob also wirklich er oder sie selbst oder etwa jemand anderes kommen und sich um Ihren Hund kümmern wird. Je nachdem, wo Sie hinfahren und was Sie unternehmen kann es auch eine Überlegung sein, den Hund mitzunehmen. Heute sind in vielen Hotels Hunde erlaubt. Vielleicht müssen Sie mit dem Welpen ja nicht gleich eine ganze Woche wegfahren, sondern können erst mal einen kleineren gemeinsamen Urlaub machen.

Was Ihr Welpe alles braucht

Bevor Ihr Welpe zu Ihnen nach Hause kommt, müssen Sie noch einige Dinge besorgen. Wir haben die wichtigsten und unerlässlichen Dinge für Sie zusammengestellt.

Box/Gitterbox

Die beste Box für den Gebrauch im Haus ist eine käfigähnliche aus Drahtgitter. Sie kann nicht zerbissen werden, ist sicher, gut belüftet und der Welpe kann nach allen Seiten hinausschauen. Die Transportbox fürs Auto kann entweder genauso beschaffen sein oder Sie denken über eine klappbare Box nach. Letztere ist sehr leicht und kann problemlos weggepackt werden, wenn sie nicht gebraucht wird. Im Internet und in größeren Fachgeschäften finden Sie eine große Auswahl verschiedener Boxentypen. Am besten ist es, eine Box für das Haus und eine für das Auto zu haben, besonders, wenn Sie öfter mit Hund Auto fahren werden. Wenn es Ihnen nichts ausmacht, die Box jedes Mal vom Haus zum Auto und zurück zu tragen, kommen Sie natürlich auch mit einer Box aus.

Ein einfaches Halsband mit Schnalle ist ideal für Welpen.

Futter

Auf dem Markt gibt es die verschiedensten Hundefuttersorten: Trockenfutter, Dosenfutter oder Rohfutter (gefroren oder frisch). Was Sie Ihrem Hund füttern, ist Ihre Entscheidung, aber schauen Sie sich ein wenig um, machen sich schlau und achten Sie darauf, dass Sie Futter von einer guten Qualität finden.

Futter- und Wassernapf

Sie brauchen mindestens zwei Näpfe – einen für Futter und einen für Wasser. Am besten sind Näpfe aus Edelstahl oder Keramik, Plastiknäpfe können bei manchen Hunden zu Allergien führen und sind außerdem schlechter sauber zu halten.

Für das Wasser sind Näpfe mit schwererem Boden praktisch, die nicht so leicht umkippen. Manche Welpen spielen mit dem Wassernapf herum und haben einen Riesenspaß damit, deshalb ist es gut, hier auf Standfestigkeit zu achten. Ein zusätzlicher Napf fürs Auto, der immer im Kofferraum bleibt, ist praktisch, wenn Sie viel mit dem Hund Auto fahren. Es gibt im Fachhandel faltbare Wassernäpfe, die sehr praktisch zum Mitnehmen im Auto sind.

Halsband und Leine

Ihr Welpe braucht natürlich Halsband und Leine. Wir empfehlen eine mindestens 1,80 Meter lange Leine aus Leder oder Nylon. Wir persönlich mögen lieber Lederleinen, weil sie angenehmer in der Hand liegen als die aus anderen Materialien. Es ist aber auch keine schlechte Idee, mit dem Kauf einer teuren Lederleine zu warten und erst mal eine billigere zu nehmen, bis Ihr Welpe gelernt hat, vernünftig an der Leine zu gehen und nicht darauf herumzubeißen.

Welches Halsband Sie nehmen, ist Geschmackssache. Die Auswahl ist groß! Wir mögen für Welpen am liebsten einfache, glatte Halsbänder mit einer Schnalle. Das Halsband muss so fest sitzen, dass man es nicht einfach geschlossen über den Kopf ziehen kann, aber auch nicht so eng, dass es unangenehm für den Hund ist. Es gibt Leder- und Nylonhalsbänder mit Schnalle, und Sie können zusätzlich eine Adressmarke daran anbringen. Es gibt auch Halsbänder, die sich bei Zug etwas um den Hals zusammenziehen. Wir raten davon ab. Besser als Spezialhalsbänder oder -geschirre zur Kontrolle zerrender Hunde ist eine vernünftige Erziehung zur Leinenführigkeit!

Würgehalsbänder jeglicher Art sind gefährlich. Wenn man sie angelegt lässt, kann der Welpe sich damit erwürgen, falls er irgendwo hängen bleibt und verzweifelt freizukommen versucht. Er könnte sich damit an Möbelstücken verfangen oder draußen an Ästen und Zweigen und wird dann zurückziehen, um freizukommen. Wenn ein Hund an der Leine zieht, übt ein Würgehalsband Druck auf seine Luftröhre aus und kann sie ernsthaft schädigen. In Ordnung ist ein Würgehalsband dann, wenn es nur für das Vorstellen auf einer Hundeausstellung benutzt und danach wieder ausgezogen wird. Jedes Halsband, egal wie beschaffen, muss ausgezogen werden, wenn der Hund unbeaufsichtigt in seiner Box ist.

Hundespielzeug

Die Auswahl an Hundespielzeug ist riesengroß: Spezielle Seile für Zerrspiele, Spielsachen, die quietschen oder sonstige Geräusche machen, Dinge zum Werfen, Fangen und Nachjagen. Auch Frisbeescheiben oder Bälle machen viel Spaß, wenn Sie zusammen mit Ihrem Hund spielen wollen. Bedenken Sie: Es ist nicht gesagt, dass Ihr Hund von Natur aus irgendwelche Dinge apportiert, die Sie ihm werfen. Finden Sie also heraus, womit er gerne spielt und haben Sie dann zusammen Spaß!

Knochen und Kauspielzeuge

Die meisten Welpen sind wahre Kaumonster. Sie müssen unbedingt auf irgendetwas herumbeißen, weshalb man ihnen spezielle Kauspielzeuge oder Kauknochen besorgen sollte. Tun Sie das nicht, findet der Welpe selbst seinen Kaugegenstand – zum Beispiel das Spielzeug Ihrer Kinder, Ihre Schuhe oder die Tischbeine. Wenn Ihr Welpe regelmäßig längere Zeiten in seiner Box verbringt, fällt ihm das leichter und er hat weniger Langeweile, wenn Sie ihm ein schönes Kauspielzeug mit hineingeben. In Kapitel 12 finden Sie noch mehr Informationen zu geeigneten Kauartikeln.

Für die Fellpflege

Welche Dinge Sie für Pflege und Fellpflege Ihres Welpen brauchen, hängt von der Rasse und von der Beschaffenheit des Haarkleids ab. Für die meisten Hunde sind die folgenden Sachen sinnvoll:

- Eine Krallenzange zum Kürzen der Krallen
- Bürste
- Kamm
- Evtl. spezieller Entfilzungskamm
- Schere
- Spezielles Welpenshampoo

Hundekörbchen/Hundebett

Ein eigenes Hundebett ist eine tolle Sache für jeden Hund, egal, wie groß er ist. Es gibt die verschiedensten Ausführungen in allen Größen. Über die Anschaffung denken Sie aber am besten dann erst nach, wenn Ihr Welpe aus der gröbsten »Kauphase« heraus ist! Das Körbchen (oder Liegepolster) können Sie nach Bedarf in die Box stellen oder auch woanders hin in den Raum. Es ist der ganz spezielle Ruheort für Ihren Hund. Denken Sie bei der Materialauswahl an Reinigungsfreundlichkeit und Beständigkeit gegen Welpenzähnchen, besonders, wenn der Welpe längere Zeit alleine gelassen wird.

»Ich liebe mein Körbchen!«

Wasserfeste »Unterbetten«

Für Babys und Kleinkinder gibt es spezielle flache, feuchtigkeitsundurchlässige Matten, die zwischen Matratze und Betttuch gelegt werden, um bei »Undichtigkeiten« die Matratze zu schonen. Sie sind auch äußerst praktisch in der Hundebox für Ihren Welpen, im Körbchen oder auf dem Autositz, wenn Ihr Hund zum Beispiel nach einer Schwimmrunde im See wieder zurück ins Auto muss. Die Matten nehmen Flüssigkeit auf, ohne sie nach unten durchzulassen.

Leckerchen

Kleine Leckerchen eignen sich für Welpen am besten.

Planen Sie einen Vorrat an Leckerchen fürs Haus und zum Mitnehmen ein. (Mit Leckerchen meinen wir jede Art von Futter, die Sie dem Hund als Belohnung für eine gut gemachte Sache geben können.) Es gibt auch eine große Auswahl an fertigen Hundeleckerchen in Supermärkten und Heimtierbedarfsläden zu kaufen. Suchen Sie welche mit möglichst wenig künstlichen Inhaltsstoffen aus und am besten welche von weicher Konsistenz, die man in kleinere Stückchen brechen kann. Sie können auch gekochtes Fleisch (Hühnchen, Steak...), Fleischwurst oder Käse in kleine Stückchen schneiden und als Belohnung verwenden, anstatt fertige Leckerchen zu kaufen. Der Hund muss es nur mögen, damit es eine Belohnung für ihn ist. Machen Sie die Stückchen möglichst klein, Sie wollen Ihren Hund ja nicht mästen oder seine Verdauung durcheinanderbringen.

Teil 2

»Wenn Hunde sprechen könnten, wäre es längst nicht so schön, einen zu besitzen.« (Andy Rooney)

Welpen sind nun mal Welpen

Kapitel 4

Die Wichtigkeit der Sozialisation

Bei der Sozialisation geht es darum, gute Erfahrungen zu machen, ohne dabei Angst zu haben. Wir möchten Ihnen gerne dabei helfen, mehr darüber zu erfahren, wie wichtig eine gute Sozialisation für Hundewelpen ist und wie sie das Zusammensein von Ihnen, Ihrem Hund und Ihren Kindern beeinflussen wird.

Ihr Welpe muss an so vielen verschiedenen Orten und in so vielen verschiedenen Situationen wie möglich sozialisiert werden. Er muss sich daran gewöhnen, dass andere Menschen und andere Hunde zu Ihnen nach Hause (auf das Grundstück und ins Haus) kommen, damit er lernt, wie er sich in diesen Situationen verhalten muss. Wenn Sie die Nachbarskinder zum gemeinsamen Spielen mit dem Welpen einladen, hat das sowohl Vor- als auch Nachteile. Vermutlich werden Kinder darunter sein, die problemlos mit Hunden umgehen, aber auch andere, die vielleicht Angst haben und jedes Mal schreiend wegrennen, wenn der Welpe auf sie zukommt. Vielleicht sind auch Kinder dabei, die den Welpen grob und ruppig anfassen. Die Aufsicht eines Erwachsenen ist deshalb unerlässlich, wenn Kinder mit dem Welpen umgehen.

Die Folgen schlechter Sozialisation

Wir haben viele Jahre lang beobachtet, was aus schlecht sozialisierten

Die Sozialisation Ihres Welpen mit anderen Hunden ist entscheidend.

Welpen wird. Ihr Verhalten und ihre Lernfähigkeit weisen deutliche Defizite auf. Wenn ein Welpe schon früh von der restlichen Welt isoliert wird, findet er später nur schwer Gefallen an der Gesellschaft anderer. Er kann Misstrauen oder sogar extreme Furcht bei sozialen Kontakten zeigen und Verhaltensstörungen haben. Solche Hunde scheinen auch langsamer zu lernen als andere Hunde und sind schneller frustriert, wenn sie mit einem Problem konfrontiert sind, weil ihre Angst und ihr Meideverhalten alles andere überlagern. Schlecht sozialisierte Welpen kommen insgesamt schlechter mit dem Leben zurecht – was sicher nicht wünschenswert für einen Hund ist, mit dem Kinder umgehen sollen. Was sich Eltern wünschen, ist ein Hund, der alle möglichen Kapriolen von Seiten der Kinder auf die leichte Schulter nehmen kann.

Steven Lindsay, Autor des Buches »*Handbook of Applied Dog Behavior and Training*« schreibt, dass nach wissenschaftlichen Untersuchungen auch schlecht sozialisierte Welpen bei wiederholter und konzentrierter, therapieartig durchgeführter Sozialisation wieder mehr Ruhe zurückgewinnen können. Trotzdem werden sie vermutlich nie das Niveau erreichen, das möglich gewesen wäre, wenn sie von Anfang an den richtigen Start gehabt hätten.

Sozialisation an fremden Orten

Sozialisation kann nicht nur bei Ihnen zuhause stattfinden. Wenn Ihr Welpe seine meiste Zeit in Haus und Garten mit wenig Kontakt zum Rest der Welt verbringt, wird er schlechter mit fremden Menschen, fremden Hunden und fremden Situationen zurechtkommen. Sie müssen bleibende soziale Kompetenz bei ihm schaffen, wozu auch tägliche Spaziergänge und Ausflüge an öffentliche Orte in Ihrer Umgebung zählen. Und das übrigens das ganze Hundeleben lang, nicht nur während der ersten ein oder zwei Jahre. Der Welpe sollte Spaß an diesen Ausflügen haben. Wenn er sich vor vorbeifahrenden Autos fürchtet, können Sie vielleicht mit ihm zuerst in ruhigere Straßen mit weniger und langsamerem Verkehr gehen. Das geschäftige Stadtzentrum ist vielleicht nicht der ideale Ort, solange er noch nicht an Anblick und Geräusche von Autos gewöhnt ist. Der Schlüssel zum Erfolg ist, dass Ihr Welpe sich auf jeden Ausflug freut!

Sozialisation mit anderen Hunden

Die Sozialisation Ihres Welpen mit anderen Hunden ist entscheidend. Ein sieben Wochen alter Welpe spielt anders als ein sechzehn Wochen alter Welpe und beide wiederum anders als ein zwei Jahre alter Hund. Auch Kleinkinder lassen wir normalerweise zuerst mit Kindern ihres Alters spielen und den Fünfjährigen nicht am Samstagabend mit dem achtzehnjährigen großen Bruder losziehen. Erst wenn die Kinder für sich selbst entscheiden können, kann man langsam daran denken, ihren Bekanntenkreis auch auf Kinder anderen Alters auszudehnen. Genauso vorsichtig sollten Sie auch bei der Sozialisation Ihres Welpen mit anderen Hunden vorgehen.

Für die Entwicklung eines Welpen ist entscheidend, dass er auch mit fremden, freundlichen Hunden Kontakt hat.

Denken Sie daran, dass ein freilaufender, zweijähriger Hund Ihren Welpen nicht nur erschrecken, sondern auch verletzen kann. Eine solche Erfahrung könnte bleibende negative Auswirkungen auf Ihren Hund haben, weshalb wir öffentliche Freilaufflächen für Hunde (»Hundewiesen« in Stadtparks) nicht für Welpen empfehlen. Unsere Freundin und Kollegin Trish King sagte einmal so schön treffend: »Eine Hundewiese ist wie eine Cocktailparty, auf der Du niemand kennst und auf der alle betrunken sind. Du kannst viel Spaß haben, aber es kann auch eine Katastrophe werden.« Wenn Ihnen in der Welpenspielstunde einer Hundeschule ein Welpe auffällt, dessen Art zu spielen vollkommen aus dem Rahmen fällt, dann können Sie darauf wetten, dass der Besitzer erklären wird, er habe ihn »auf der Hundewiese« sozialisiert. Leider lernen diese Welpen, ungehorsam zu sein und sich beim Anblick anderer Hunde übermäßig aufzuregen. Sie entwickeln ein Spielverhalten, das sich radikal von dem unterscheidet, das Welpen zeigen, deren Sozialisation in sicherer und kontrollierter Umgebung stattgefunden hat.

Viele Menschen haben auch gleich mehrere Hunde zuhause. Sehr wichtig zu wissen ist: Wenn ein Welpe mit einem anderen Hund zusammen lebt, heißt das noch lange nicht, dass er automatisch zu einem sich sozial verhaltenden Hund heranwächst! Unserer Erfahrung nach verwenden aber nur die wenigsten Mehrhundebesitzer noch Zeit darauf, ihren Welpen auch mit anderen Hunden als den eigenen zu sozialisieren. Sie sind der Meinung, dass der Kleine mit allen anderen Hunden auch gut zurechtkäme, wo er sich doch mit dem Zweithund so gut versteht. Das ist aber leider ein großer Irrtum! Die ersten Schwierigkeiten werden unvermeidlich auftauchen, sobald ein solcher Welpe an öffentlichen Orten Kontakt zu anderen Hunden bekommt. Wir haben ja als Kinder auch mit anderen Kindern gespielt, obwohl wir Geschwister hatten und unsere Eltern sind nicht davon ausgegangen, dass wir mit allen Kindern auskommen, wenn wir uns mit unserer Schwester gut verstehen.

Weitere Sozialisation

Unsere Kinder schicken wir zur Schule, weil wir wissen, dass es nicht gut für sie ist, wenn sie isoliert zuhause sitzen. Sie lassen Ihr Kind schon früh mit seiner Sozialisation beginnen, setzen dieser aber nicht plötzlich ein Ende, sobald es die Grundschule abgeschlossen hat. Sicher würden Sie sich Sorgen machen, wenn Ihr Kind sich plötzlich in sein Zimmer einschließen würde und nichts mehr mit seinen Freunden zu tun haben wollte. Warum aber machen wir uns nicht genauso viele Sorgen um die Sozialisation unserer Hunde?

Es ist zwar entscheidend, den Welpen frühzeitig zu sozialisieren, aber noch wichtiger ist eine fortgesetzte Sozialisation, insbesondere mit Kindern. Wenn der Hund nicht mehrere Jahre lang mit Kindern zu tun hatte, gibt es keine Garantie dafür, dass er sich in den kommenden Jahren in ihrer Gegenwart wohlfühlt oder ein gutes Haustier für ein Kind wird.

Sozialisation mit Kindern

Es ist absolut entscheidend, dass Sie Ihren Welpen mit Kindern verschiedener Altersstufen (Säuglinge, Krabbelkinder, Kleinkinder, größere Kinder...) und möglichst auch verschiedener Rassen und Nationalitäten bekannt machen. Sollte er sich dabei irgendwann ängstlich zeigen oder signalisieren, dass er überfordert ist, sind Sie vielleicht zu schnell vorgegangen oder die Situation war nicht gut geeignet. Ein Kindergeburtstag, ein Jahrmarkt oder die Haltestelle eines Schulbusses sind sicher nicht die idealen Gelegenheiten, um einen Welpen mit Kindern bekannt zu machen: Der Geräuschpegel und die Zahl der kleinen Menschen werden viel zu viel für ihn sein! Beginnen Sie also langsam, indem Sie zum Beispiel mit ihm zur

Der Welpe muss Kinder verschiedener Alterstufen kennenlernen.

Bushaltestelle gehen, wenn nur ein oder zwei Kinder dort sind. Geben Sie den Kindern Regeln vor, an die sie sich im Umgang mit Ihrem Welpen halten müssen, wenn sie ihn anfassen und streicheln möchten. Die Begrüßungen müssen unbedingt immer ruhig stattfinden und sollten jeweils nicht länger als ein paar Minuten dauern. Dass Sie auf dem richtigen Weg sind, erkennen Sie spätestens daran, dass Ihr Hund schon selbstständig nach Kindern Ausschau zu halten beginnt.

Sozialisation mit einem gut erzogenen Kind.

Was bei kleinen Hunderassen besonders zu beachten ist

Leider behandeln manche Menschen Hunde kleiner Rassen ihr Leben lang wie Kinder und nehmen nicht wahr, dass sie die gleichen Entwicklungsstufen durchlaufen wie Hunde großwüchsiger Rassen. Es ist halt zu verlockend, kleine Hunde hochzunehmen, herumzutragen und zu knuddeln. Kinder sehen dieses Verhalten bei Erwachsenen, haben aber noch nicht das Verständnis dafür, dass dieser kleine Hund kein Plüschtier ist und verletzt werden kann, wenn man ihn fallen lässt, darauf tritt oder ihn zu fest drückt. Wenn Sie einen Hund einer kleinwüchsigen Rasse anschaffen möchten, müssen Sie besonders gut auf Ihre Kinder achten, weil der kleine Hund vermutlich häufig auf Ihren Knien oder auf Sesseln und Sofa sitzen wird – und Kinder knuddeln Tiere öfter, wenn sie sich auf ihrer Augenhöhe befinden anstatt auf dem Fußboden.

Schlechte Erfahrungen im Umgang mit Kindern

Stellen Sie sich einen Hund vor, der mit Kindern aufgewachsen ist, die ihn pausenlos auf den Arm nahmen und drückten, besonders dann, wenn er sich gerade ausruhen wollte. Er konnte zwar eine Menge Erfahrungen im Umgang mit Kindern sammeln, allerdings leider keine positiven. Sie werden Ihren Kindern erklären, wie man richtig mit einem Welpen umgeht – aber

Welpen sind keine Stofftiere. Werden sie zu viel angefasst, umarmt und gedrückt, kann das zu Problemen führen.

was ist mit den Freundinnen und Freunden der Kinder, die zu Besuch ins Haus kommen? Wenn mehrere Kinder gleichzeitig Kontakt zu dem Welpen aufnehmen möchten, ist das diesem auch schnell zu viel. Im Interesse aller Beteiligten sollten Sie deshalb das Zusammensein von Kindern und Welpen grundsätzlich immer beaufsichtigen!

Haben Sie schon Kinder? Dann erinnern Sie sich gut an den Moment, als Sie den Säugling aus dem Krankenhaus mit nach Hause brachten: Jeder wollte den Kleinen einmal besuchen und am liebsten auch festhalten. Irgendwann war es dem Kleinen zu viel, wie eine Puppe herumgereicht zu werden, er fing zu schreien an und wollte zu seiner Mutter. Kein Lebewesen mag es, wenn man es zu viel herumreicht, und ein Hundewelpe macht da keine Ausnahme.

Viele Menschen beugen sich auch ohne großes Nachdenken zu einem Welpen hinunter und heben ihn hoch, besonders, wenn er gerade schläft. Zwar kann ein Welpe lernen, sich das gefallen zu lassen, aber es ist nicht unbedingt etwas, was ihm von Natur aus behagt. Schließlich hat er seine vier Beine zu dem Zweck, selbst die Welt damit zu entdecken. Stellen Sie sich einen zwei Meter großen Mann vor, der sich über einen schlafenden Welpen beugt und ihn hochhebt, nur, weil er so niedlich ist. Höchstwahrscheinlich ist es für den Welpen kein angenehmes Gefühl, völlig unvorbereitet plötzlich einen Meter sechzig hoch in die Luft gehoben zu werden. Es dürfte ungefähr damit vergleichbar sein, wie Sie sich fühlen, wenn man Sie in einem Vergnügungspark in eine dieser Höllenmaschinen setzen und in ein paar Sekunden mit einer Beschleunigung von null auf hundert in die Luft katapultieren würde. Welpen, die das Hochgenommen- und Festgehaltenwerden unangenehm finden, wehren sich möglicherweise irgendwann als Erstes bei den Kindern. Genug ist schließlich genug.

Wann endet die Sozialisation?

Die Antwort lautet: Niemals! Auch in dieser Hinsicht können Sie wieder die Entwicklung Ihres Kindes mit der des Welpen vergleichen. Wir achten darauf, dass Erziehung und Bildung unserer Kinder so früh wie möglich beginnen. Wir pflegen gerne Kontakt zu anderen Eltern, damit die Kinder gemeinsam spielen können und gute soziale Fähigkeiten entwickeln. Wir beschränken den Kontakt nicht nur auf die eigenen Geschwister.

Hören Sie nie auf, Ihren Welpen zu sozialisieren.

Immer dann, wenn Sie sich nicht sicher sind, ob eine bestimmte Erfahrung gut für Ihren Welpen ist oder nicht, versuchen Sie, sich in seine Lage zu versetzen und fragen Sie sich, ob Sie sich gefallen lassen würden, was er gerade erlebt. Und noch wichtiger – ob Ihnen das auch gefallen würde. Welpen sollten Kinder nicht nur *ertragen*, sondern *mögen* lernen!

FALLBEISPIEL

Wenn es dem Welpen zu viel wird

Eine wohlmeinende Welpenbesitzerin wollte sichergehen, dass ihr kleiner »Duke« sich zu einem kinderlieben, freundlichen und aufgeschlossenen Hund entwickeln sollte. Also machte sie täglich Ausflüge an öffentliche Orte und setzte Duke so vielen neuen Erfahrungen und Reizen wie möglich aus. Eines Tages beschloss sie, Duke mit zum Fußballspiel ihres Sohnes zu nehmen, was an sich eine gute Idee war - aber leider machte Duke an diesem Tag keine guten Erfahrungen. Wie wir wissen, können Kinder nur ganz schlecht widerstehen, einen Welpen zu streicheln, auf den Arm zu nehmen und festzuhalten. Duke wurde von »Hunderten von Kindern«, wie sie uns stolz berichtete, gestreichelt. »Wie viele Kinder fassten ihn gleichzeitig an?«, fragten wir. »Ich konnte sie gar nicht mehr zählen,« war die Antwort. Dukes Besitzerin war in dem festen Glauben, das Richtige zu tun, indem sie den Welpen mit so vielen Kindern wie möglich in Kontakt brachte. Weil aber alle gleichzeitig Duke anfassen wollten, fühlte sich der Welpe überfallen und überwältigt und er begann nach dieser Erfahrung, zurückzuweichen, sobald sich ihm jemand näherte.

Versetzen Sie sich in die Lage des Welpen: Sie gehen zum Sportplatz, um Ihrem Neffen beim Fußballtraining zuzuschauen und plötzlich kommen Hunderte von Kindern auf sie zugelaufen, die Sie alle anfassen möchten - würden Sie da nicht in Ihr Auto fliehen und schnellstens davonfahren?

FALLBEISPIEL

Der Welpe, der nicht festgehalten werden wollte

Kürzlich wendete sich eine Kundin an uns, die Schwierigkeiten damit hatte, ihren 12 Wochen alten Welpen »Cassie« festzuhalten und zu massieren. Immer, wenn sie es versuchte, war der Welpe sehr genervt und wirkte wie ein Kleinkind, das einen Wutanfall bekommt. Cassie hatte nicht im geringsten Angst, sondern wollte einfach nur nicht festgehalten werden. Die Kundin sagte, dass der Welpe Familienmitglieder öfter und mit ziemlicher Kraft biss. Um ihr zu helfen und den Grund für Cassies Verhalten herauszufinden, setzte sich Pia auf den Boden und wiegte den Welpen in den Armen, der daraufhin versuchte, sich mit Strampeln zu befreien. Pia sagte ganz ruhig »Hör auf« zu Cassie, die sich daraufhin überraschend schnell wieder beruhigte. Als sie dann Cassie sanft massierend zu streichelnd begann, entspannte sich diese und seufzte wohlig auf. Die Kundin sagte daraufhin, dass sie selbst auch kein Problem hätte, den Welpen zu massieren, nur den Kindern würde es nicht gelingen. Bingo! Hier war die Antwort. Es lebten drei kleine Jungs im Haus, die alle unter zehn Jahre alt waren. Den Eltern war von einem Verwandten, der sich seit neuestem als Hundetrainer betätigte, empfohlen worden, die Kinder müssten unbedingt »dominant« gegenüber dem Welpen sein, damit dieser sie respektieren würde. Um diese Dominanz zu erreichen, sollten die Kinder den Welpen auf den Rücken drehen und so lange festhalten, bis er Ruhe gab und den Blickkontakt zu ihnen vermied. Wenn sie diese Übung nicht machen würden, so wurde ihnen gesagt, würde Cassie sie eines Tages beißen. Der arme Welpe hatte natürlich schnell genug von diesen Kindern und empfand es als sehr unangenehm, von ihnen festgehalten zu werden.

Unsere Hausaufgabe an die Kundin lautete, dass die Kinder den Welpen nicht mehr festhalten dürften. Die Eltern sollten Cassie sanft halten und massieren, während die Jungens nur mit ihr spielen, sie füttern und ihr Leckerchen fürs Hinsetzen und Hinlegen auf Kommando geben sollten. Nach nur einer Woche hing Cassie entspannt wie ein nasser Sack auf den Armen ihrer Besitzerin – und dabei hatte diese schon ernsthaft darüber nachgedacht, den

Hund wieder zum Züchter zurückzubringen, weil er, so dachte sie, wohl nicht der Richtige für eine Familie mit Kindern sei. Das glückliche Lächeln, das wir dann auf ihrem Gesicht sahen, ist einer der Hauptgründe dafür, warum wir unsere Arbeit so lieben!

Beaufsichtigen Sie Ihr Kind immer beim Umgang mit dem Welpen.

Kapitel 5

Welpenverhalten

Manches von dem Verhalten, das Welpen zeigen, ist normal, manches kann auch auf ein mögliches Problem hindeuten. Die folgenden Richtlinien möchten Ihnen dabei helfen, normales von ungewöhnlichem Welpenverhalten unterscheiden zu lernen. Wenn Sie sich unsicher sind, sollten Sie die Sache sofort aktiv angehen und den Züchter Ihres Welpen oder das Tierheim, von dem Sie ihn haben, anrufen und dort Ihre Beobachtungen schildern. Anschließend sollten Sie die Hilfe eines professionellen Verhaltenstherapeuten für Hunde in Anspruch nehmen, um herauszufinden, ob Ihre Bedenken begründet sind.

Normales Welpenverhalten

Einsatz der Zähne

Ihr Welpe setzt seine Zähnchen im Umgang mit den Kindern öfter ein, als Ihnen Recht ist.

Die Ursache hierfür könnte einfach sein, dass die Kinder umherrennen, spielen, schreien oder sich albern benehmen. Die plötzlichen, schnellen Bewegungen und lauten Geräusche stacheln die meisten Welpen an. Welpen verstehen nicht, dass das Jagen und Fangen laufender, kreischender Kinder ein inakzeptables Verhalten ist. Die meisten Welpen sind sogar dann noch weiter aufgeregt, wenn die Kinder schon zu toben aufgehört haben. All dies sind Signale dafür, dass Ihr Welpe vermutlich nicht genug Bewegung hat und seine aufgestaute Energie an den Kindern abreagiert. Versuchen Sie möglichst, mit der ganzen Familie samt Hund nach draußen zum Spielen zu gehen.

Mangelndes Interesse an den Kindern

Ihr Welpe ist offenbar stärker an Ihnen interessiert als an den Kindern und bindet sich eher an Sie.

Welpen sind gerne mit Anführern zusammen.

Dies wird höchstwahrscheinlich passieren, wenn der Welpe seine meiste Zeit mit Ihnen verbringt und Sie auch derjenige sind, der sich hauptsächlich um ihn kümmert – ihn füttert, erzieht und mit ihm spazieren geht. All das fördert die Entstehung eines starken Bandes zwischen Ihnen und dem Welpen, weil der Welpe lernt, dass Sie ihn führen und Sie alle Ressourcen (Futter, Vergnügen etc.) verwalten. Welpen sind gerne mit Anführern zusammen. Mit ihren Geschwistern spielen sie, aber wenn sie sich entspannen und sicher fühlen wollen, kuscheln sie sich an ihre Mutter. Dieses Verhalten bleibt auch dann erhalten, wenn sie den Wurf verlassen haben.

Ungehorsam

Ihr Welpe hört nicht so gut auf die Kinder, wie Sie sich das vorstellen.

Kinder neigen dazu, viel schneller frustriert zu sein als Erwachsene, besonders, wenn etwas nicht nach ihrer Vorstellung funktioniert oder sie es schwer haben, das Gewünschte beim Welpen zu erreichen. Wenn Welpen nicht verstehen, was Kinder eigentlich von ihnen wollen, gehen sie in den meisten Fällen einfach weg und machen irgendetwas anderes. Möglicherweise kommt Ihr Kind dann – anstatt Sie um Hilfe zu bitten – auf die Idee, dem Welpen hinterherzulaufen, ihn am Schwanz festzuhalten oder das gleiche Kommando immer wieder zu wiederholen. Betrachten Sie das einmal aus der Perspektive des Welpen – diese Art des Umgangs ist nicht gerade angenehm!

Probleme mit der Stubenreinheit

Ihr Welpe scheint sehr lange zu brauchen, um stubenrein zu werden.

Seien Sie nicht enttäuscht. Je nach Welpe und Ausmaß Ihrer Beharrlichkeit kann es bis zu mehreren Monaten dauern, bis der Kleine endlich stubenrein ist. Stellen Sie sicher, dass entweder Sie selbst oder ein anderer Erwachsener diesen Teil der Erziehung übernimmt. Wenn Sie diese Verantwortung auf die Kinder abwälzen, wäre das ihnen und dem Welpen gegenüber nicht fair. Kinder werden höchstwahrscheinlich vergessen, den Welpen rechtzeitig hinauszubringen, und wenn nicht, achten sie vermutlich nicht darauf, ob er auch wirklich sein Geschäft erledigt hat oder nicht.

Fragen Sie immer einen Fachmann um Rat, wenn Ihnen das Verhalten Ihres Welpen bedenklich erscheint.

Spielen mit Kinderspielsachen

Ihr Welpe spielt lieber mit den Spielsachen der Kinder als mit seinen eigenen.

Welpen können nicht zwischen Hundespielzeug und Plüschtier der Kinder unterscheiden, wenn beides nebeneinander auf dem Teppich liegt. Was auf dem Boden liegt, kann ins Maul genommen werden (zumindest ist das für einen Hund in diesem Alter so).

Angst vor anderen Hunden draußen im Park

Ihr Welpe macht einen ängstlichen Eindruck, wenn Sie mit ihm auf die Hundewiese oder in den Stadtpark gehen.

Wir raten vom Besuch einer Hundewiese mit dem Welpen ab. Welpen sollten das Tempo, in dem sie ihre Umgebung erkunden und Kontakt zu anderen Hunden aufnehmen, selbst bestimmen können. Auf der Hundewiese kommen vielleicht zehn Hunde gleichzeitig auf ihn zu gestürmt, um ihn näher anzuschauen und zu beschnüffeln. Keine angenehme Erfahrung für die meisten Welpen! Er bekommt vielleicht ernsthaft Angst oder wird sogar verletzt.

Welpenverhalten, um das Sie sich Gedanken machen sollten

Die folgenden Verhaltensweisen sind je nach Art, Situation und Umständen nicht alle unbedingt gleich ernsthafte Probleme. Sie könnten aber später zu solchen werden, wenn ihnen jetzt keine Beachtung geschenkt wird. Kümmern Sie sich also sofort darum und kontaktieren Sie bei Bedenken jeglicher Art einen Fachmann. Unerwünschte Verhaltensweisen wachsen sich nicht etwa aus, sondern werden im Gegenteil sogar eher immer schlimmer!

Angst in unbekannten Situationen

Ihr Welpe erscheint in ihm neuen Situationen ängstlich oder schüchtern, obwohl Sie sehr viel Zeit und Mühe in seine Sozialisation investiert haben.

Sie befürchten, dass Ihr Welpe nicht richtig sozialisiert wird und sein Verhalten scheint immer schlimmer zu werden. Wenn Sie mit Ihren Sozialisationsbemühungen so weitermachen wie bisher, werden Sie vermutlich mehr Schaden anrichten als Gutes tun. Höchstwahrscheinlich ist Ihr Welpe von Art, Ausmaß und/oder Tempo der Reize, denen Sie ihn aussetzen, überfordert. Treten Sie unbedingt kürzer und fragen Sie einen Fachmann um Rat. Welpen sollten neuen Dingen gegenüber Neugier zeigen, und nicht etwa extreme Angst. Sie sollten Neues von sich aus untersuchen, anstatt ängstlich auf Ihren Schoß zu kriechen. Normalerweise sind Welpen Neuem gegenüber einfach nur ein wenig vorsichtig und springen im Zweifelsfall ein Stück zurück.

Verstecken

Ihr Welpe versteckt sich häufig unter Möbeln oder in seiner Box.

Wenn Sie oder die Kinder nach dem Welpen greifen, um ihn aus seinem sicheren Versteck hervorzuholen, zieht er die Lefzen hoch, zeigt die Zähne, knurrt oder schnappt sogar. Für dieses Verhalten kann es mehrere Gründe geben. Oft wird angenommen, dass man den Welpen versehentlich erschreckt habe und er nur so reagiert hat, weil er den Menschen nicht kommen hörte. Das kann zwar manchmal tatsächlich der Fall sein, aber sicher nicht jedes Mal. Vielleicht haben Sie den Welpen zu häufig während seiner Ruhezeiten gestört und ihn damit unabsichtlich auf dauernde Wachsamkeit »programmiert«. Welpen brauchen ihre Ruhe, besonders, wenn sie sich auch entsprechend bewegt haben. Erklären Sie Ihren Kindern, dass sie den Welpen nicht stören dürfen, wenn er schläft. Bleiben Sie am Ball, sobald es besser zu werden beginnt. Wird das Verhalten des Welpen hingegen schlechter und Sie können mit Sicherheit sagen, dass Sie ihn nicht gestört haben, sollten Sie sich wirklich Sorgen machen.

Verteidigen von Spielsachen

Wenn Sie Ihrem Welpen einen Kauknochen oder ein neues Spielzeug geben, schleppt er es sofort in sein Lieblingsversteck oder in seine Box.

Das Verteidigen von Spielsachen kann zu einem ernsten Problem werden.

Wenn Sie oder Ihre Kinder versuchen, ihm das Spielzeug wieder abzunehmen, knurrt er, zieht die Lefzen hoch oder schnappt und beißt sogar. Dies ist ein ernsthaftes Problem, besonders, wenn es schon in diesem Alter auftritt. Lesen Sie die Tipps zur Vermeidung von Ressourcenverteidigung in Kapitel 12.

Nicht hören

Ihr Welpe ignoriert Ihre Kommandos oder wenn Sie ihn beim Namen rufen.

Das ist zwar kein gefährliches Problem, aber ein legitimer Grund zur Sorge, weil Welpen normalerweise Spaß daran haben, wenn man sich mit ihnen beschäftigt – besonders, wenn man in der Erziehung Futterbelohnungen einsetzt. Welpen saugen wie ein Schwamm alles in sich auf und werden in der Regel immer lernbegieriger, je mehr man ihnen beibringt. Wenn Sie meinen, dass Sie in der Erziehung alles richtig gemacht haben und der Welpe trotzdem nicht gehorcht, empfehlen wir, die eigene Erziehungsmethode einmal sehr kritisch zu hinterfragen. Wenn man einem Welpen verständlich erklärt, was man von ihm möchte und ihn für richtige Reaktionen belohnt, sollte er gerne mitmachen. Wenn Sie ihn ständig bestrafen oder sich über seinen Ungehorsam aufregen, machen Sie ihm entweder Angst oder bringen ihm bei, Sie zu ignorieren – weil er gar nicht versteht, was von ihm erwartet wird. Aller Wahrscheinlichkeit nach reagiert er deshalb nicht, weil er nicht weiß, wie!

Sich nicht bürsten lassen

Der Welpe wehrt sich dagegen, dass Sie ihn kämmen oder bürsten.

Ziert Ihr Welpe sich einfach nur ein bisschen, oder schießt sein Verhalten über das Ziel hinaus? Die meisten Welpen versuchen, ein bisschen nach Kamm und Bürste oder den Händen zu schnappen, sollten sich aber beim Anblick der Bürste nicht benehmen wie ein kleiner Piranha! Voraussetzung ist natürlich, dass Sie bei der Fellpflege sanft vorgehen und dem Welpen nicht wehtun.

Welpen sollten neugierig, albern und verspielt sein.

Angst vor dem Tierarzt

Ihr Welpe ist beim Tierarzt so ängstlich, dass er nur mit Maulkorb untersucht oder geimpft werden kann.

Möglicherweise, aber nicht unbedingt, ist dieses Verhalten durch unangenehme Erfahrungen bedingt, die Ihr Welpe beim Tierarzt gemacht hat – zum Beispiel eine schmerzhafte Injektion. Ist eine solche schlechte Erfahrung der Grund, wird er zittern und vielleicht auch winseln. Unternehmen Sie deshalb vorbeugend in den ersten Lebensmonaten mehrere Ausflüge zur Tierarztpraxis, bei denen Ihr Welpe nichts außer Leckerchen und Streicheleinheiten bekommt. Wenn der Welpe mit dem Tierarzt nur verbindet, dass er dort mit einer Nadel gestochen wird, ist verständlich, dass er dort nicht mehr gerne hinmöchte. Vielleicht ist das jetzt noch nicht so schlimm, aber wenn Ihr Hund später vierzig Kilo wiegt, wird die Lage immer schwieriger und anstrengender für Sie und den Hund. Falls Ihr Welpe aber ein solches Verhalten immer dann zeigt, wenn eine fremde Person ihn berühren möchte, handelt es sich um ein ernstes Problem.

Futterverteidigung

Ihr Welpe schlingt sein Futter sehr schnell hinunter, als ob er Angst hätte, dass jemand es ihm wegnimmt.

Vielleicht tut er auch das Gegenteil und hört zu fressen auf, wenn Sie oder Ihre Kinder sich ihm nähern. Vielleicht knurrt oder schnappt er sogar, wenn Sie ihn während des Fressens anfassen oder seinen Futternapf wegnehmen möchten. Wenn Sie sich rechtzeitig mit diesem Thema befassen, sollte Ihr

Hund sich später beim Fressen wohl und entspannt fühlen. Lassen Sie vorerst nicht Ihre Kinder den Welpen füttern, bis das Problem gelöst ist. Es ist in Ordnung, wenn Sie ihm ab und zu während des Fressens den Napf wegnehmen, um ihm zu beweisen, dass Sie dazu in der Lage sind – aber tun Sie es nicht zu oft und nicht so lange, bis der Welpe Aggressionen zu zeigen beginnt. Wir empfehlen, beim Wegnehmen des Napfes immer etwas besonders Leckeres hineinzutun, bevor Sie ihn wieder hinstellen. So lernt der Welpe, dass immer etwas Besseres als sein Trockenfutter zurückkommt, wenn Sie ihm den Napf wegnehmen. In Kapitel 12 lesen Sie mehr zu Problemen rund um den Futternapf.

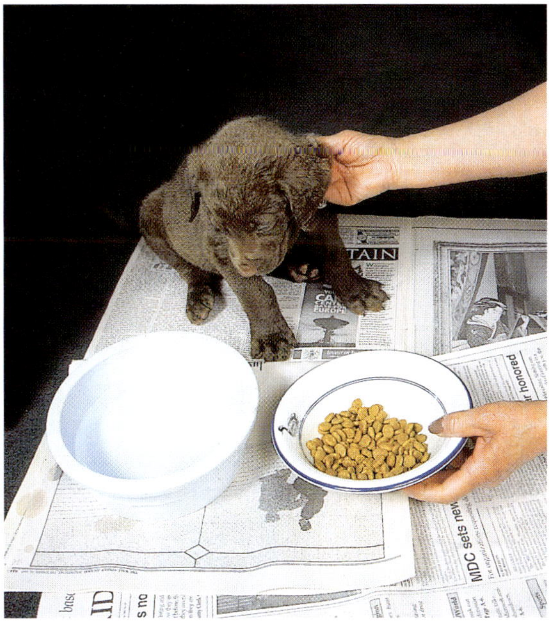

Ihr Welpe sollte sich beim Fressen wohl fühlen.

Desinteresse an Menschen und Hunden

Ihr Welpe zeigt kein Interesse an anderen Menschen und Hunden oder weicht ihnen sogar aus.

Dies ist ein Fall, in dem Sie professionelle Hilfe suchen sollten, denn Welpen sollten von Natur aus neugierig, albern und verspielt sein.

Knurren und Schnappen

Der Welpe droht und knurrt oder schnappt nach anderen Hunden, Kindern oder Erwachsenen.

Beobachten Sie zuerst, wann dieses Verhalten auftritt und in welchem Zusammenhang. Auch dies ist ein ziemlich ernstes Problem, das kaum von alleine wieder verschwinden wird.

Kinder werden nur ertragen

Ihr Welpe erträgt Kinder zwar gerade eben so, mag sie aber nicht.

Das Wort »ertragen« ist im Zusammenhang von Kindern und Hunden nicht akzeptabel. Hunde müssen Kinder lieben, anstatt sie nur zu ertragen. Achten Sie auf die unauffälligeren feineren körpersprachlichen Signale Ihres Welpen dafür, dass er sich im Zusammensein mit Kindern nicht mehr wohlfühlt. Sobald Sie etwas in der Art sehen, müssen Sie sofort einschreiten, damit es nicht zu einem Beißvorfall kommt. Einige dieser körpersprachlichen Signale sind: Gähnen und Lecken der Lefzen oder eigenen Nase, der Welpe kratzt sich oder schüttelt sich ständig, als ob er nass wäre, beißt in sein Fell oder leckt seine Pfoten, schnüffelt auf dem Boden, hechelt schnell, trägt die Rute über den Rücken geschlagen, stellt das Haar an Nacken oder Rücken auf, legt die Ohren an, zeigt das Weiße in seinen Augen. All das sind subtile Zeichen dafür, dass ein Hund sich nicht richtig wohlfühlt. Es ist wichtig, die Signale dafür zu erkennen, wann es genug ist!

Manchmal ist auch »normales« Hundeverhalten etwas, das man nicht hinnehmen kann. Aggression ist in der Welt der Hunde ein ganz normales, in der Welt der Menschen aber ein inakzeptables Verhalten. In Kapitel 8 lesen Sie mehr zur Körpersprache der Hunde und in der Literaturliste im Anhang finden Sie weitere Buchempfehlungen zu diesem spannenden Thema.

Bedürfnisse und Wünsche

Wir alle haben unsere Bedürfnisse und Wünsche – auch Welpen machen da keine Ausnahme. Wenn Sie dem Welpen ständig und pausenlos alles geben, was er möchte, haben Sie irgendwann einen sehr verzogenen Hund, der ständig nach Ihrer Aufmerksamkeit verlangt. Andererseits kann aber auch ein Welpe, der nicht bekommt, was er möchte, aus lauter Frustration unerwünschtes Verhalten wie Bellen, Hochspringen oder Beißen zeigen.

IHR JOB

Sie entscheiden, wann das Spiel zu Ende ist

Nehmen wir einmal an, Ihr Welpe spielt sehr gerne mit Tennisbällen. Sie haben ihm genügend Futter und Bewegung verschafft, indem Sie vielleicht mit ihm draußen waren und ihm immer wieder den Ball geworfen haben. Jetzt würden Sie gerne auf dem Sofa sitzen und ein Buch lesen. Während Sie das tun, kommt aber Ihr Hund und legt Ihnen den nassen Tennisball in den Schoß, weil er weiterspielen möchte. Sie ignorieren ihn. Er nimmt den Ball wieder weg, um ihn dann wieder in Ihre Richtung zu schieben und Sie mit der Nase anzustubsen. Letzten Endes werfen Sie den Ball, damit der Hund zufrieden ist und Sie endlich in Ruhe Ihr Buch weiterlesen können. Der Hund bringt den Ball aber zurück und wiederholt die gleiche Prozedur wie zuvor. Je mehr Sie auf seine Wünsche eingehen, desto fordernder wird er in seinem Verlangen. Nachdem Sie den Ball achtmal geworfen und weiterzulesen versucht haben, haben Sie die Nase voll und möchten nicht mehr. Jetzt greift Ihr Hund zu drastischeren Maßnahmen wie Bellen, Sie mit der Pfote antatzen oder zieht sogar mit den Zähnen an Ihrem Hosenbein, damit Sie endlich weiter den Ball werfen. Schließlich war er noch nicht mit Spielen fertig!

Ihre Verantwortung als frischgebackener Hundebesitzer ist es, die *Bedürfnisse* des Welpen zu befriedigen. Was aber sind die Bedürfnisse eines Welpen? Da wären Futter und Wasser, ein warmer, trockener Schlafplatz, ausreichend Bewegung sowie körperliche und geistige Anregungen. Welpen, die nicht genug Futter, Bewegung oder Ruhezeiten bekommen, werden möglicherweise übellaunig und versuchen zu schnappen oder werden hyperaktiv und bellen pausenlos. Natürlich ist jedem klar, dass ein Welpe Futter, Wasser und einen Schlafplatz braucht, aber wenn es um genügend Bewegung und geistige Anregung geht, werden diese Bedürfnisse leider oft übersehen. Aber nur, wenn Sie dem Bedürfnis nach Bewegung Rechnung tragen, werden Sie auch einen zufriedenen, ruhigen Hund haben, der sich ausruht, wenn er im Haus ist. Ein müder Welpe ist immer ein guter Welpe! Wichtig ist, die Bedürfnisse zu erfüllen, bevor Sie auf die Wünsche eingehen. Das bedeutet: Gehen Sie mit Ihrem Welpen raus zum Spielen oder spazieren, bevor *er* Sie dazu auffordert! Falls er immer noch weiter-

Welpen müssen lernen, Erwachsene im Haus als Chefs zu akzeptieren.

spielen möchte, nachdem Sie wieder ins Haus gegangen sind, ignorieren Sie seine Aufforderungen einfach und zeigen ihm damit, dass Sie nicht weiterspielen werden. Lassen Sie sich nicht von seinem niedlichen Anblick und lustigen Gebaren erweichen! Falls Sie ihm vorher genug Bewegung und Spiel verschafft haben, wird er sich jetzt irgendwann hinlegen und Ruhe geben.

Lernen

Um in Harmonie mit ihren menschlichen Familien zusammenleben zu können, müssen Welpen lernen, die Erwachsenen des Hauses als Führungspersonen und die Kinder als ihre besten Freunde betrachten zu lernen. Wir raten von allen Versuchen ab, die Kinder zu »Oberhäuptern« des Welpen machen zu wollen. Die meisten von uns sind ja auch Angestellte oder Arbeiter und nicht jeder sitzt im höheren Management, um einen einfachen Vergleich zu wählen. Fast alle haben wir einen Vorgesetzten. Damit wir ihm vertrauen, muss er Fairness, Selbstbewusstsein, emotionale Kontrolle, Konsequenz und Beständigkeit zeigen. Er muss sich um unsere Sicherheit kümmern und sich um eine gute Beziehung zu uns bemühen, denn wir sind Teil seines Teams. Ihr Welpe verlangt von seinem Chef die gleichen Eigenschaften. Die Mehrheit der Kinder hat diese sicherlich noch nicht und wäre hoffnungslos überfordert, wenn man ihnen diese Last aufbürden würde. Damit ein Welpe jemanden als »Vorgesetzten« akzeptiert und gute Manieren lernt, ist Erziehung nötig. Ein gut erzogener Hund geht brav an der Leine, kommt auf Zuruf, lässt sich von Ihnen, anderen Familienmitgliedern, dem Tierarzt oder Hundefrisör anfassen und festhalten. Er beißt nur auf seinen Kauspielzeugen herum und erledigt sein Geschäft draußen. Welpen müssen außerdem lernen, alleine zu bleiben, auf Befehl mit dem Bellen aufzuhören und – das Wichtigste von allem – niemals ihre Zähne gegen Menschen einzusetzen. All das müssen Sie als Chef Ihrem Welpen beibringen, und wir sind der festen Meinung, dass ein Kind diese Aufgabe nicht erfüllen kann.

»Er weiß genau, was er falsch gemacht hat«

Je nach Größe, Rasse und Reife des Welpen kann es ein bis zwei Jahre lang dauern, bis Ihr Welpe alle Hausregeln gelernt hat. Vergessen Sie dabei nie, dass Welpen kein Verständnis für »richtig« und »falsch« haben. Die Annahme »Er weiß genau, was er falsch gemacht hat« überschätzt die geistigen Fähigkeiten eines Welpen weit. Was er allerdings sehr wohl unterscheiden kann, ist »Sicherheit« im Gegensatz zu »Gefahr«. Sein Verhalten richtet sich nach den zu erwartenden Konsequenzen: Es ist gefährlich oder ungefährlich, irgendetwas zu tun, es lohnt sich oder lohnt sich nicht – aber es gibt kein »richtig« und »falsch« im moralischen Sinne. Wenn ein bestimmtes Verhalten zu einem positiven Ergebnis für den Welpen geführt hat und es für ihn ungefährlich war, wird er dieses Verhalten weiter zeigen. Wenn ein Verhalten aber zu etwas für ihn Unangenehmem geführt hat oder ihn in Gefahr gebracht hat, wird er es nicht weiter zeigen. Warum zum Beispiel versuchen Hunde in der Regel nicht, das saftige, duftende Steak vom heißen Grill zu stehlen? Auch wenn der Geruch des bratenden Fleisches noch so verlockend ist – sie warten, bis das Fleisch vom Grill genommen und auf einen Teller gelegt wird, bevor sie es zu stehlen versuchen. Wenn Sie das Steak so lange auf dem Grill liegen lassen, bis dieser ganz abgekühlt ist, können Sie sicher sein, dass der Hund es auch von dort zu klauen versucht, weil die »Bestrafung« (Verbrennen am heißen Grill) wegfällt und er nun ungefährdet das Fleisch nehmen kann.

Ein anderes Beispiel für eine Aktivität, die Welpen lohnenswert und ungefährlich erscheint, ist es, Wäsche aus dem Wäschekorb oder Müll aus dem Mülleimer zu stehlen. Was aber ist so spannend an einer alten Socke oder einem gebrauchten Taschentuch? Vielleicht mögen Hunde es nur, darauf herumzukauen oder es gefällt ihnen, dass die ganze Familie aufgeregt hinter ihnen herjagt und Hasch-mich spielt, wenn sie einen solchen Gegenstand ergattert haben. All das ist lohnenswert und ungefährlich für den Welpen. Wenn Sie dieses Verhalten unterbinden möchten, können Sie es zum Beispiel mit einem bitter schmeckenden Abwehrspray an Ihrem Mülleimer versuchen: Der Welpe wird seine neugierige Nase ganz schnell wieder daraus hervorziehen und sich nach anderen Betätigungsmöglichkeiten umsehen, sobald er gemerkt hat, dass diese Sache doch nicht so lohnenswert ist, wie er dachte.

Lernen braucht seine Zeit

Bedenken Sie, dass es einfach eine gewisse Zeit dauert, bis der Welpe alle Hausregeln kennt. Wie schnell er lernt, hängt sowohl vom Einzeltier ab als auch davon, wie viel Zeit Sie in die Erziehungsarbeit investieren. In dieser Zeit wird der Hund unweigerlich Fehler machen. Können Sie diese hinnehmen, oder werden Sie schnell ungeduldig und geben auf? Können Sie sich

Ein Welpe sollte frühzeitig lernen, was eine Treppe ist, es mit dem Stufensteigen aber nicht übertreiben.

selbst den Vorwurf machen, nicht gut genug aufgepasst zu haben, anstatt dem Welpen die Schuld zu geben? Was, wenn der Welpe auf Ihren Teppich macht? Oder Ihr neues Sofa annagt? Sie brauchen sehr viel Geduld, wenn Sie einen Welpen erziehen möchten und Sie müssen darauf gefasst sein, dass Fehler passieren. Sie müssen vergeben und vergessen können. Welpen sind nicht nachtragend – seien Sie es auch nicht!

Ängste überwinden lernen

So gut wie jeder Welpe wird irgendwann eine Erfahrung machen, die ihn ängstigt oder beunruhigt. Dann braucht er möglicherweise Ihre Hilfe und Unterstützung, um die Situation zu meistern. Zeigt er beispielsweise Angst davor, Treppenstufen hinauf- oder hinabzusteigen, können Sie ihm helfen, diese zu überwinden. Setzen Sie ihn auf die unterste Stufe und locken ihn nur eine Stufe weiter nach oben. Immer nur eine Stufe! Die meisten Welpen gehen Treppen lieber hinauf als hinab. Werden Sie nie ungeduldig, wenn es nicht klappt, das macht alles nur schlimmer.

Welpen sollten Treppen zwar möglichst früh kennenlernen, aber regelmäßiges Stufensteigen sollten Sie erst dann zulassen, wenn er etwa ein halbes Jahr alt ist. Ansonsten könnte sein Skelett Schaden nehmen.

Sachen stehlen und Fangen spielen

Jedes Mal, wenn Sie den Welpen dabei erwischen, wie er Ihren Turnschuh wegschleppt, schimpfen Sie mit ihm – aber er tut es bei nächster Gelegenheit wieder! Was ist bloß mit ihm los? Sie zeigen ihm deutlich, dass

Ihnen sein Verhalten nicht gefällt, und er macht trotzdem weiter. Dass Welpen Dinge stehlen, die sie nichts angehen, ist ein häufiges Problem. Schuhe, Wäschestücke, Taschentücher und Kinderspielsachen sind besonders beliebt. Folgendes können Sie dagegen tun:

Jagdfieber

Eins der schönsten und spannendsten Spiele, das es für einen Welpen geben kann, ist das Nachjagen. Besonderen Spaß macht es, Kinder zu verfolgen, wenn diese rennen, schreien oder mit den Armen wedeln. Manche Welpen lassen sich auch gerne jagen. Aber obwohl sie so viel Spaß machen, raten wir von Jagd- und Fangspielen lieber ab, weil sie selten positiv enden. Bedenken Sie, dass nicht jede Jagd auch unbedingt wie eine Jagd beginnen muss. Meistens ergibt sie sich aus irgendetwas, das der Welpe zuvor getan hat – zum Beispiel Ihren Turnschuh stehlen. Er nimmt den Turnschuh, und irgendjemand in der Familie sieht das und ruft: »Hey, er hat den Turnschuh!« Alle springen auf und bewegen sich aufgeregt in Richtung Welpe. Der aber rennt mit großen Augen und aufgestellten Ohren in die entgegengesetzte Richtung – mit dem Turnschuh im Fang. »Toll,« denkt sich der Welpe, »was ein Spaß, das sollten wir jeden Tag machen!« Es nutzt überhaupt nichts, wenn Sie ihn ausschimpfen, nachdem Sie ihn eingeholt und ihm den Schuh abgenommen haben. Die Jagd war zu spannend und die Bestrafung nicht schlimm. Er lernt, was er tun muss, um die ganze Familie in Bewegung zu bringen und ein lustiges Fangmich-Spiel zu starten: Den Turnschuh suchen und wegschleppen.

So beugen Sie vor

Je mehr Erfolg Ihr Welpe schon mit dem Wegschleppen von Sachen und Initiieren von Fangspielen hatte, desto schwieriger wird es, dieses Verhalten wieder loszuwerden. Was können Sie also tun, damit diese Sache nicht zu einem belastenden Problem für Sie wird?

Die erste und einfachste Maßnahme ist es, alles außer Reichweite des Welpen aufzubewahren, was ihn reizt: Die Schuhe in den Schuhschrank, den Mülleimer hinter eine geschlossene Tür oder den Wäschekorb oben auf die Waschmaschine. Ihre Kinder sollten ihre Spielsachen wegräumen, wenn sie mit Spielen fertig sind (so nebenbei wird Ihr Haus auch künftig viel aufgeräumter aussehen!). Spätestens, wenn der Hund ein besonders schönes Spielzeug zerbissen hat, werden die Kinder darauf achten, Ihre Anweisungen künftig zu befolgen.

MERKE

Das Spielzimmer

Natürlich ist es nicht leicht, Kinder zum Wegräumen ihrer Spielsachen zu bewegen. Mit einem Welpen im Haus, der für sein Leben gern alles Mögliche packt und herumschleppt, müssen Sie aber über ein paar besondere Maßnahmen nachdenken. Wir empfehlen, wenn es möglich ist, einen Raum zum Spielzimmer zu machen, in dem dann auch Sachen auf dem Boden liegen bleiben dürfen - aber nur dort! Haben Sie kein extra Zimmer dafür übrig, dann nehmen Sie das Schlafzimmer der Kinder. Die Tür zu diesem Zimmer bleibt zu und der Welpe darf nur hinein, wenn Sie mit dabei sind und auf ihn achten können.

Um den Sachenklau von vornherein zu verhindern, sollten Sie als Nächstes eine neue Hausregel aufstellen: *Rennen Sie dem Hund nicht hinterher, wenn er etwas geklaut hat.* Das fällt den meisten Menschen am schwersten! Alle Regeln sind vergessen, wenn Sie den Welpen mit Ihren neuen Schuhen sehen, die Sie heute Abend zu einem wichtigen Termin tragen müssen. Panik breitet sich aus bei der Vorstellung, dass sie kaputt gehen – und die Jagd beginnt. »Aha! Volltreffer!« denkt der Welpe. Wenn die »Lauf dem Welpen nicht hinterher«-Regel schon für Erwachsene so schwer zu befolgen ist, wie soll es dann erst den Kindern gehen? Schließlich laufen Kinder gerne und sind schnell aufgeregt – genau wie Ihr Welpe.

IHR JOB

Kein Fangen spielen

Die meisten Kinder schreien automatisch »Nein!«, wenn der Welpe eins ihrer Spielsachen ins Maul nimmt. Die Aufregung in ihrer Stimme und die vermutlich gleichzeitig hochgerissenen Arme bringen den Welpen dazu, sich aufs Wegspringen einzustellen. »Nein!« wird für ihn zu einem Signal, dass die lustige Jagd gleich losgeht, nachdem er etwas aufgehoben hat. Was jetzt folgt, ist in aller Regel ein »Nein, nein, nein!« schreiendes Kind, das dem mit Höchstgeschwindigkeit davonflitzenden Welpen hinterher rennt – zum größten Vergnügen des Vierbeiners. Was für ein Spaß! Natürlich muss dieses Verhalten sowohl beim Hund als auch beim Kind sofort unterbunden werden. Ist der Hund erst einmal älter, stehen die Chancen auch gut, dass man wieder Dinge auf dem Boden liegen lassen kann, ohne dass er sie wegschleppt.

Die dritte und etwas schwierigere Maßnahme gegen den Sachenklau ist, dem Hund das Kommando »Aus!« beizubringen. Wir raten unbedingt dazu, dies in Angriff zu nehmen, am besten unter Anleitung eines guten Hundetrainers, der nicht mit Strafe, sondern mit positiver Bestärkung arbeitet. »Beutetausch« ist eine gute Methode dafür: Der Welpe gibt her, was er im Maul trägt und bekommt dafür etwas anderes, besseres – zum Beispiel eine leckere Futterbelohnung. So lernt er, Dinge bereitwillig herzugeben!

So holen Sie Ihre Sachen wieder

Wenn Ihr Welpe etwas gestohlen hat, möchten Sie es wiederhaben. Geben Sie Ihr Bestes, um ruhig zu bleiben, wenn Sie auf den Welpen zugehen, denn so sind die Chancen am größten, dass er bleibt, wo er ist. Wenn er das Kommando »Aus« (siehe Kapitel 10) schon kennt, können Sie das versuchen. Gibt er den Gegenstand daraufhin her, loben Sie ihn sehr und geben ihm etwas anderes zum Spielen. Hält er ihn weiter fest, setzen Sie sich neben ihn, greifen ihn am Halsband und warten in aller Ruhe. Die meisten Welpen lassen dann schon bald los.

Sie können auch folgenden Trick probieren: Gehen Sie vom Welpen weg in die Küche und machen Sie Geräusche, als ob Sie leckeres Essen zubereiten würden – oder Sie ziehen Schuhe und Jacke an und gehen zur Haustür.

Verschaffen Sie Ihrem Welpen das richtige Maß an Bewegung.

Die Wahrscheinlichkeit ist hoch, dass er nun angerannt kommt und den gestohlenen Gegenstand irgendwo unterwegs fallen gelassen hat. Befehlen Sie ihm »Sitz«, wenn er bei Ihnen angekommen ist und belohnen Sie ihn für den Gehorsam. Sie belohnen dann nicht etwa das Stehlen, sondern das zuletzt gezeigte Verhalten – in diesem Fall das Hinsetzen.

Falls er die Sache immer noch im Fang hat, wenn er bei Ihnen ankommt, muss er sie jetzt loslassen, um seine Belohnung zu nehmen. Er bekommt Futter, Sie die Schuhe. Sie belohnen ihn also fürs Hergeben. Besonders schlaue Welpen kommen jetzt möglicherweise auf die Idee, Ihnen in Erwartung einer Belohnung öfter die Turnschuhe zu bringen. Macht nichts! Sie können die ganze Übung jetzt einfach auf ein Hundespielzeug umlenken.

Was Sie nicht tun sollten, ist, Ihren Welpen zu »bestechen«, damit er die Schuhe hergibt. Eine Bestechung könnte so aussehen: Sie haben »Aus!« gesagt, woraufhin der Welpe Sie mit dem Schuh im Fang anschaut und in die andere Richtung läuft. Sie laufen ihm nicht nach, sondern gehen zum

Kühlschrank, nehmen ein Stück Fleischwurst heraus, zeigen es ihm und sagen wieder »Aus!«. Sie haben ihn bestochen, den Schuh herzugeben. Wenn Sie das öfter machen, wird der Welpe schnell lernen, nie etwas herzugeben, bevor er nicht Futter bekommt. Das ist vermutlich nicht das, was Sie wollen. Die Futterbelohnung dient nur als Bestärkung, nachdem der Hund auf Ihre Aufforderung hin den Gegenstand hergegeben hat. Vielleicht müssen Sie die Bestechungstaktik einmal notfallmäßig einsetzen, falls der Welpe etwas Giftiges oder Scharfes im Maul hat, aber es muss wirklich die Ausnahme bleiben.

Stehlen, um Aufmerksamkeit zu erregen

Ein Welpe kann auch deshalb Dinge stehlen, weil er gerne Aufmerksamkeit auf sich ziehen möchte. Sicher haben Sie schon von Kindern gehört, die ausdrücklich verbotene Dinge erst recht tun, weil sie gelernt haben, dass ihre Eltern ihnen dann Aufmerksamkeit widmen. Selbst eine Aufmerksamkeit, die aus Schimpfen besteht, empfindet das Kind besser als gar keine Aufmerksamkeit. Ein Welpe, der nicht genug Bewegung, geistige Anregung und Kontakt zum Menschen bekommt, könnte das Gleiche versuchen. Er weiß, dass sich alle um ihn kümmern, wenn er die Socken aus der Wäsche zieht. Sorgen Sie also dafür, dass Ihr Welpe auch so genügend Aufmerksamkeit bekommt. Spielen und das Einüben neuer Dinge mit ihm sorgen dafür.

Bestechen Sie den Welpen nicht, um den gestohlenen Gegenstand wiederzubekommen.

Und denken Sie immer daran: Ein müder Welpe ist ein guter Welpe! Hatte er genug Bewegung und geistige Auslastung, wird er selig in seinem Körbchen schlummern, während alle anderen in Ruhe ihren Beschäftigungen nachgehen können.

Kapitel 6

Welpenerziehung

Erziehung ist für alle Hunde wichtig, aber umso mehr, wenn auch noch Kinder im Haus leben. Wir empfehlen Ihnen dringend, eine gute Hundeschule zu besuchen. Ein Hund ist nie zu alt oder zu jung, um etwas zu lernen! Natürlich ist es einfacher, wenn Sie schon dem Welpen eine gute Grunderziehung angedeihen lassen, aber auch ein erwachsener Hund kann natürlich noch erzogen werden. Schon wenige Minuten Üben täglich werden sich auf lange Sicht auszahlen, Ihren Hund zu einem wohlerzogenen Familienmitglied machen und Ihnen viel Sorge abnehmen, dass im Umgang zwischen Kindern und Hund etwas schief gehen könnte. Wir gehen hier nur auf ein paar grundlegende, aber dafür umso wichtigere Lektionen ein, die Ihr Welpe lernen sollte.

Gute Manieren

Der Welpe lernt seinen Namen

Eine Ihrer ersten Aufgaben wird es sein, dem Welpen seinen Namen beizubringen. Uns ist klar, dass ein Name eine Bedeutung hat und eine bestimmte Person bezeichnet, dem Welpen aber noch lange nicht! Er versteht weder die menschliche Sprache, noch, was ein Name überhaupt ist. Sein Name ist zunächst für ihn einfach ein Wort unter vielen – er muss erst lernen, dass Sie ein bestimmtes Verhalten von ihm erwarten, wenn Sie seinen Namen sagen. Und zwar sollte Ihr Welpe Sie zumindest ansehen, wenn Sie ihn beim Namen rufen, also Blickkontakt zu Ihnen herstellen. Zu Beginn sagen Sie einfach jedes Mal »Ja!« wenn Ihr Hund Sie zufällig ansieht und belohnen ihn mit etwas, das er mag – das kann ein Leckerchen sein, aber auch ein Spielzeug, eine Streicheleinheit oder ein gemeinsames Spiel mit Ihnen. Sobald er es mit einer Belohnung verknüpft, Sie anzuschauen, wird er höchstwahrscheinlich öfter zu Ihnen hinsehen. Dann sagen Sie seinen Namen, sobald Sie merken, dass er Sie anschauen möchte. So wird der Klang des Namens mit dem erwünschten Verhalten verbunden: Schau mich an! Machen Sie es dem Hund immer angenehm, wenn er auf seinen Namen damit reagiert, dass er Sie anschaut. Sprechen Sie deshalb in dieser Lernphase immer mit fröhlicher, freundlicher Stimme und belohnen Sie den Welpen immer für die erwünschte Reaktion. Sprechen Sie seinen Namen nie in unfreundlichem, harschem Tonfall aus und lassen Sie darauf nie etwas folgen, was für den Welpen unangenehm ist. Wenn Sie ihn beispielsweise beim Namen rufen, er daraufhin zu Ihnen kommt und Sie ihm dann die Krallen schneiden, anstatt ihn sofort zu belohnen, wird er seinen Namen schon bald mit etwas Unangenehmem verknüpfen. Vielleicht sagen Sie den Namen Ihres Hundes auch immer dann, wenn Sie ihn bestrafen. Damit vergrößern Sie die Wahrscheinlichkeit, dass er künftig wegrennt, wenn er seinen Namen hört, anstatt zu Ihnen zu kommen. Das gleiche Prinzip gilt auch für das Lernen anderer Dinge.

Nicht anspringen, bitte!

Viele Menschen ermuntern Ihre Hunde dazu, an ihnen hochzuspringen. Ob Sie das möchten, ist Ihre Entscheidung – aber bedenken Sie, dass Ihr Hund es dann auch vollkommen normal finden wird, andere Menschen genauso anzuspringen wie Sie. Wenn er das bei kleinen Kindern tut, kann er sie umwerfen und verängstigen. Wenn Sie sich gerade in der Phase der Familiengründung befinden, ist es auch nicht besonders toll, wenn der Hund mehrmals täglich die schwangere Frau anspringt. Oder was, wenn Sie ein Baby im Arm halten? Wenn der Hund groß ist, kann es sein, dass er mit seinen Vorderpfoten auf dem Baby landet, wenn er Sie anspringt, und es mit seinen Krallen oder einfach

durch sein Körpergewicht verletzt. Der Hund wird nicht verstehen, warum Sie ihn jetzt, mit dem Kind auf dem Arm, für das Anspringen anschreien und beschimpfen, wo er es doch sonst immer bei Ihnen darf. Für den Hund ist alles einfacher, wenn die Regeln eindeutig sind. Besser also, Sie unterbinden das Anspringen gleich von Anfang an grundsätzlich (oder fangen jetzt damit an, wenn Ihr Hund es bisher getan hat).

Dieses überschwängliche Begrüßungsverhalten könnte zur Folge haben, dass der Hund das Kind umwirft.

Die meisten Menschen belohnen ihre Hunde unabsichtlich für das Anspringen – nämlich mit Aufmerksamkeit. Typischerweise schieben sie ihn erst sanft zur Seite und streicheln ihn dann, wenn er alle vier Pfoten wieder auf dem Boden hat und sind sich nicht darüber im Klaren, dass sie damit das Anspringen noch weiter fördern. Eine wichtige Regel, um dem Hund das Anspringen abzugewöhnen, lautet: Berühren Sie ihn nie, wenn er das tut – auch nicht, indem Sie ihn wegschubsen! Zeigen Sie ihm, dass sein Verhalten niemals mit Aufmerksamkeit von Ihrer Seite belohnt wird. Verschränken Sie Ihre Arme und drehen Sie sich demonstrativ zur Seite weg, wenn er Sie anspringt und belohnen Sie ihn erst dann, wenn er wieder alle vier Pfoten auf dem Boden hat.

Leckerchen nehmen, ohne Ihre Hand zu fressen

Wie reagiert Ihr Welpe, wenn Sie ihm ein Leckerchen geben? Wie nimmt er es Ihnen aus der Hand? Macht er das vorsichtig, oder spüren Sie seine Zähne an Ihren Fingern? Falls er aufgeregt nach dem Futter in Ihrer Hand giert, schnell danach schnappt und sich nicht darum sorgt, ob Ihre Finger dazwischen sind oder nicht, dann stellen Sie sich vor, wie sich das für ein kleines Kind anfühlen muss. Die Schmerzen, die es durch die Hundezähne erfährt, sind die eine Sache. Es könnte aber auch durch so etwas ernsthaft Angst vor Hunden entwickeln. Bringen Sie ihm also bei, Futter aus der

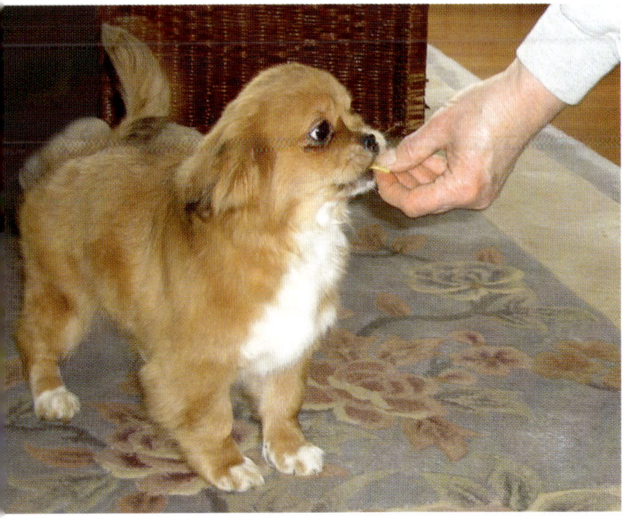

Wenn der Hund ein Leckerchen aus der Hand nimmt, sollten seine Zähne nicht die Haut berühren.

Hand grundsätzlich vorsichtig, nur nach Erlaubnis und ohne Einsatz der Zähne zu nehmen.

Das ist besonders wichtig, wenn auch kleine Kinder im Haus sind. Kinder haben öfter etwas Essbares in der Hand, was so aussehen kann, als ob sie es dem Hund anbieten würden – obwohl das gar nicht ihre Absicht ist. Vielleicht haben Sie Ihrem Kind gerade eine Kleinigkeit zu essen in die Hand gegeben und es wird nun zielstrebig vom Hund verfolgt, während es futternd herumläuft. Bei erster Gelegenheit wird der Hund dem Kind das Essen abnehmen. Und schon haben Sie ein weinendes Kind, oder – schlimmer noch – ein Kind, das sauer auf den Hund ist und nach ihm schlägt. Einem Kind Essen aus der Hand zu stehlen zählt eindeutig zu den schlechten Manieren, die sofort abzustellen sind. Der Hund muss so schnell wie möglich lernen, dass er nur dann etwas aus der Hand eines Menschen nehmen darf, wenn er ausdrücklich dazu aufgefordert wird. Und das geht so:

- Bringen Sie ihm als Erstes bei, den Leckerbissen vorsichtig aus der Hand zu nehmen. Nehmen Sie ein Leckerchen in die Hand und halten Sie es dem Hund in geschlossener Faust nicht zu hoch vor die Nase. Öffnen Sie dann die Faust, halten Sie das Leckerchen mit den Fingern fest und lassen den Hund daran riechen. Falls Sie seine Zähne auf Ihrer Haut spüren, sagen Sie mit tiefer, strenger Stimme »Autsch« und schließen die Faust wieder. Wiederholen Sie das so oft, bis der Welpe nicht mehr mit den Zähnen nach Ihren Fingern schnappt.
- Sobald der Hund nur noch seine Zunge oder Lefzen benutzt, um an das Leckerchen zu kommen, sagen Sie »Vorsichtig«, während er es nimmt. Sobald sie irgendwann wieder Zähne auf der Haut fühlen können, machen Sie die Faust sofort wieder zu und rücken das Leckerchen so in unerreichbare Nähe. Versuchen Sie es dann noch einmal von Neuem.

- Sobald Ihr Hund gelernt hat, Futter nur mit großer Vorsicht aus der Hand eines Menschen zu nehmen, lehren Sie ihn, es außerdem nur nach Aufforderung zu nehmen. Nehmen Sie dazu ein Leckerchen in die offene Handfläche, klemmen es nur mit dem Daumen fest und lassen Sie den Arm locker an Ihrer Seite herabhängen. Falls der Hund das Leckerchen zu nehmen versucht, schließen Sie die Faust. Sobald er einen kleinen Schritt nach hinten macht, öffnen Sie sie wieder. Wiederholen Sie das so oft, bis der Hund nicht mehr von sich aus aktiv versucht, an das Leckerchen heranzukommen. Dann sagen Sie ihm »Nimms!« und halten ihm das Leckerchen entgegen. Achten Sie wieder darauf, dass er es vorsichtig nimmt! Üben Sie das mehrmals am Tag, bis Ihr Hund nicht mehr versucht, irgendjemandem etwas Essbares einfach aus der Hand zu nehmen, sondern stattdessen auf »Freigabe« wartet.

Wenn Kinder Leckerchen füttern

Die meisten Kinder lieben es, Tiere zu füttern und finden das sehr aufregend. Als Hundebesitzer schafft man es kaum, dem Hund eine Futterbelohnung zu geben, ohne dass das Kind es einem sofort gleichtun möchte. Zumindest sind die Kinder noch so lange ganz versessen aufs Füttern, bis sie Fang und Zähne des Hundes nah auf sich zukommen sehen. Viele Kinder reagieren mit dem Wegziehen der Hand, wenn die Hundezähne nahe kommen, um das Futter abzuholen – woraufhin der Hund sich schneller nach vorn bewegt, um das »weglaufende« Leckerchen noch zu erhaschen. Vielleicht schnappt der Hund sogar nach der Kinderhand, um das Futter zu »fangen«. Vielleicht streckt das Kind die Hand mit dem Futter darin auch nach oben weg und der Hund versucht, durch Hochspringen doch noch heranzukommen, wobei er das Kind umwerfen oder mit den Krallen verletzen kann. Andere Kinder reagieren damit, dass sie das Futter schnell in Richtung Hund von sich werfen. Der Hund springt dann vielleicht mit einem Satz nach vorne, um das Futter noch in der Luft aufzuschnappen, was wiederum sehr beängstigend auf das Kind wirken kann.

Wir empfehlen, dass Sie Ihre Kinder nur solchen Hunden Futter aus der Hand geben lassen, die diesbezüglich wirklich gute Manieren haben und nicht nach der Hand schnappen. Bringen Sie den Kindern außerdem bei, das Futter immer auf der flachen, geöffneten Hand anzubieten, anstatt es zwischen den Fingern festzuhalten. Der Hund nimmt das Futter von der Handfläche herunter.

So findet man einen guten Hundetrainer

Wir empfehlen grundsätzlich, sich nach einem Hundetrainer umzusehen, der positive, freundliche und auf dem Bestärkungsprinzip beruhende Erziehungsmethoden anwendet. Bevor Sie sich irgendwo anmelden, bitten Sie den Trainer, bei einer Unterrichtsstunde zuschauen zu dürfen. Falls man Sie nicht (kostenlos) zusehen lässt, raten wir Ihnen, sich woanders umzuschauen. Machen Sie lieber einen Bogen um Hundeschulen, in denen man Ihnen die komplette Erziehung Ihres Hundes in sechs bis acht Wochen verspricht. Niemand kann das Verhalten eines Hundes oder das Ergebnis der Erziehungsarbeit garantieren. Der Trainer muss sich wirklich gut mit dem Sozialverhalten von Hunden auskennen, denn die jetzige Phase wird entscheidend für das ganze Leben Ihres Hundes. Für sein Wohlbefinden und seinen Lernerfolg ist es absolut wichtig, dass Sie die richtigen Spielgefährten für ihn finden und seinem Temperament entsprechend mit ihm umgehen.

Suchen Sie einen Hundetrainer, der mit positiven Methoden arbeitet.

Eine Liste guter Hundeschulen finden Sie zum Beispiel im Internet unter www.hundeschule.de.

Welpenspielstunden

Wir empfehlen Ihnen unbedingt, mit Ihrem Welpen so früh wie möglich Welpenspielstunden in einer Hundeschule zu besuchen. Dabei sollte es, wie der Name schon sagt, in erster Linie spielerisch zugehen. Möglicherweise stellen Sie aber auch fest, dass Ihr Welpe die Sozialisation mit seinen »Klassenkameraden« alles andere als genießt: Er versteckt sich, läuft weg, klebt an Ihren Beinen, zittert und möchte nach Hause. Nicht alle Welpenspielstunden sind für alle Welpen geeignet. Für manche Welpen ist entscheidend wichtig, wie die Gruppe zusammengesetzt ist, andere kümmern sich darum überhaupt nicht. Einfachste Merkregel: Ihr Welpe muss Spaß an diesen Spielstunden haben und Sie schon erwartungsvoll auf den Übungsplatz ziehen, wenn es Zeit für Ihre Stunde ist. Er sollte weder an Ihrer Seite kleben noch die ganze Zeit über versuchen, den Ort des Geschehens zu verlassen. Tut er das, sprechen Sie darüber mit dem Trainer. Stress und Angst machen Lernen unmöglich. Wenn der Welpe sich von der Umgebung überfordert fühlt, kann es sein, dass er einfach »dicht macht«. Hat er hingegen Spaß am Unterricht und arbeitet der Trainer stets positiv, wird er sich anstrengen, noch mehr zu lernen. Er wird nicht wie ein ängstlicher Welpe »Ich will nicht, ich kann nicht« ausdrücken, sondern Neuem gegenüber aufgeschlossen reagieren. Falls der Trainer Ihren Sorgen keine Beachtung schenkt und Ihnen erklärt, »der Welpe müsse da durch«, hören Sie lieber auf Ihren Bauch und sehen Sie sich nach einer anderen Hundeschule um, die Welpenspielstunden anbietet.

Zögern Sie nicht, Ihren Welpen hochzunehmen, wenn er während der Welpenstunde schutzsuchend zu Ihnen gelaufen kommt.

Sollte Ihr Welpe während einer Spielstunde einmal schutzsuchend auf Sie zugerannt kommen, weil ein zehn Kilo schwererer Junghund sich auf ihn stürzen möchte, zögern Sie nicht, ihn hochzunehmen. Damit bestärken Sie keinesfalls seine Angst, wie man Ihnen vielleicht gesagt hat. Sie bewahren ihn vielmehr vor einer möglicherweise schlechten Erfahrung, die bleibenden negativen Einfluss auf ihn haben könnte.

Nylabone

Kapitel 7

Stubenreinheit und die Box

Zuverlässige Stubenreinheit bei ihrem Vierbeiner ist eines der wichtigsten Dinge, die sich Hundebesitzer wünschen. Gutes Management und ständige Beobachtung helfen zusammen mit dem Wissen darüber, wann und wie oft der Welpe nach draußen muss, dieses erstrebenswerte Ziel zu erreichen. Sehr wichtig dabei ist, dass Sie feste Regeln und Abläufe aufstellen und sich konsequent daran halten, damit Ihr Welpe auf Erfolgskurs gebracht wird. Das Thema Stubenreinheit ist für die meisten Welpenbesitzer dasjenige mit dem größten Frustrationspotenzial. Sie müssen etwas Zeit und viel Geduld einsetzen, um den Welpen zu den verschiedensten Tageszeiten und bei jedem Wetter nach draußen zu bringen, bevor er es schaffen kann, sein Geschäft im Haus zu erledigen. Zeit und Mühe, die Sie jetzt investieren, werden sich später doppelt auszahlen!

Die Erziehung zur Stubenreinheit

Organisieren Sie einen festen Tagesablauf

Mit einem festen, immer wiederkehrenden Ablauf der Dinge im Alltag kommen Welpen am besten zurecht. Zwar ist jeder Welpe anders, aber es gibt Zeiten und Gelegenheiten, zu denen eigentlich jeder von ihnen »muss«. Zum Beispiel meistens dann, wenn Kinder ins Spiel kommen (weil der Welpe sich in ihrer Gegenwart meist freudig aufregt und als Ergebnis davon plötzlichen Harndrang verspürt). Der folgende beispielhafte Tagesablauf soll

Ihnen dabei helfen, die richtigen Zeiten zu treffen, zu denen Ihr Welpe hinaus muss. Damit sollten Sie immer in der Lage sein, die Situation kontrollieren zu können, bevor der Welpe Gelegenheit hat, sich drinnen zu lösen.

1. **Morgens sofort nach dem Aufwachen.**

2. **Eine Viertelstunde nach dem ersten Morgenspaziergang.**
   Der Welpe beschäftigt sich vielleicht inzwischen mit einem Spielzeug, kaut an einem Knochen, spielt mit den Kindern usw. Danach muss er unbedingt noch einmal hinaus.

3. **Innerhalb einer halben Stunde nach dem Füttern (morgens, mittags und abends).**
   Die genauen Zeiten hierfür müssen Sie durch genaue Beobachtung Ihres Welpen selbst herausfinden. Die halbe Stunde ist nur ein ungefährer Anhaltspunkt – es könnten bei Ihrem Welpen auch 15 oder 20 Minuten sein.

4. **Tagsüber alle zwei bis vier Stunden, je nach Aktivität.**
   Bereiten Sie sich darauf vor, dass Sie mindestens so oft mit dem Welpen nach draußen müssen. Leider gibt es keinen fest bemessenen Zeitraum, den jeder Welpe aushalten können muss. Jeder Welpe ist da anders. Sie müssen also herausfinden, wie oft Ihrer »auf den Topf« muss und sich danach richten.

5. **Nach dem Spielen und nach Aufregung.**
   Dies ist der Moment, der die meisten Welpenbesitzer unvorbereitet trifft. Es kann zum Beispiel sein, dass Sie den Welpen ins Haus zurückbringen und sich in Sicherheit wiegen, weil er sich gerade eben draußen gelöst hat. Der Welpe rennt und spielt nun die nächste Viertelstunde mit den Kindern im Haus umher, hält dann plötzlich inne und macht auf den Teppich. Die Aufregung und das Herumlaufen haben ihm neuen Druck auf die Blase verursacht. Falls Sie also beobachten, dass er nach einigen Minuten Aktivität im Haus plötzlich innehält, reagieren Sie schnell und bringen ihn sofort wieder nach draußen.

6. **Nach jedem Aufwachen.**

7. **Nach der Beschäftigung mit Kauknochen.**

8. **Abends vor dem Schlafengehen.** Je nach Alter des Welpen kann der letzte Abendgang zwischen zehn und elf Uhr erfolgen; wenn er schon älter ist, reicht auch halb zehn.

9. **Einmal mitten in der Nacht.**

Damit Ihr Welpe stubenrein wird, ist es wichtig, dass Sie sich an feste Zeiten halten und ihn immer beaufsichtigen, wenn Sie ihn nach draußen lassen.

Normalerweise müssen Welpen nur im ersten Monat auch einmal mitten in der Nacht nach draußen. Vielleicht haben Sie Glück und Ihr Welpe hält es nachts fünf oder sechs Stunden lang aus, aber richten Sie sich darauf ein, frühmorgens oder einmal nachts aufstehen zu müssen. Am besten stellen Sie den Wecker kurz vor der Zeit, von der Sie wissen, dass der Hund normalerweise aufwacht. So können Sie ihm zuvorkommen und ihn hinausbringen, bevor er zu winseln oder zu bellen beginnt. Später können Sie vorsichtig versuchen, immer ein wenig länger mit dem Hinausbringen zu warten, wenn er nachts aufwacht und ihm so das Einhalten beibringen. (Es sei denn, er gibt wirklich deutlich zu verstehen, dass er jetzt sofort hinausmuss!)

Nach einigen Wochen wird er vermutlich die Nacht durchschlafen, aber früh aufwachen (zum Beispiel um sechs Uhr morgens). Mit der Zeit wird er immer etwas länger schlafen können.

Rein und raus

Sobald Sie mit der Erziehung zur Stubenreinheit beginnen, sollten Sie Ihrem Welpen gleichzeitig auch die Kommandos »rein« und »raus« beibringen. Sagen Sie »raus«, wenn Sie mit ihm hinausgehen. Warten Sie, bis er sich in Ihrer Gegenwart gelöst hat und loben Sie ihn dafür. Dann drehen Sie sich schnell um, laufen zur Haustür und sagen »rein«. Wir belohnen unsere Welpen immer, sobald sie ins Haus hineingekommen sind, damit dies ein genauso großes Vergnügen für sie ist wie das Rausgehen. Gehen Sie also gleich nach dem Reinkommen zur Leckerchendose und spendieren Sie ihm etwas. Wenn Sie das ein paar Mal wiederholen, schaffen Sie die Verknüpfung für ein bestimmtes Verhaltensmuster: Der Welpe lernt, dass es bei »raus« hinausgeht und er sich in Ihrer Gegenwart löst, um bei »rein« dann schnell wieder ins Haus zu laufen und sich sein Leckerchen abzuholen.

Füttern nach Plan

Wenn Sie Ihren Welpen nach einem festen Zeitplan füttern, können Sie viel leichter erkennen, wann er hinausmuss. Stellen Sie ihm nicht einfach einen vollen Napf zur Selbstbedienung nach Belieben hin. Was er nach 20 Minuten nicht aufgefressen hat, stellen Sie wieder mitsamt Napf weg und geben Sie ihm die Reste wieder bei der nächsten Mahlzeit. Wenn Sie ihm andauernd Leckerchen füttern oder ihn sich beliebig aus dem immer vollen Napf bedienen lassen, wird er vermutlich zu den Futterzeiten nichts mehr fressen. Was glauben Sie, was Ihr Kind machen würde, wenn es die Wahl zwischen Eis und Kuchen oder Gemüse und Hühnchen hätte? Die Erziehung zur Stubenreinheit ist enorm viel einfacher, wenn Sie wissen, was und wann der Welpe frisst. Haben Sie es erst einmal geschafft, den Kleinen stubenrein zu bekommen, müssen Sie sich nicht mehr so sklavisch an den Fütterungsplan halten.

Füttern Sie Ihren Welpen nach einem festen Plan.

Freies Umherlaufen im Haus?

Sobald Ihr Welpe zuverlässiger wird und seltener ins Haus macht (vielleicht nur noch etwa einmal pro Woche), können Sie ihm nach und nach mehr Freiheit im Haus gönnen. In dieser Phase bedeutet »Freiheit«, sich zusammen mit Ihnen durch die Zimmer zu bewegen, nicht auf eigene Faust! Welpen müssen aus vielerlei Gründen beaufsichtigt werden, unter anderem deshalb, weil sie gern an dafür ungeeigneten Dingen kauen. Wichtig ist, dass Sie sein Tun innerhalb des Hauses beaufsichtigen. Das bedeutet: Er ist entweder in der Box oder bei Ihnen. Auf diese Art und Weise sehen Sie normalerweise rechtzeitig, wann er nach draußen muss. So läuft er möglicherweise im Kreis, schnüffelt am Boden, wird unruhig, möchte zur Tür und so

Wenn Sie den Welpen immer alleine nach draußen schicken, damit er sich löst, dauert es länger, bis er stubenrein ist.

weiter. Wenn Sie aufgepasst haben, können Sie ihn hinauslassen, bevor er sich im Haus löst. Wenn Sie ihm zu viel Freiheit gelassen und damit die Möglichkeit gegeben haben, sich öfter im Haus zu lösen, hat er vielleicht schon eine Vorliebe für bestimmte Untergründe oder Stellen entwickelt. Besonders die Gewöhnung an einen bestimmten Untergrund geht bei Welpen sehr schnell – und Sie möchten sicher nicht, dass ausgerechnet Ihr Teppich zu seiner ersten Wahl wird. Vergessen Sie nie: Welpen kommen nicht mit dem Verständnis dafür zur Welt, dass Urinieren auf Teppiche inakzeptabel ist. Je öfter er auf diesem Untergrund »Erfolg hatte«, desto schwieriger wird es, ihm dies wieder abzugewöhnen.

Wenn Sie also Ihrem Welpen zu viel Bewegungsspielraum gelassen haben und er deshalb öfter ins Haus zu machen beginnt, gehen Sie wieder dazu über, ihn näher bei sich zu behalten und stellen Sie sicher, dass er sich immer im gleichen Raum befindet wie Sie.

Schicken Sie den Welpen niemals allein hinaus

Es ist Ihr Job, dem Hund beizubringen, dass er sein Geschäft draußen erledigen soll. Das bedeutet, dass Sie immer mit ihm mitgehen müssen, auch, wenn Sie ein eingezäuntes Grundstück besitzen. Wenn er alleine draußen ist, kann niemand ihm sagen, dass das Lösen im Freien das gewünschte Verhalten ist. Sind Sie aber dabei, können Sie ihn loben und außerdem, wenn Sie möchten, das Verhalten mit einem Signalwort wie zum Beispiel »Mach schnell« oder was auch immer kombinieren. Wenn Sie den Hund erst dann belohnen, wenn er wieder ins Haus zurückkommt, ist das zu spät. Damit er versteht, was von ihm erwartet wird, müssen Sie jedes Mal mit ihm mit nach draußen gehen.

Außerdem wissen Sie sonst auch nicht, wann und wo Ihr Welpe draußen sein Geschäft verrichtet. Das ist aber bei einem Welpen wichtig zu wissen, denn nur so können Sie abschätzen, wann er voraussichtlich das nächste Mal rausmuss. Davon abgesehen ist es auch ratsam, seinen Kot mit einem Blick auf mögliche Parasiten oder Fremdkörper zu kontrollieren – so sehen Sie, ob er vielleicht etwas Ungeeignetes gefressen hat oder krank ist.

Wenn Sie möchten, dass Ihr Hund sich an einer bestimmten Stelle löst, dann leinen Sie ihn besser an. Unbeaufsichtigte Rüden gewöhnen sich sonst schnell an, ihr Bein an allen möglichen dafür nicht gedachten Dingen zu heben wie zum Beispiel an Ihren Gartenmöbeln, Blumen oder an der Hausecke. Verhindern können Sie das nur, wenn Sie da sind! Wenn es Ihnen allerdings egal ist, wo der Hund hinmacht, müssen Sie ihn nicht anleinen, solange Sie ein umzäuntes Grundstück haben.

Welpen müssen sich lösen lernen, egal, ob sie an- oder abgeleint sind, egal, ob auf einem Spaziergang oder im Garten, ob im Park oder vor der Tierarztpraxis. Am schönsten ist es, wenn die ganze Familie einmal am Tag einen gemeinsamen Spaziergang macht. Das verschafft Ihrem Welpen nicht nur Bewegung und lehrt ihn, an der Leine zu laufen, sondern bringt ihm auch bei, sich an weiter vom Haus entfernten Stellen zu lösen. Außerdem wird so Ihre ganze Familie in die Erziehung zur Stubenreinheit mit einbezogen.

Holen Sie sich Hilfe

Wenn Ihr Tagesablauf es mit sich bringt, dass Ihr Welpe über längere Zeiträume in seiner Box alleine bleiben muss, empfehlen wir dringend, dass Sie einen Freund oder Nachbarn als »Hundesitter« engagieren, der zwischendurch mit dem Welpen rausgeht und dafür sorgt, dass er sich draußen lösen kann. Es wäre sehr unfair dem Welpen gegenüber, ihn dazu zu zwingen, sich in seiner Box lösen zu müssen, weil Sie ihn zu lange alleine gelassen haben. Der Erziehung zur Stubenreinheit dient dies natürlich auch nicht.

Keine Strafe, wenn's schon passiert ist

Bereiten Sie sich darauf vor: Sie werden es nicht verhindern können, dass Ihr Welpe anfangs ins Haus macht. Das passiert auch den besten Hundespezialisten! Falls Sie den Kleinen tatsächlich in flagranti ertappen sollten, sagen Sie sofort »raus!«, heben ihn hoch und bringen ihn nach draußen, wo er (wenn Sie Glück haben) sein Vorhaben zu Ende bringt. Bleiben Sie ruhig und beherrschen Sie Ihren Ärger. Loben Sie ihn, wenn er sich draußen zu Ende löst, aber machen Sie sich auch nichts daraus, wenn er es nicht tut. Er wird schon eine Ahnung davon bekommen, um was es geht, wenn Sie ihn wirklich schnell rausbringen, sobald er sich drinnen zu lösen versucht. Denken Sie daran, dass er die Regeln noch nicht kennt – aller Wahrscheinlichkeit nach war es Ihr Fehler, weil Sie ihn nicht früher nach draußen gebracht haben.

Falls Ihr Welpe ins Haus gemacht und Sie ihn nicht auf frischer Tat ertappt haben, dann ist es für diesmal einfach zu spät. Er kann nicht verstehen, wenn Sie ihn für etwas bestrafen, was er vor ein paar Minuten (oder sogar Sekunden) gemacht hat. Er würde dadurch lediglich lernen, dass Ihr Verhalten unvorhersehbar ist und das Vertrauen in Sie verlieren. Wischen Sie also lieber einfach auf (im Zoofachhandel gibt es übrigens enzymatische Spezialreiniger dafür) und versuchen Sie, beim nächsten Mal besser auf Ihren Welpen aufzupassen und schneller zu sein.

Die Box

Wir raten unbedingt zum Kauf einer Box für Ihren Welpen, die idealerweise so groß sein sollte, dass er auch ausgewachsen noch hineinpasst. Stellen Sie sich die Box als Schlafzimmer Ihres Hundes vor: Sie sollte ein bequemer, trockener, warmer und sicherer Ruheplatz für ihn sein.

Überlegen Sie, wo Sie die Box hinstellen: In welchem Zimmer ist der Welpe nachts? Vielen Welpen gefällt es am besten, wenn ihre Box nachts in Ihrem Schlafzimmer steht anstatt in einem anderen Raum oder auf einer anderen Etage. Bedenken Sie: Er hat gerade erst das einzige Zuhause verlassen, das er bis dahin kannte und in dem er die Nächte mit wahrscheinlich vier bis sieben Wurfgeschwistern zusammen verbracht hat. Jetzt ist er mit Ihnen alleine in einem fremden Haus. Trösten kann ihn nur das Wissen, dass Sie in der Nähe sind – das ist ganz wichtig. Falls Sie die Box nicht in Ihr Schlafzimmer stellen können oder möchten, sollten Sie versuchen, sie trotzdem möglichst nah dazu aufzustellen, damit Sie hören können, wenn der Welpe nachts hinausmöchte.

Wir raten unbedingt zum Kauf einer Box für Ihren Welpen.

Die Box – das transportable Zuhause Ihres Welpen.

Ein sicherer Hafen

Die Box soll für den Welpen ein sicherer Hafen sein, in dem er sich ungestört ausruhen kann. Sie soll für ihn der Ort werden, an den er sich zurückziehen kann, wenn Kinder oder Freunde ihm zu anstrengend oder aufreibend werden. Wenn Sie die Box richtig benutzen, wird der Hund von sich aus hineingehen, um ein Schläfchen zu halten und wenn er eine Pause braucht. Bringen Sie Ihren Kindern unbedingt bei, dass die Box allein dem Hund gehört und keine Höhle zum Versteckspielen ist. Sie dürfen ihn auch nicht stören, wenn er in seiner Box ist – dazu gehört auch, nicht mit den Fingern durch die Gitterstäbe hindurch nach ihm zu pieksen und nicht an der Box zu rütteln oder daran zu treten. Erlauben Sie den Kindern auch nicht, Futter oder andere Dinge durch die Stäbe hineinzureichen, sonst geben sie dem Hund irgendwann möglicherweise Sachen, die nicht gut für ihn sind.

Die Kinder müssen außerdem lernen, dass sie niemals die Boxentür aufmachen dürfen, wenn Sie den Hund darin eingesperrt haben. Manchmal finden Kinder den Anblick eines Welpen in einem Käfig schrecklich und haben das Bedürfnis, ihn hinauszulassen. Erklären Sie ihnen, dass dieser Käfig das Zuhause oder das Schlafzimmer des Welpen ist und dass er sich da drinnen wohlfühlt. Wenn ein Kind den Welpen hinauslässt, ohne, dass Sie es merken, könnte das katastrophale Folgen haben.

MERKE

Ich wollte doch nur helfen

Lynns Kinder waren wie gefesselt vom Anblick des Welpen im Käfig und hatten oft das Bedürfnis, ihn zu »befreien«. Immer sagten sie »Aber Mama, er will doch raus!« Eines Tages fuhr Lynn mit ihren Kindern, beiden Welpen und ihrer Freundin Pia zu einer Hundeausstellung, die im Freien stattfinden sollte. Die Welpen waren drei Monate alt. Das Wetter war schön und alle machten sich zu einem Picknick neben dem Kleinbus bereit, in dessen Heck bei geöffneter Klappe die Box mit den beiden Welpen stand. Einen Moment später kletterte Lynns vier Jahre alter Sohn in den Bus und machte die Boxentür auf – und schon purzelte ein Welpe heraus! Pia und Lynn sahen sich erstaunt um, als einer der Welpen plötzlich fröhlich durchs Gras tollte. Zum Glück konnten sie ihn ohne große Schwierigkeiten schnell wieder einfangen und alles war in Ordnung – aber was wäre gewesen, wenn gerade ein Auto vorbeigekommen wäre? Oder wenn der Welpe zu einem nicht so freundlichen Hund hingelaufen wäre? Alles Mögliche hätte passieren können. Als Lynn ihren Sohn fragte, warum er die Tür aufgemacht und die Welpen herausgelassen hätte, sagte er: »Sie wollten auch beim Picknick mit dabei sein. Ich wollte doch nur helfen, Mama.«

Die Größe der Box

Die Größe der Box hängt natürlich von der Größe des Welpen ab. Um Zeit und Geld zu sparen, kaufen Sie am besten eine, die auch dann noch groß genug ist, wenn Ihr Hund ausgewachsen ist. Sie sollte so groß sein, dass der Hund in einer Hälfte liegen und sich notfalls (*wirklich nur im absoluten Ausnahme- und Notfall*) in der anderen Hälfte lösen kann. Natürlich versucht man diese Situation unbedingt zu vermeiden, damit der Welpe sich nie angewöhnt, seine Box zu verschmutzen – aber im Zweifelsfall ist es auf jeden Fall besser als eine zu kleine Box, in der der Welpe möglicherweise in seinen eigenen Exkrementen liegen muss. Die Box ist deshalb ein wichtiges Hilfsmittel bei der Erziehung zur Stubenreinheit.

Die Zeit, die der Welpe in der Box verbringt, darf nicht zu lang sein.

Legen Sie eine Hälfte der Box mit einer weichen und trockenen Unterlage zum Hinlegen aus, zum Beispiel mit einem alten Handtuch. Anfangs ist es noch nicht sinnvoll, teure Spezial-Hundedecken zu kaufen, weil die Wahrscheinlichkeit hoch ist, dass der Welpe sie zerbeißt. Bedecken Sie auch nicht den ganzen Boxenboden mit Decken. Wenn Ihr Welpe vielleicht irgendwann einmal dringend muss, es nicht mehr aushält und Sie nicht da sind, um ihn herauszulassen, dann geht er dazu hoffentlich auf die nicht ausgelegte Fläche, auf der er nicht schläft. Ihr Ziel sollte es allerdings sein, dass der Welpe sich niemals im Käfig lösen muss – lassen Sie ihn also oft hinaus, gestalten Sie den Tagesablauf regelmäßig und beobachten Sie gut, wann er hinausmuss.

Sie können Ihrem Welpen ein sicheres Kauspielzeug mit in die Box geben.

Wann die Box zum Einsatz kommt

Bringen Sie Ihren Welpen immer dann in die Box, wenn Sie nicht auf ihn aufpassen können. Sie haben dann die Gewissheit, dass er darin sicher ist und dass Ihr Haus sicher vor ihm ist. Damit er sich die Zeit vertreiben kann, können Sie ihm ein Kauspielzeug mit hineingeben. Müssen Sie ihn länger in der Box alleine lassen, sollten Sie auch einen Wassernapf hineinstellen. Sorgen Sie dafür, dass der Welpe nicht übermäßig lange in der Box bleiben muss. Er braucht genügend Zeit zum Spielen, Laufen und für Kontakt zum Menschen. Außerdem muss er die anderen Räume des Hauses entdecken dürfen – natürlich unter Ihrer Aufsicht. Wir haben Besitzer erlebt, die ihre Hunde dauerhaft mitsamt Box in einem einzigen Zimmer gehalten haben, weil sie Angst hatten, dass der Welpe in einem anderen Raum irgendetwas kaputtmachen, anfressen, hineinmachen, der Familie auf die Nerven gehen oder sonst etwas anstellen könnte. Solche Welpen stauen natürlich eine enorme Frustration auf und rennen wirklich wie aufzogen herum, wenn sie endlich einmal aus der Box hinausgelassen werden und Gelegenheit haben, die anderen Räume zu erkunden.

Wir haben unsere Welpen grundsätzlich immer aus der Box gelassen, wenn wir im Haus waren. Sie konnten mit uns alle Zimmer erkunden – keins war für sie verboten. Wir sorgten immer dafür, dass sie draußen genügend Bewegung bekamen und ausgelastet waren, damit sie sich im Haus ruhig und entspannt verhielten. Das Endergebnis sind zwei erwachsene Hunde, die man beruhigt frei im Haus lassen kann und die einfach mit uns von Raum zu Raum gehen, wie sie das als Welpen gewohnt waren. Sie gehen auch von alleine in ihre Boxen, um sich dort auszuruhen.

Die Erziehung zur Stubenreinheit braucht Zeit, viel Einsatz von Ihrer Seite und die Einsicht, dass der Welpe es nicht besser wissen kann, bis Sie es ihm beibringen. Er muss lernen, wo er sich lösen soll, und es liegt an Ihnen, ihm das zu zeigen. Möglicherweise dauert es mehrere Monate, bis Sie einen verlässlich stubenreinen Hund haben. Denken Sie daran, dass es bei allen Welpen unterschiedlich lang dauert, bis sie stubenrein sind. Das Wichtigste bleibt aber immer: Wie erfolgreich Ihr Welpe sein wird, hängt zu einem großen Teil von Ihren Bemühungen ab!

> **»Machen Sie nicht den Fehler, Ihre Hunde wie Menschen zu behandeln, oder Sie werden von Ihnen wie Hunde behandelt.«** (Martha Scott)

Teil 3

Umgang mit dem Welpen

Kapitel 8

Verständigung mit dem Hund und Verstehen der Körpersprache

Ihr wunderschöner kleiner Welpe ist nun also bei Ihnen zuhause, und während er so umherflitzt, realisieren Sie, dass er kein kleines bisschen darauf hört, was Sie ihm sagen. Wie soll man also mit diesem nicht-menschlichen Familienmitglied umgehen? Egal, wie sehr Sie Ihren Welpen lieben und ihn am liebsten wie ein weiteres Kind behandeln möchten: Vergessen Sie nie, dass er immer noch ein Hund ist und kein bepelzter kleiner Mensch. Um zu lernen, wie Sie mit Ihrem Welpen kommunizieren können, müssen Sie verstehen, was Sie ihm mit Ihrer Körpersprache und Ihren Worten mitteilen. Beginnen wir einmal damit, uns anzuschauen, was Kommunikation eigentlich ist.

Kommunikation

Kommunikation ist Informationsaustausch. Sie benötigt einen Sender, eine Nachricht und einen Empfänger. Das gesendete Signal muss für beide Parteien verständlich sein, um Angst und Konflikte zu vermeiden. Weil Kommunikation ein erlerntes Verhalten ist, ist es nicht so wichtig, was wir sagen, sondern was der Empfänger der Nachricht hört. Wenn sich unsere Signale überkreuzen oder die gesendete Nachricht nicht gehört oder ver-

Stellen Sie sich vor, wie schwer es für Ihren Hund ist, Sie zu verstehen.

standen wird, ist normalerweise Frustration bei einer der beiden Parteien das Ergebnis.

Stellen Sie sich vor, Sie befänden sich in einem fremden Land, dessen Sprache Sie nicht sprechen und mit dessen Gebräuchen Sie nicht vertraut sind. Sie haben sich verlaufen und gehen zu einem Bauernhaus. Der Bauer winkt Ihnen zu, Sie sollten doch hereinkommen. Als Sie das Haus betreten, dreht sich der Bauer kurz um und wirft Ihnen einen bösen Blick zu – Sie wussten nicht, dass es in diesem Land zum guten Benehmen gehört, seine Schuhe auszuziehen, bevor man ein Haus betritt. Jetzt beginnt der Bauer, mit wütender Stimme zu Ihnen zu sprechen und wedelt mit den Händen in der Luft, aber Sie haben keine Ahnung, was er sagt. Er ist wütend, Sie sind geschockt, sie beide sind perplex. Ihr Verhalten war vielleicht nicht richtig, aber woher hätten Sie das wissen sollen? Stellen Sie sich vor, wie schwierig es für Ihren Hund sein muss, Sie zu verstehen.

Wenn Kommunikation zwischen Menschen und Hunden falsch interpretiert oder überhört wird oder unklar ist, sind beide Parteien verwirrt. Nur zu oft entwickeln sich als Folge Verhaltensprobleme. Wenn ein Hund frustriert und verwirrt ist, wird er andere Verhaltensweisen anbieten, um auszuprobieren, womit er die Spannung abbauen kann. Viele dieser Verhaltensweisen sind für Sie aber vielleicht nicht tolerabel. Lassen Sie uns einmal ein typisches Szenario anschauen:

Die Kinder haben dem Hund einige Monate lang immer wieder kleine Happen am Essenstisch zugesteckt. Sie haben sie ermahnt und gewarnt, dass der Welpe bald groß genug sein wird, um auf den Tisch zu springen und sich sein Futter selbst zu holen. Sie behalten Recht: Der Kleine wächst rasant und stiehlt Ihren Kindern schon bald das Futter vom Teller. Bis jetzt wurde der Welpe immer dazu ermuntert, sich beim Essen in Tischnähe aufzuhalten, weil dabei immer etwas für ihn abfiel. Nun wird er plötzlich von allen für das gleiche Verhalten bestraft, für das er vorher monatelang belohnt wurde. Und weil die Motivation »Futter« stärker wirkt als die paar Ermahnungen, sitzt der Hund vor dem Esstisch stramm und wartet auf ein saftiges Stück Fleisch. Wenn Sie jetzt aufstehen, um etwas zu Trinken zu holen, sieht der Hund seine Chance gekommen und klaut das Steak von Ihrem Teller. Jetzt ist jeder sauer und der Hund wird aus der Küche verbannt oder in die Box gesperrt, woraufhin er sich aufregt und zu bellen beginnt. Ihr Schimpfen wird zu einem Schreien, und Ihre bis dahin gemütlichen Abendessen werden künftig zu einem Tohuwabohu. Was als zufälliges Verhalten (sich in der Nähe des Tischs aufhalten) begann, wurde unabsichtlich belohnt (Füttern vom Tisch) und hat sich nun zu einem Verhaltensproblem entwickelt.

Hunde tun auf Dauer keine Dinge, die sich nicht für sie lohnen.

Kommunikation mit Hunden

Jede Interaktion, die Sie mit Ihrem Hund haben, besteht aus irgendeiner Form von Nachricht, die Sie an Ihren Hund senden oder umgekehrt. Wenn Sie Ihren Hund für eine gut gemachte Sache streicheln und loben, teilen Sie ihm Ihre Zustimmung zu seinem Verhalten mit. Falls Ihr Hund Streicheln und Lob als Belohnung empfindet, wird er nun Anzeichen für Freude zeigen.

Ihr Hund wird aber auch Ihnen Dinge mitteilen. Er kann Ihnen zum Beispiel signalisieren, dass er etwas von Ihnen möchte – etwa, indem er an der Tür kratzt, um Ihnen zu sagen, dass er hinausmöchte. Wenn Sie jedes Mal die Tür öffnen, wenn der Hund daran kratzt, dann lernt er, dass sein Kratzen dazu führt, dass jemand die Tür öffnet und ihn hinauslässt. Oder Ihr Hund legt Ihnen einen Ball in den Schoß, weil er mit Ihnen spielen möchte. Wenn Sie ihn dann werfen, lernt der Hund, dass er mit dieser Handlung ein Spiel anfangen kann. Werfen Sie den Ball aber nicht, hat die Handlung des Hundes keine Bedeutung und er wird sie bald wieder einstellen. Hunde wiederholen nicht ständig Dinge, die sich für sie nicht lohnen.

Vielleicht versucht Ihr Hund auch, Ihnen mitzuteilen, wenn er etwas nicht von Ihnen möchte oder sich wünscht, dass Sie mit irgendetwas aufhören. Vielleicht knurrt er die Kinder an, wenn diese versuchen, ihn vom Sofa zu vertreiben: Er teilt mit, dass er in diesem Moment nicht gestört werden möchte.

Was sagt Ihre Körpersprache?

Wie Sie wissen, kommunizieren Menschen hauptsächlich über gesprochene Sprache. Natürlich verwenden wir auch Körpersprache, aber hauptsächlich verständigen wir uns mit Sprechen. Hunde gebrauchen zur Kommunikation drei Techniken:

- die geruchliche (Geruch durch Urinmarkierungen, Absonderungen aus der Analdrüse etc.)
- die visuelle (Körperhaltung, Gesichtsausdruck etc.)

- die stimmliche (Vokalisationen wie Bellen, Jaulen, Winseln, Heulen etc.)

Dies macht es Hunden und Menschen schwieriger, miteinander zu kommunizieren. Nur zu oft kommen Missverständnisse dabei heraus. Um sie zu vermeiden, müssen Sie unbedingt Ihre Hausaufgaben machen! Lassen Sie uns einmal ein paar typische Beispiele für Hunde-Körpersprache anschauen:

Wenn Sie lernen möchten, Ihren Hund zu »lesen«, achten Sie genau auf seine Mimik.

Gesichtsmimik und Rutenhaltung

Hunde können viele verschiedene Gesichtsausdrücke zeigen. Wenn Sie lernen möchten, Ihren Hund zu lesen, achten Sie gut auf sein Gesicht – besonders auf Ohren, Fang, Lefzen und Augen. Schauen Sie auch auf seinen Schwanz. Beobachten Sie, wie Ihr Hund aussieht, wenn er entspannt und zufrieden zuhause ist und wie er dann Ohren und Schwanz trägt (diese Körperteile sind am leichtesten für uns zu lesen). Merken Sie sich, wie die entspannte Position von Ohren und Schwanz aussieht – dann fällt Ihnen auch auf, wenn sie sich ändert.

Ohren

Veränderungen an der Ohrhaltung sind in der Regel leicht zu erkennen. Egal, ob Ihr Hund Steh- oder Schlappohren hat – je nachdem, wie er sich fühlt, ändert sich ihre Position. Ist er sehr aufgeregt, sind die Ohren nach vorn und oben gerichtet, hoch am Kopf getragen (das Gleiche geschieht bei offensiv aggressiven oder drohenden Hunden). Wenn die Ohren niedrig am Kopf getragen und vielleicht sogar flach angelegt oder zur Seite gestellt werden, ist dies gewöhnlich ein Zeichen für einen freundlichen oder unterwürfigen Hund. Wirklich flach angelegte und weit zurückgelegte Ohren sind ein Zeichen für einen sehr schüchternen oder ängstlichen Hund. Wenn die Bedrohung zu groß wird, kann ein solcher Hund mit Verteidigungsaggression oder Drohverhalten gegenüber dem Eindringling reagieren.

Fang und Lefzen

Wenn ein Hund sich bedroht fühlt, zeigt er möglicherweise seine Zähne. Wenn er auf offensive Art und Weise warnt, zieht er die Lefzen so nach oben, dass die Eckzähne (Fangzähne) sichtbar werden. Droht er hingegen defensiv (verteidigend), zieht er die Lefzen eher nach hinten, sodass mehr Zähne sichtbar werden als beim offensiven Drohen. Ein häufig falsch interpretierter Gesichtsausdruck ist das sogenannte »unterwürfige Grinsen«. Dabei zieht der Hund den vorderen Teil seiner Lefzen hoch und zeigt die Zähne. Wichtig ist aber, dabei gleichzeitig auf seine Augen und Körperbewegungen zu achten: Die Augen zwinkern meistens und der restliche Körper ist entweder entspannt oder zappelig. Diese Geste hat keine Drohfunktion.

Es ist sehr nützlich, wenn man die Gesichtsmimik seines Welpen deuten kann.

Rute

Die Rute, der Schwanz eines Hundes, ändert ihre Position (für uns gut sichtbar) ebenfalls je nach Gefühlslage des Hundes. Ein aufgestellter, hoch getragener Schwanz ist ein Zeichen für Erregung, ein sehr niedrig getragener oder sogar zwischen die Hinterbeine geklemmter Schwanz bedeutet, dass der Hund sich in der gegebenen Situation nicht wohlfühlt oder sogar Angst hat.

Viele Menschen glauben, dass Schwanzwedeln immer ein positives Signal sei, was allerdings ein großer Irrtum ist. Nur zu oft wurden Menschen schon von einem Hund gebissen, der mit dem Schwanz wedelte. Ein freundlich gestimmter Hund wedelt mit hoher Geschwindigkeit, und oft wackelt auch sein ganzes Hinterteil dabei mit. Ein Hund, der sich bedroht fühlt oder selbst droht, wedelt langsamer und mit insgesamt steiferer, angespannterer Körperhaltung.

Augen

Es ist sehr wichtig, die Gesichtsmimik eines Hundes richtig zu deuten. Eine Veränderung an den Augen Ihres Hundes, zum Beispiel eine Erweiterung der Pupillen, ist aber nicht immer leicht zu bemerken. Die Pupillen erweitern sich oft, wenn der Hund sehr aufgeregt oder ängstlich ist. Wich-

Achten Sie genau auf Ihren Hund, wenn er mit verschiedenen Menschen zusammen ist.

tig zu wissen ist, dass ein Hund es als Bedrohung empfindet, wenn man ihm länger direkt in die Augen starrt und dies einen Angriff provozieren kann, falls der Hund sich nicht zurückzieht. Wenn ein Hund sich bedroht fühlt, wird sein Körper häufig ganz bewegungslos und er schaut Sie vielleicht nur aus dem Augenwinkel heraus an. Eventuell sehen Sie nur das Weiße in seinen Augen. Seien Sie vorsichtig, wenn Sie das bemerken – der Hund ist in Angriffsstimmung!

Wenn Hunde sich begrüßen

Beobachten Sie einmal zwei einander fremde Hunde, die sich draußen unangeleint begegnen: Sie werden sich gegenseitig erst einmal aus einiger Entfernung beobachten. Welche Körpersprache zeigt der andere? Nähert er sich auf eine Art und Weise, die friedliche Stimmung anzeigt? Schaut er vorsichtig, schüchtern oder ängstlich? Oder bewegt er sich kraftvoll und aggressiv? Wenn beide Hunde aufeinander zutraben, halten sie jeweils kurz auf Gesichtshöhe des anderen inne, um einmal kurz zu schnuppern. Manche Hunde lecken in dieser ersten Begrüßungsphase kurz über das Gesicht des anderen oder stupsen ihn mit der Nase an. Wenn ein Hund seinen Kopf oder Hals oder eine Pfote über die Schulter des anderen legt, wird dies als Bedrohung aufgefasst und kann in einem Kampf enden. Nicht alle Hunde begrüßen sich Schnauze an Schnauze, die meisten allerdings schon.

Bei einer freundlichen Begrüßung unter Hunden bewegen sich beide Hunde nach dem kurzen Kopf-zu-Kopf-Kontakt jeweils zum Hinterteil des anderen, um dieses zu beschnüffeln. So finden sie heraus, welches Geschlecht der andere hat, ob der andere Hund bereits bekannt ist oder ob er vielleicht ängstlich ist. Viele Hundebesitzer versuchen, solche Begrüßungen unter Hunden zu verhindern, weil es ihnen unschicklich vorkommt, wie die Hunde sich gegenseitig am Hinterteil beschnüffeln, aber dies gehört zur normalen Begrüßung unter Hunden und sollte keinesfalls unterbunden werden! Wenn Ihr Hund angeleint ist und einen anderen Hund begrüßen möchte, achten Sie darauf, die Leine so lang zu lassen, dass der Hund genug Rückzugsmöglichkeit hat, wenn er sich unwohlfühlt. Leider halten viele Menschen die Leine in dieser Situation viel zu kurz und stramm, sodass die Hunde keine Bewegungsfreiheit haben – was großen Einfluss auf Ablauf und Ausgang der Begrüßung haben kann!

Vergleichen Sie diese Hundebegrüßung einmal mit einer höflichen Begrüßung zwischen zwei Menschen: Man nähert sich dem anderen, stellt sich vor und streckt die Hand zur Begrüßung aus. Denken Sie daran: Hunde sprechen nicht so, wie wir es tun.

Eine höfliche Hundebegrüßung.

Wenn zwei miteinander befreundete Menschen sich begrüßen, sieht das anders aus als eine Begrüßung zwischen Fremden. Sie gehen direkt aufeinander zu und umarmen sich möglicherweise oder küssen sich sogar. Das Händeschütteln und die Worte zur Vorstellung sind nicht mehr nötig. Genauso unterscheidet sich auch die Begrüßung unter befreundeten Hunden von der unter fremden Hunden. Vielleicht bellt der eine Hund freudig aufgeregt, wenn er einen Hund sieht, den er kennt und mag. Zwei Hunde, die sich gut kennen, laufen oft direkt aufeinander zu, springen sich an und beginnen vielleicht sofort mit einem spielerischen Ringkampf. Sollte Ihr Welpe geradewegs auf einen fremden Hund zulaufen und ihn anspringen, so gilt das unter Hunden als enorm unhöflich – auch, wenn der andere Hund vielleicht freundlich ist. Aber man kennt sich ja schließlich nicht. Der so unhöflich angesprungene Hund könnte eine Verteidigungsreaktion oder Angst zeigen. Stellen Sie sich vor, Sie würden auf der Straße auf einen vollkommen fremden Menschen zusteuern, sich an ihn werfen und mit Armen und Beinen umklammern. Was dann passieren würde, können Sie sich vorstellen...

Hunde spielen auf viele verschiedene Arten miteinander.

Spielregeln unter Hunden

Hunde haben viele verschiedene Arten, miteinander zu spielen. Manche sind dabei körperlicher als andere: Sie ringen, schubsen oder rempeln gerne oder rollen sich mit Vergnügen auf dem Boden umher. Andere Hunde mögen so viel Körperkontakt nicht gern und spielen stattdessen lieber Fang-mich-Spiele. Wenn Hunde sich spielerisch jagen, versucht der Verfolger häufig, den Verfolgten zu stoppen oder festzuhalten, indem er seinen Fang zum Einsatz bringt. Manche Hunde ändern ihren Spielstil auch je nach den Vorlieben des Spielkameraden. Eine häufige, freundliche Geste, die Sie bestimmt schon einmal bei Hunden beobachtet haben, ist die Spielaufforderung: Der Hund lässt sich mit nach vorn gestreckten Vorderpfoten vorne herab, streckt das Hinterteil in die Luft und bewegt sich tendenziell leicht nach hinten. Oft werfen sich Hunde in betont spielerischer, fröhlicher Art geradezu in diese Position. So fordern sich Hunde gegenseitig zum Spielen auf und teilen dem anderen mit, dass sie Lust auf ein ausgelassenes Miteinander haben. In Spielsituationen betatzen sich die Hunde auch oft gegenseitig mit den Pfoten und drehen sich umeinander.

Die Individualdistanz

Die meisten Tiere (und auch Menschen) haben um sich herum einen bestimmten Raum, den man als »Individualdistanz« bezeichnet – sozusagen die Privatsphäre. Wird diese Distanz ungefragt unterschritten, fühlt man sich unwohl und bedrängt. Manche Hunde lassen Fremde nur bis auf sechs Meter an sich herankommen, bevor sie zurückweichen. Anderen macht es nichts, wenn der Fremde bis auf einen Meter an sie herankommt, und bei wieder anderen kann ein fremder Mensch sofort bis ganz zu ihnen hingehen. Wenn die Individualdistanz eines Hundes unterschritten wird, hat er drei Möglichkeiten: kämpfen, fliehen oder »einfrieren«. Das häufigste ist Flucht: Wenn der Hund die Möglichkeit dazu hat, wird er sich entfernen und damit die Individualdistanz wieder vergrößern. Oder aber er entscheidet sich zum Angriff und versucht, den unerwünschten Eindringling in seine Privatsphäre zu vertreiben.

Wie also kommen wir mit diesem in unserem Haus wohnenden Lebewesen zurecht, das unsere am häufigsten gebrauchte Art der Kommunikation – nämlich Sprache – nicht versteht? Ein Welpe versteht von Natur aus kein Deutsch. Wenn Sie versuchen, mit Ihrem Welpen über Worte zu kommunizieren, ist das so, als würden Sie zu einem Ausländer sprechen, der Ihre Sprache nicht versteht. Um effektiv zu Ihrem Hund sprechen zu können, müssen Sie ihm beibringen, dass Sie jeweils ein bestimmtes Verhalten seinerseits auf bestimmte Worte Ihrerseits erwarten. Wir werden gleich sehen, wie das geht und wie man Missverständnisse vermeidet.

Balgen und Spaß haben!

Kapitel 9

Wie Welpen und Kinder miteinander umgehen sollten

Jetzt verstehen Sie also, was der Hund Ihnen in seiner (Körper-)sprache sagen möchte und können dieses Wissen nutzen, um sich besser mit Ihrem Hund zu verständigen und Probleme zu vermeiden. Aber was sagt Ihre Körpersprache eigentlich dem Hund, wenn Sie mit ihm umgehen? Und noch wichtiger – was sagt die Körpersprache Ihres Kindes?

Das Verhalten erwachsener Menschen unterscheidet sich gravierend von dem, das kleine Kinder zeigen. Kinder sind sehr viel unvorhersehbarer in ihren Bewegungen. Im einen Moment gehen sie ruhig durchs Haus, um im nächsten plötzlich loszurennen. Noch kleinere Kinder können plötzlich hinfallen, weil sie noch nicht so geschickt im Laufen sind. Außerdem bewegen Kinder ihre Arme anders als Erwachsene: Meistens sind sie viel stärker in Bewegung und aktiver. Und Kinder haben noch kein Verständnis für die Individualdistanz: Sie kommen direkt an Ihr Gesicht, wenn sie Ihnen etwas sagen möchten. Lautstärker sind sie obendrein noch – sie weinen öfter und stoßen beim Spielen oft schrille Quietscher und Jauchzer aus, wenn sie sich über etwas freuen oder aufgeregt sind. Auf manche Welpen können diese kleinen Menschen ganz schön verstörend wirken. Für einen Hund ist es schon schwierig, aus der Körpersprache erwachsener Menschen schlau zu werden, aber wenn außerdem noch Kinder mit ins Spiel kommen, wird es für den Hund noch schwieriger. Es ist eigentlich nicht schwer zu verstehen,

Richtige Annäherung eines Kindes. Bringen Sie Ihrem Kind außerdem bei, immer um Erlaubnis zu fragen, bevor es sich einem Hund nähert.

wenn ein Hund dann verstört, ärgerlich oder ängstlich reagiert.

Sich dem Welpen nähern

Erinnern Sie sich noch, wie zwei freundlich gestimmte Hunde sich einander annähern sollten? Sie trotten entspannt aufeinander zu und beschnüffeln sich kurz gegenseitig im Gesicht. Wenn ein Hund sich entspannt und locker auf den anderen zu bewegt, wirkt das auch auf diesen entspannend. Und nun überlegen Sie einmal, wie Kinder sich normalerweise bewegen: Nicht unbedingt ruhig, kontrolliert und entspannt! Wenn Sie sich einem freundlichen Hund nähern, sollten Sie dabei ruhig und normalen Schrittes, aber nicht zögerlich oder zu langsam auf ihn zugehen. Bringen Sie Ihren Kindern bei, wie man sich einem Hund nähert. Halten Sie sich gerade und gehen Sie ruhig auf den Hund zu. Sagen Sie Ihren Kindern, dass sie unbedingt immer um Erlaubnis fragen müssen, bevor sie sich einem fremden Hund nähern. Nicht alle Hunde mögen Menschen, erst recht, wenn es sich dabei um fremde Kinder handelt.

Im Verständnis von Kindern ist es eine freundliche Geste, wenn sie mit vorgebeugtem Oberkörper und ausgestrecktem Arm auf einen Hund zugehen. Viele Hunde empfinden aber dieses Vorbeugen als extrem unangenehm, auch, wenn es sich dabei um Familienangehörige handelt. Wir haben ja eben schon gesehen, dass es unter Hunden als Bedrohung aufgefasst wird, wenn einer sich über den anderen lehnt.

Außerdem dringen Sie so in die Privatsphäre des Hundes ein und unterschreiten seine Individualdistanz. Viele Hunde bekommen Angst, ducken sich oder ziehen sich zurück, wenn sich ihnen ein Mensch in einer solchen vorgebeugten Haltung nähert. Bei Welpen ist es deshalb oft hilfreich, in die Knie zu gehen oder sich mit aufrechtem Oberkörper auf den Boden zu hocken, anstatt sich von oben über sie zu beugen.

Rennen unerwünscht

Die meisten hundeliebenden Kinder nähern sich Hunden schnell und zielstrebig. Oft rennen sie sogar mit ausgebreiteten Armen auf den Hund zu. Für einen Welpen, der Kinder nicht gewohnt ist, kann dies ziemlich beängstigend sein, besonders, wenn mehr als ein Kind angelaufen kommt. Der Welpe könnte meinen, dass die Kinder ihn angreifen wollen. Auch wenn ein Kind plötzlich aus einem anderen Zimmer hereingestürmt kommt, kann das den Welpen ängstigen oder aufregen. Vielleicht will das Kind gar nicht einmal zum Hund hin, aber der weiß das ja nicht. Noch schlimmer für den Welpen ist es, wenn er gerade geschlafen oder gedöst hat. Er bekommt Angst und läuft vielleicht weg, das Kind hinter ihm her, oder aber der Welpe wird so angestachelt, dass er das Kind jagt und versucht, es mit Anspringen anzuhalten. Oder er fasst sogar mit dem Fang nach den wedelnden Kinderarmen. Versuchen Sie deshalb unbedingt, Ihren Kindern nahezulegen, dass sie im Haus nicht rennen sollen und sorgen sie gleichzeitig dafür, dass der Hund so viel Bewegung und Beschäftigung hat, dass er im Haus ruhig und zufrieden ist und deshalb weniger Lust verspürt, in Jagdspiele mit einzusteigen.

Bringen Sie Ihrem Kind bei, *immer um Erlaubnis zu fragen,* bevor es sich einem fremden Hund nähert.

Anfassen und streicheln

Warum passiert es, dass Kinder so oft mit Fang und Zähnen eines Welpen an ihren Händen und Armen Bekanntschaft machen, wenn sie ihn nur ganz einfach streicheln wollen? Heißt das, dass Sie einen bösartigen, gefährlichen Hund haben? Das ist unwahrscheinlich.

Wenn Erwachsene einen Welpen streicheln, halten sie ihm in der Regel erst ruhig ihre Hand zum Beschnüffeln hin, bevor sie ihn berühren. Wenn Kinder Welpen zu streicheln versuchen, halten sie ihre Hände typischerweise erst sehr hoch und bewegen sie dann vorsichtig und langsam nach unten, wobei sie oft die Hände noch regelrecht über dem Kopf des Hundes schweben lassen. Häufig zögern die Kinder in ihrer gesamten Bewegung, so, als ob sie sagen wollten »Ich würde diesen Welpen da ja gerne streicheln,

Zeigen Sie Ihrem Kind, wie man den Welpen richtig und gelassen in aller Ruhe streichelt.

aber ich bin ein bisschen unsicher.« Die langsame und zögerliche Handbewegung führt bei den meisten Welpen dazu, dass sie ihren Kopf der Hand entgegenstrecken. Sobald die Kinder den Kopf mit dem Maul ihren Händen entgegenkommen sehen, ziehen sie diese nach oben weg und quietschen dabei auch noch möglicherweise. Das wiederum stachelt den Welpen an und aus dem Streichelversuch wird ein lustiges Spiel (jedenfalls nach Meinung des Welpen): Die Hand geht immer wieder rauf und runter und der Welpe hüpft auf und ab, um sie zu kriegen. Diese Situation kann schnell außer Kontrolle geraten, je weiter der Welpe »aufdreht«. So kann der harmlose Versuch des Kindes, den Welpen streicheln zu wollen, dazu führen, dass es Hundezähne an seinen Händen und Armen spürt. Das nächste Mal wird das Kind dann noch zögerlicher sein, wenn es den Welpen streicheln möchte! Das leicht zögerliche Verhalten beim Streicheln ruft bei manchen Welpen auch eine ängstliche Reaktion hervor, weil sie nicht einschätzen können, was das Kind als Nächstes tun wird. Besonders häufig ist das bei Welpen der Fall, die Kinder nicht gewohnt sind. Möglicherweise denkt sich der Welpe so etwas wie »Wird diese Hand mich berühren oder nicht? Warum bewegt die Hand sich so?« Ein schüchterner oder scheuer Welpe zieht sich vielleicht zurück, kauert sich hin oder geht dem Kind aus dem Weg. Das Kind wiederum macht vielleicht einen forscheren Vorstoß, weil der Welpe sich zurückzieht. Der Welpe bekommt noch mehr Angst und das Kind ist frustriert. Vermeiden Sie es deshalb möglichst, Kind und Welpen in diese Situation zu bringen!

Wie Kinder streicheln sollen

Zeigen Sie Ihren Kindern, wie sie richtig streicheln sollen: Mit tiefen Händen und indem sie ihre Arme entspannt am Körper herabhängen lassen. Die Hand soll sich dem Hundegesicht gerade auf Nasenhöhe und in normaler Geschwindigkeit nähern, damit der Welpe dran schnuffeln kann.

Anschließend kann die Kinderhand weiter wandern, um an den Kopfseiten, Hals, unter dem Kinn und über den Rücken zu streicheln. Den meisten Kindern muss man zeigen, wie das geht. Führen Sie dazu ein paar Mal die Kinderhand in ihrer eigenen. Wenn der Welpe gerade liegt, zeigen Sie dem Kind, wie es sanft dessen Bauch massieren kann. Wenn die Annäherung richtig geschieht, wird ein gut erzogener Welpe sich kontrollieren und seine Zähne von der Kinderhand fernhalten.

Sehr kleine Krabbelkinder wissen noch nicht, was Streicheln ist, sondern sie machen stattdessen klopfende und tätschelnde Bewegungen. Zeigen Sie ihnen, wie sie sanft tätscheln, ohne den Welpen dabei zu verhauen. Vielleicht können sie es zuerst an einem Stofftier üben, das anstelle des Welpen den Lernprozess mitmacht.

Kinder, die den Umgang mit Hunden nicht gewohnt sind, haben fast immer Respekt vor dem Hundekopf (und den vielen Zähnen, die damit auf sie zukommen). Oft versuchen sie, einem Hund nur über das schöne weiche Fell an Hals oder Rücken zu streicheln, stellen aber dann fest, dass der Hund jedes Mal den Kopf nach ihrer Hand umdreht. Erklären Sie den Kindern, dass der Hund schnüffeln oder vielleicht auch zärtlich an ihrer Hand lecken möchte, damit sie wissen, was sie zu erwarten haben.

Pieksen und Ziehen gehören *nicht* zum Streicheln

Erklären Sie den Kindern unbedingt, dass sie niemals an Ohren, Schwanz oder Haaren des Hundes ziehen dürfen. Dies sind keine Griffe, um einen Hund daran festzuhalten, auch nicht, wenn er weglaufen möchte. Kinder sind oft fasziniert von Nasen, Augen, Ohren und Mäulern und möchten diese mit den Fingern berühren. Oder sie versuchen, dem Welpen einen Finger ins Ohr zu stecken oder an seiner heraushängenden Zunge zu ziehen. Solche Dinge geschehen viel öfter, als Sie denken! Beaufsichtigen Sie also ein Kind, das Ihren Welpen streicheln möchte – zur Sicherheit des Welpen und der des Kindes.

Den Welpen hochheben

Die meisten Kinder möchten einen Welpen auf den Arm nehmen und her-

Generelle Regel: Kinder sollten Welpen nicht hochheben und herumtragen.

umtragen. Sie haben selbst die Erfahrung gemacht, von Erwachsenen hochgehoben, festgehalten und umhergetragen zu werden und fanden das wahrscheinlich angenehm. Jetzt möchten sie verständlicherweise das Gleiche auch für den Welpen tun. Ein von einem Kind hochgehobener Welpe versucht möglicherweise, sich durch Strampeln, Zappeln oder sogar Beißen zu befreien – und das Kind lässt ihn fallen. Weil Kinder einfach nicht wissen, wie man einen Welpen richtig hochhebt und sich nicht bewusst sind, dass sie ihm dabei wehtun können, sollten Sie es ihnen nicht gestatten.

IHR JOB

Aufpassen, aufpassen, aufpassen

Als Lynns Welpe neun Wochen alt war, brachte ihr Sohn eines Tages zwei Freunde mit nach Hause. Sie war dabei und beaufsichtigte, wie die Kinder den Welpen begrüßten, dann begannen die Jungs miteinander zu spielen und achteten nicht mehr auf den Welpen. Sie drehte sich nur für einen Moment um, als sie den Welpen laut aufjaulen hörte. Als sie sich umdrehte, sah sie, wie der Welpe auf den Boden gedrückt wurde – eines der Kinder hatte versucht, ihn hochzuheben und ihm dabei wehgetan oder ihn erschreckt. Wenn so etwas öfter vorkommt, ist die Wahrscheinlichkeit groß, dass der Welpe kein Vertrauen mehr zu Kindern hat und Angst bekommt.

Es gibt keinen Grund für ein Kind, einen Welpen vom Boden hochzuheben. Erklären Sie ihm, dass das dem Welpen unangenehm ist oder sogar wehtut. Erklären Sie es möglichst so, dass Ihre Kinder es verstehen können. Wenn sie den Welpen halten möchten, sollen sie sich lieber auf den Boden setzen und Sie helfen dann dabei, den Welpen auf ihren Schoß zu setzen.

FALLBEISPIEL

Der Welpe, der nicht hochgehoben werden wollte

Einmal kam eine Familie mit einem vier Monate alten Cockerspaniel-Pudel-Mischling zu uns. Sie hatte diesen Welpen namens Sandy, seit er acht Wochen alt war. Das Ehepaar erklärte, es mache sich Sorgen wegen Sandys Verhalten: Sie versuchte neuerdings, nach ihren Händen zu schnappen und knurrte, wenn sie sich zu ihr hinabbeugten und sie aufheben wollten. Im Gespräch fanden wir heraus, dass das Paar drei kleine Kinder hatte und dass diese Sandy ständig hochnahmen. Sie wurde hochgehoben, um aufs Sofa gesetzt zu werden, um vom Sofa herunter gesetzt zu werden, auf den Schoß gesetzt zu werden, auf den Boden gesetzt zu werden, nach draußen gebracht zu werden, einfach nur im Arm gehalten zu werden und so weiter. Dieser arme Welpe wurde so oft hochgehoben, dass er schon nach kurzer Zeit deutlich zu verstehen gab, dass er die Nase davon voll hatte!

Festhalten und Umarmen

Wir Menschen halten und umarmen gerne alle, die wir mögen. Es ist auch eine natürliche Reaktion für uns, unsere Kinder zu halten und zu umarmen, und genauso natürlich ist es deshalb, dass wir sie auch in diesem Verhalten bestärken. Mit unseren Umarmungen drücken wir aus, wie sehr wir uns um unsere Kinder sorgen und sie lieben. Und so ist es auch nicht weiter überraschend, dass Kinder das Gleiche mit ihrem niedlichen, knuddeligen Welpen tun möchten, den sie so heiß lieben. Kleine Mädchen zeigen dieses Verhalten öfter als Jungen.

Umarmen und Festhalten sind sehr körperliche Handlungen. Unter Hunden wird aber körperliche Kraft zum Halten eines anderen nur dann eingesetzt, wenn man ihn kontrollieren möchte (wenn zum Beispiel ein

Hund einen anderen zu Boden drückt). Für den festgehaltenen Hund ist das kein Spaß oder Spiel. Zwar kann es auch im Spiel vorkommen, dass sich ein Hund plötzlich auf dem Boden wiederfindet, aber wenn er aufstehen möchte, wird der andere ihn lassen. Nicht dagegen so, wenn ein Hund den anderen deshalb auf dem Boden hält, weil er ihn kontrollieren möchte. Was meinen Sie also, was Ihr Welpe empfindet, wenn Ihre Kinder auf ihm drauffliegen und ihn umarmen? Die Kinder möchten einfach nur mit dem Hund kuscheln oder vielleicht auch ein kleines Ringkämpfchen mit ihm machen (besonders kleine Jungs neigen dazu). Ein älterer, schon kindergewohnter Hund hat vielleicht gelernt, dieses Verhalten zu tolerieren, was aber noch lange nicht heißt, dass er es mag!

Warnsignale

Ein Hund versteht vermutlich nicht, warum ein Kind ihn festhält. Möglicherweise gibt er ihm ein Warnsignal, um ihm mitzuteilen, dass er dieses Verhalten nicht mag. Es kann darin bestehen, dass er aufzustehen versucht, er kann die Lefzen zurückziehen, knurren oder sogar in Richtung des Kindes in die Luft schnappen. Werden diese Warnsignale nicht beachtet, wird der Hund immer ängstlicher, frustrierter oder aggressiver und versucht schließlich möglicherweise durch Beißen, das Kind von sich herunter zu bekommen. Vergleichen wir das einmal mit einer Konfrontation zwischen zwei Menschen: Wenn ein Fremder sehr nah an Ihr Gesicht herantritt, bitten Sie ihn vielleicht zuerst, ein Stück zurückzugehen. Tut er das nicht, versuchen Sie vielleicht, auszuweichen. Wenn der Fremde dann näher kommt und Sie am Arm packt, stoßen Sie ihn vielleicht fort. Funktioniert auch das nicht, werden Sie schreien, in Panik geraten, kämpfen oder fliehen. Warnsignale eskalieren zu etwas Ernsthaftem. Oft behaupten Menschen, dass ein Hund ohne Vorwarnung gebissen habe, aber das stimmt fast nie. Vielmehr ist es meistens so, dass der Hund sehr viele Warnsignale gegeben hat, aber niemand sie erkannt und beachtet hat. Und kleine Kinder können auf keinen Fall die Warnsignale eines Hundes verstehen!

Kleinere Kinder können Warnsignale des Hundes noch nicht verstehen.

FALLBEISPIEL

Der Welpe, der nicht festgehalten werden wollte

Pia beriet einmal eine Kundin mit zwei kleinen Töchtern: Emily, 8 Jahre, und Leanne, 11 Jahre. Sie hatten einen anderthalb Jahre alten Shi-Tzu Rüden namens Winston, den sie im Alter von 6 Monaten von einer Familie mit zwei kleinen Jungen im Krabbelalter übernommen hatten. Emily war von Winston so in die Lippe gebissen worden, dass sie mit sieben Stichen genäht werden musste. Nach langen Gesprächen stellte sich heraus, dass Emily Winston sehr oft festhielt – mehr als alle anderen Familienmitglieder. Sie liebte ihn und wollte ihn im Arm halten. Wenn er auf dem Sofa oder dem Boden lag, setzte sie sich dazu und umarmte ihn. Der Tag, an dem Winston biss, war für ihn ein besonders stressiger gewesen, weil er gerade bei einem neuen Hundefriseur gewesen war. Emilys Mutter merkte, dass Winston alles andere als glücklich war, als sie ihn wieder im Hundesalon abholte. »Er war gar nicht mehr er selbst,« sagte sie. Winston hatte also an diesem Tag schon genug davon, von Menschen angefasst zu werden. Und als er nach Hause kam, konnte er sich nicht einfach ausruhen und schlafen, sondern musste Emilys ständige Umarmungen aushalten. Sie fand ihn mit dem neuen Haardress besonders schön und konnte einfach nicht anders. Sie setzte sich neben ihn aufs Sofa, beugte sich über ihn und begann ihn zu streicheln und zu umarmen. Winston hatte Warnsignale gegeben (er versuchte, freizukommen, drehte sich weg und zog die Lefzen hoch), aber Emily verstand sie nicht. Winston wurde schließlich immer genervter und schnappte in Richtung Emily in die Luft, ohne die Absicht, sie dabei wirklich mit den Zähnen zu berühren. Emily erschreckte sich und fuhr zurück, wollte Winston aber dann davon überzeugen, dass sie ihn immer noch liebte und umarmte ihn wieder. Und da alle seine vorherigen Warnungen nicht geholfen hatten, beschloss Winston nun, etwas deutlicher zu werden und tatsächlich zu beißen. Und da Emilys Gesicht direkt an seinem war, wurde sie in die Lippe gebissen. Die Mutter regte sich sehr über den Vorfall auf und bestrafte Winston streng, aber erst lange nach dem Geschehen. Aus Winstons Perspektive hatte die erwachsene

Frau, der er vertraute, den Verstand verloren – wofür in aller Welt bestrafte sie ihn? Er schlief zu dem Zeitpunkt, als sie ihn bestrafte. Aber wir können auch nicht einfach die Mutter beschuldigen. Sie war verständlicherweise sehr aufgeregt, besorgt um ihr Kind und traurig wegen der Vorstellung, diesen Hund vielleicht weggeben zu müssen.

Immer, wenn ein Hund einen Menschen beißt, ist das eine fürchterliche Erfahrung für alle Beteiligten. Wenn Kinder gebissen werden, dann leider sehr häufig ins Gesicht, was besonders erschreckend und furchteinflößend ist. Kinder werden eher ins Gesicht gebissen, weil sie einfach mit ihrem Gesicht näher am Hund sind – besonders dann, wenn sie ihn streicheln und umarmen. Wenn man ein Kind und einen Hund miteinander alleine lässt, und sei es nur für eine Minute, kann das zu einem ernsthaften Problem für das Kind, den Hund oder beide führen.

Ein Hund kann zwar in der Lage sein, eine Umarmung von einem Kind zu ertragen, aber ständiges Angefasst- und Festgehaltenwerden kann unangenehm, beängstigend oder einfach nervig für den Hund sein. Manche Hunde empfinden solche Umarmungen sogar als Drohgeste.

Raufen, Ringen und wildes Spielen

Diese Formen körperlicher Interaktion wecken sowohl in Kindern als auch in Hunden Konkurrenzstreben und führen zu Wettspielen, bei denen es einen Sieger und einen Verlierer gibt. Vor allem Jungen werden irgendwann in ihrem Leben in irgendeine Art von Rauferei, Ringkampf oder in ein ähnlich raues Spiel verwickelt. Auch beim Fußball wird der Gegner herausgefordert, nur eben mit dem Ball. Die meisten Hunde ermüden bei solchen Aktivitäten relativ schnell und geben zu verstehen, wann sie genug haben. Während Erwachsene eher ein Gefühl dafür haben, wann es reicht, ist das bei Kindern nicht der Fall. Vermeiden Sie deshalb diese Art von Wettspielen unbedingt. Es gibt keinen Grund dafür, so mit einem Hund umzugehen.

Kreischen, Schreien und Wutanfälle

Kinder machen sich mit der Stimme bemerkbar, wenn sie etwas möchten oder brauchen. Je nach Alter variiert das von Weinen über Betteln und

Schreien oder Kreischen bis hin zu – Gott sei Dank auch das – ruhigem Fragen. Wenn der Lärmpegel in einem Haushalt ansteigt, steigt der Aufregungspegel mit. Denken Sie einmal daran, wie laut es an einem Kindergeburtstag zugeht oder an Weihnachten, wenn die Geschenke ausgepackt werden. Es ist viel lauter und unruhiger als sonst. Nach einer Weile beginnen die hohen Kinderstimmen wahrscheinlich auch an Ihren Nerven zu zerren. Wie soll es dann erst ein Hundewelpe empfinden?

Kontollieren Sie den Geräuschpegel in Ihrem Haus.

Er muss nicht nur die übermäßige Energie der Kinder aushalten, sondern zusätzlich auch noch den Stress, den Sie dabei empfinden. Manche Welpen kommen mit dem von Kindern verursachten Geräuschpegel so schlecht zurecht, dass sie letzten Endes Kindergruppen grundsätzlich als Bedrohung empfinden. Natürlich sind Kinder nun einmal so, aber je besser Sie den Lärmpegel im Haus kontrollieren können, desto besser. Schicken Sie die Kinder möglichst in ein eigenes Spielzimmer oder nach draußen, damit Ihre Nerven und die des Hundes sich beruhigen können.

Wenn Kindern frustriert, ärgerlich, enttäuscht oder wütend sind, bekommen sie oft regelrechte Wutanfälle: Sie kreischen, schreien, hüpfen auf und ab oder werfen sich auf den Boden und treten mit den Füßen in die Luft. Solche kindlichen Wutanfälle treten typischerweise im Alter zwischen ein und drei Jahren auf und sind ein ganz normaler Teil der Entwicklung, während die Kinder Selbstkontrolle lernen. Sie sind für das Kind ein Ventil, um Dampf abzulassen. Wenn nun aber noch ein Welpe mit ins Spiel kommt, haben Sie alle Hände voll zu tun. Vielleicht bekommt Ihr Kind einen Wutanfall aus Frustration, weil Welpen in der Regel nicht gerne auf Kinder hören – schon gar nicht auf kleine unter sechs Jahren. Die Eltern können meistens schon vorhersehen, wann ein Wutanfall bevorsteht: Das Kind erscheint launisch, mürrisch oder schwierig. Versuchen Sie dann möglichst, den Welpen von der Bildfläche zu entfernen und das Kind von ihm abzulenken. Schlagen, treten, mit Sachen werfen oder anhaltendes Schreien sollten in der Nähe des Welpen nicht toleriert werden. Möglicherweise ist dann eine kurze »Auszeit« für das Kind vonnöten, um den Welpen in Sicherheit zu bringen und sicherzustellen, dass er keine Angst vor dem Kind und dessen Handlungen bekommt.

Bringen Sie Ihren Kindern bei, dass Welpen verletzlich sind und man vorsichtig mit ihnen umgehen muss.

Krabbelkinder

Ein auf dem Fußboden umherkrabbelndes Kind kann für einen jungen Hund ziemlich interessant sein. Es ist für den Hund krabbelnd oder liegend in der idealen Position, um eingehend von ihm untersucht zu werden: Er kann es bequem beschnüffeln, ablecken, darüber steigen oder darauf springen (was dem Kind wehtun könnte). Der Hund kann das krabbelnde Kind als einen Spielgefährten auffassen und es folglich sanft mit den Zähnen zwicken oder mit den Pfoten (und den scharfen Krallen daran) nach ihm tatzen. Wir haben bereits darüber gesprochen, wie schwierig es für einen Hund sein muss, unsere Körpersprache und die unserer Kinder zu verstehen. Ein krabbelndes Kind ist eine zusätzliche Herausforderung für ihn: Vermutlich betrachtet er es nicht genauso wie ein Kind, das schon laufen gelernt hat. Ein krabbelndes Kind ist auf seiner Augenhöhe und kann direkt zu seinem Futternapf krabbeln, während er frisst oder zu ihm gekrabbelt kommen, wenn er gerade an seinem Lieblingsknochen nagt. Das Kind erscheint ihm als Bedrohung und der Hund empfindet das Bedürfnis, sein kostbares Eigentum zu verteidigen. Wenn ein Hund einen anderen herausfordert, tut er das häufig in einer geduckten, lauernden Position, nimmt direkten Blickkontakt auf und bewegt sich langsam direkt auf ihn zu, wobei er ihn die ganze Zeit über ansieht. Ein Kind, das auf einen Hund zukrabbelt, nimmt möglicherweise die gleiche Position ein, obwohl es natürlich überhaupt nicht die Absicht hat, den Hund herauszufordern.

Ständige Aufsicht ist deshalb ein Muss, wenn Sie ein Kleinkind und einen Hund im Haus haben. Verlassen Sie sich nicht auf Ihr Glück und gehen Sie nicht davon aus, dass die beiden schon miteinander auskommen werden. Vorsicht ist besser als Nachsicht – und lassen Sie immer gesunden Menschenverstand walten!

Ständige Aufsicht ist ein Muss, wenn Sie ein Kleinkind und einen Hund im Haus haben.

Wie ältere Kinder spielen

Wenn Kinder älter werden, ändert sich natürlich auch ihre Art zu spielen. Viele größere Kinder spielen sportliche Wettkampfspiele wie z.B. Ballspiele, in denen es um Gewinnen und Verlieren geht. Sie haben mehr Kontrolle über sich selbst und ihre eigenen Bewegungen als kleinere Kinder, aber es kann sein, dass ihr Wunsch, das Spiel zu gewinnen oder den Hund zu kontrollieren, das Verhältnis zum Hund beeinflusst. Wenn Sie ältere Kinder haben, empfehlen wir Ihnen unbedingt, sie zusammen mit dem Hund in eine Hundeschule zu schicken. So lernen sie, wie sie ohne Gewaltanwendung Kontrolle über den Hund ausüben können und beide lernen, respektvoll und anständig miteinander umzugehen.

Grundsätzlich ist es unverzichtbar, Erziehungsarbeit mit ins Spiel einzubauen. Wenn Ihr Kind zum Beispiel mit dem Hund Tauziehen spielt, sollte es dem Hund beibringen, den Gegenstand auf Aufforderung jederzeit loszulassen, sich zwischen den einzelnen Zerrspielen hinzusetzen oder zu legen und das Spielzeug nur nach Erlaubnis zu nehmen. So hat Ihr Kind die Kontrolle über das Spiel und beide können ihren Spaß haben!

Welpen sind leicht verletzlich

Kinder müssen lernen, dass Welpen genau wie menschliche Babys verletzliche und empfindliche Wesen sind. Sie bekommen schnell Angst und erschrecken sich leicht vor schnellen, plötzlichen Bewegungen. Sie lassen sich leicht verletzen, wenn man sie fallen lässt, umrempelt oder sie versehentlich tritt. Zeigen Sie Ihren Kindern deshalb, wie sie sich im Umfeld des Welpen richtig benehmen und wie man mit Hunden verschiedenen Alters und verschiedener Größe umgeht. Noch einmal: Ihr Hund muss es sich nicht gefallen lassen, pausenlos angefasst, festgehalten oder sogar gequält zu werden.

Manche Hunde haben mit Kindern mehr Nachsicht als andere. Wenn Sie ein schlechtes Gefühl mit dem haben, wie Ihr Hund sich verhält oder nicht wissen, ob er wirklich droht oder doch nur freundlich ist, fragen Sie unbedingt einen Spezialisten auf dem Gebiet.

Kapitel 10

Mit Welpen spielen

Sie werden nicht viel Erfolg damit haben, einen Fünfjährigen davon zu überzeugen, dass Welpen keine Spielzeuge zum Aufziehen sind. Noch schwieriger wird es, einen zehn Wochen alten Welpen davon zu überzeugen, dass Ihre Kinder keine kleinen Wesen sind, denen man hinterherjagt und mit denen man spielt wie mit Stofftieren. Andererseits gibt es kaum etwas Schöneres als den Anblick von einem Kind und einem Welpen, die zu einer Kugel aneinander gekuschelt friedlich und zufrieden schlafen oder ihnen zuzuschauen, wie sie als gleichberechtigte Kameraden einträchtig miteinander spielen und Spaß haben. Dieses Vergnügen werden Sie allerdings nie erleben, wenn Sie Kind und Welpen nicht beibringen, wie sie diesen Weg der Harmonie gehen können.

Der Umgang und das Spiel mit Hunden kann das Selbstvertrauen von Kindern stärken, sie Verantwortungsbewusstsein lehren, ihnen zeigen, was Mitgefühl ist und sie erfahren lassen, welch starkes Band zwischen Mensch und Hund bestehen kann. Aber setzen Sie nie voraus, dass Ihr Kind von sich aus weiß, was Sie von ihm erwarten, wenn es mit dem Welpen umgeht (das Gleiche gilt für den Welpen). Damit wäre der Misserfolg schon vorprogrammiert. Ihr Welpe hat keine Ahnung davon, wie man mit Kindern umgehen soll, schon gar nicht während eines Spiels, wenn alle ein bisschen aufgedreht sind. Auch die Kinder wissen nicht, wie man mit einem Welpen umgehen muss, bis Sie es ihnen zeigen. Welpen können opportunistisch sein

– bestimmt von ihren Instinkten und nicht von »richtig« oder »falsch«. Und selbst wenn sowohl Kind als auch Welpe die von Ihnen aufgestellten Regeln verstehen, heißt das noch lange nicht, dass sie sie auch immer befolgen.

Vielleicht sind Kind und Welpe eines Tages mal ein bisschen überdreht, weil sie bei schlechtem Wetter zu lange im Haus bleiben mussten. Sie hatten nicht genug Bewegung und konnten ihre aufgestaute Energie nicht loswerden. Das Ergebnis ist, dass Ihre sorgfältig ausgedachten Spielregeln nicht befolgt werden. Das Kind verliert jede Selbstkontrolle und bricht in einen wilden Anfall aus. Auch der Welpe hält sich nicht mehr im Zaum und springt das Kind umso mehr an oder schnappt sogar nach ihm je mehr es kreischt. Jetzt hat niemand mehr Spaß, Sie schon gar nicht. Kein guter Weg, um dauerhaft gute Spielkameraden zu werden oder Ihre Nerven zu schonen.

Die Lösung liegt darin, jedes Kind mit seinen Fähigkeiten und Interessen als Individuum zu betrachten. Wenn man verallgemeinernd sagt, dass Kinder verstehen, was sie mit Welpen machen können und was nicht, führt das zwangsläufig zu Misserfolg und Frustration.

FALLBEISPIEL

Das Problem mit den wilden Spielen

Bei Pia suchte kürzlich eine Mutter wegen ihres Sohnes Tommy und dessen Verhalten gegenüber ihrem Welpen Rat. Sie meinte, dass Tommy gar nicht auf sie höre, obwohl sie ihm schon so oft erklärt hatte, wie er mit dem neu ins Haus gekommenen Welpen spielen sollte. Und sie hatte Recht! Als Pia Tommy und dem Welpen beim Spielen zusah, tat ihr der Welpe sofort leid. Das Spiel sah aus wie eine Weltmeisterschaft im Ringkampf, nur leider völlig außer Kontrolle geraten und dass der Welpe wie ein Gegenstand behandelt wurde. (Der einzige Unterschied war, dass niemand seinen Favoriten anfeuerte.) Der eine oder andere würde, das stand fest, bei diesem »Spiel« irgendwann verletzt werden. Die Hauptsorge war, dass der Welpe Tommy oder ein anderes Kind irgendwann beißen würde, wenn es so weiterginge. Tommy hatte Schwierigkeiten damit, zu verstehen, was Verantwortung ist, er hatte kein Mitgefühl für den Welpen und das Verhältnis zwischen ihm und dem Hund verschlechterte sich schnell.

Wie sich herausstellte, förderte Tommys Vater (der selbst einen erwachsenen Hund hatte) dieses Verhalten bei seinem Sohn, wenn dieser ihn besuchte, weil er selbst genau so mit seinem eigenen Hund spielte. In der Beratungsstunde ahmte Pia an Tommy selbst nach, wie er mit dem Welpen umging – und dieser verstand ziemlich schnell, wie sich das Spiel für den Welpen anfühlen musste. Jetzt war Tommy bereit, auf Pias Ratschläge zu hören. Da Mädchen und Jungen unterschiedlich spielen (siehe unten), war es sinnlos, von Tommy zu erwarten, er würde von nun ab lieb und zärtlich mit dem Welpen spielen. Er musste nicht lernen, wie ein Mädchen, sondern wie ein wohlerzogener Junge zu spielen. Und wir mussten eine Motivation für ihn finden, die ihn dazu brachte, sich an die Regeln zu halten.

Wir zeigten ihm ein paar lustige Spiele und landeten schließlich bei albernen Namen für Dinge, die der Hund tun sollte, die Tommy so zum Lachen brachten, dass er sich auf dem Boden kugelte. Jetzt hatte Pia seine Aufmerksamkeit und konnte mit ihm arbeiten. Sie begannen mit Übungen wie »Platz«, bei denen der Hund passiv sein sollte, nur nannten sie es nicht »Platz«, sondern »Platsch«. Nach jedem erfolgreichen »Platsch« klatschten sich die beiden in die Hände und Tommy durfte zur Belohnung mit Pia (nicht dem Welpen!) Schattenboxen spielen. Wurde Tommy dabei zu wild oder berührte Pia (Impulskontrolle), hörte seine Belohnung sofort auf. Der Welpe sollte schließlich während des Schattenboxens »Platsch« oder »Eiszapfen« (bleib) machen. Dann gab Tommy dem Welpen ein Leckerchen und warf ihm einen Spielball zu. Er lernte, wie er den Welpen zum Stillhalten bringen konnte und der Welpe lernte, wie er aus einer passiven Position heraus und ohne Aufregung zuschauen konnte, wenn Tommy aktiv war. Körperkontakt zwischen Tommy und dem Welpen war erst dann erlaubt, wenn Tommy ihn nett streichelte und der Welpe auf ihn hörte und keine Anstalten machte, nach Tommy zu beißen. Schon bald führte Tommy seine neuen Tricks voller Stolz seinem Vater vor und wollte dessen erwachsenem Hund die gleichen Tricks beibringen.

Wie Hunde spielen

Spiel ist ein wichtiger Teil des Hundeverhaltens.

Hunde werden nicht mit dem Verständnis für menschliches Verhalten und insbesondere dem von Kindern geboren. Vielmehr lernen sie langsam durch Beobachtung und Umgang mit uns, und zwar sowohl im Guten wie auch im Schlechten. Eltern meinen oft, dass Welpen Kinder als Rudelgeschwister betrachten würden. Das mag zwar oberflächlich so aussehen, stimmt aber nicht. Sie wissen genau, dass die Kinder zu einer anderen Art gehören, aber dass ihr Verhalten sich sehr von dem erwachsener Menschen unterscheidet. Weil Kinder von Natur aus verspielt und eben kindlich sind, lassen sich Welpen gerne von ihrem Benehmen anstecken. Überlegen Sie einmal, wie Ihr Welpe reagiert, wenn Sie sich zu ihm auf den Fußboden herablassen und sich auf eine Art und Weise benehmen, von der Sie lieber möchten, dass nur Ihre engsten Familienmitglieder sie miterleben: Der Welpe wird ganz aufgeregt und beginnt zu springen, spielerisch mit den Zähnen nach Ihnen zu fassen und Ihre Kleider zu packen. Wenn dieses Treiben nicht beendet wird, gerät es irgendwann ziemlich leicht außer Kontrolle. Das Ganze ähnelt sehr dem, wie Wurfgeschwister miteinander spielen. Der Welpe spielt also mit uns wie mit einem Hund, so, wie er das früher mit seinen Geschwistern getan hat. So spielen Hunde, und sie nehmen dabei keine Rücksicht, ob ihr Spielpartner ein Kind oder ein erwachsener Mensch ist.

Hundetrainer können Stunden damit verbringen, Welpen und erwachsenen Hunden beim Spielen untereinander zuzuschauen. Wenn Sie schon ein Verständnis von Körpersprache und Sozialverhalten der Hunde haben, kann das Spiel von gut sozialisierten Hunden für Sie aussehen wie ein regelrechter Tanz. Wie wir schon in Kapitel 1 gesehen haben, beginnen Welpen sehr früh in ihrem Leben zu spielen. Im Wurf lernen sie eine ganze Menge durch den Umgang mit ihren Geschwistern. Sie handeln Dominanz und Unterordnung aus, sie lernen etwas über Kraft, Schnelligkeit, Beweglichkeit und vieles mehr.

Spiel ist ein wichtiger, wertvoller Aspekt des Hundeverhaltens und viel durchschaubarer, als man allgemeinhin denkt. Welpen zeigen viele Arten von Beschwichtigungsverhalten, die sie sehr früh im Spiel mit ihren Wurfgeschwistern lernen und üben. Diese Verhalten sind sehr wichtig, damit ein Hund sozial korrekt mit anderen interagieren kann. Geglückte spielerische Interaktionen sind das Ergebnis vom Vertrauen, Toleranz, dem Wissen um Grenzen und Regeln und der Fähigkeit zur Beißhemmung. Spiel beinhaltet

Spaß, Aufmerksamkeit, Zuneigung, konkurrierende Fähigkeiten, Gefühlskontrolle und Risiken. Es ist absolut wichtig, dass Sie Ihrem Welpen so viel Gelegenheit zum Spielen wie möglich geben, und zwar nicht nur mit anderen, gut sozialisierten Welpen und Hunden, sondern auch mit Erwachsenen und Kindern.

Ein Agilityverein in Ihrer Nähe kann eine lustige Abwechslung sein.

Bei unseren Welpen konnten wir immer beobachten, wie ihre Art zu spielen sich änderte, wenn sie älter wurden. Durch das überschwängliche und ausgelassene Spiel der Welpenzeit werden sie immer geschickter und lernen, mit den verschiedensten Situationen umzugehen. Wenn ein Welpe sich in Gegenwart eines anderen Welpen oder Hundes wohlfühlt, nimmt er gerne eine Haltung ein, die man als Spielaufforderung bezeichnet: Die Vorderläufe liegen auf dem Boden, während das Hinterteil hoch in die Luft gestreckt wird. Er macht eine kurze Pause und springt dann lustig in die Luft.

Im Spiel erfahren Welpen viel über ihre eigenen Fähigkeiten und Grenzen. Wenn man kleine Hindernisse mit ins Spiel einbaut, entwickeln die Welpen noch mehr Vertrauen in ihre Fähigkeiten und ein besseres Körpergefühl. Wenn sie über niedrige Hürden springen, darunter hindurchkrabbeln oder um etwas herumlaufen müssen, kann ihnen das dabei helfen, später im Leben Probleme zu lösen. So mancher Besitzer hält seinen Hund vielleicht für etwas dumm, weil er es beispielsweise nicht schafft, wieder hinter dem Esstisch vorzukommen, wenn der Ausweg auf einer Seite versperrt ist. Ein solcher Hund ist aber nicht dumm, sondern hat nur als Welpe nie gelernt, mit Hindernissen umzugehen. Wir empfehlen deshalb gerne spezielle Welpen-Agilityklassen in Hundeschulen – sie werden sowohl Ihnen als auch dem Welpen viel Spaß machen und erinnern an einen Kinderspielplatz. Wenn Sie keine Hundeschule in Ihrer Nähe finden können, die so etwas anbietet, können Sie Ihren Welpen auch einfach mit in den Wald nehmen

Geben Sie Ihrem Welpen so viel Gelegenheit zum Spielen wie möglich.

und über niedrige Baumstämme hüpfen oder klettern lassen. Oder gehen Sie an den Strand, lassen Sie ihn ins Wasser laufen und so weiter.

Hunde spielen für ihr Leben gern – es scheint für sie eine selbstbelohnende und selbstmotivierende Tätigkeit zu sein. Wenn Sie Ihrem Welpen die Möglichkeit zu spielen nehmen, wird das Auswirkungen auf sein ganzes Leben haben. Viele Besitzer sagen, dass ihr Hund gar nicht gerne spiele. Eine traurige Behauptung! Wenn man solche Hunde sieht, ist es meistens gar nicht so, dass sie nicht spielen wollen, sondern sie wissen vielmehr nicht, wie man spielt! Im Spiel lernen sie etwas über die Körpersprache von Hund und Mensch, sie lernen, Kompromisse zu schließen, zu nehmen und zu geben und vieles mehr. Nehmen Sie ihnen diese so wichtige Sache nicht.

Hunde- und Kinderspiel im Vergleich

Ähnlichkeiten im Spielverhalten

Im Alter von etwa sechs Monaten beginnen Kinder, ihre Arme und Beine auf verschiedene Weise zu gebrauchen: Sie greifen nach Dingen, halten sie fest, stoßen sie weg und so weiter. Wie Jean Piaget in ihrem Buch *Play, Dreams and Imitations in Childhood* schildert, entwickeln sich mit dem Älterwerden bei Kindern die motorischen Fähigkeiten. Auch ihre Art zu spielen ändert sich. Anstatt einen Ball einfach nur fortzuschieben, kickt es ihn nun vielleicht fort und kriecht dann zu ihm hin. Mit der Zeit lernt es, den Ball wegzuschieben, zu ihm hinzugehen, ihn aufzuheben und zu werfen. Ähnliches geschieht mit Welpen, wenn sie das Apportieren lernen. Genau wie Kinder lernen auch Welpen, eine Verhaltenskette allmählich aus mehreren verschiedenen Gliedern aufzubauen. Anfangs rennen sie vielleicht einfach nur hinter dem Ball her, fangen aber nichts mit ihm an, sobald sie dort angekommen sind. (Tatsächlich erzählen uns Menschen immer wieder, dass ihre Welpen zwar gerne apportieren würden, aber den Ball nicht zurückbrächten. Wir kichern dann immer – natürlich nicht boshaft – und fragen, was denn ihrer Meinung nach Apportieren bedeuten würde? Meistens lachen sie dann mit uns.) Wenn die Welpen älter werden und lernen, rennen sie hinter dem Ball her und heben ihn auf. Irgendwann wird daraus ein kompletter Apport: Sie werfen den Ball, der Hund jagt ihm hinterher, hebt ihn auf, bringt ihn zu Ihnen zurück und lässt ihn los.

Wenn Kinder ins Krabbelalter kommen, beginnen sie auch, ihre sozialen Fähigkeiten zu entwickeln. Sie spielen mit anderen und fordern andere zum Spielen auf. Das ist auch die Zeit, wenn Krabbelkinder sich gerne so viel wie möglich mit dem Welpen beschäftigen möchten. Das kann zu einer ziemlichen Herausforderung werden, weil die Spiele des Krabbelkindes vom Welpen gerne als Herausforderung verstanden werden. Sachen hinzuhalten und dann schnell wieder wegzunehmen oder zu verstecken kann für Kinder sehr lustig sein, nicht aber für den Welpen!

Erlauben Sie dem Kind nie, grob zu dem Welpen zu sein.

Kleinkinder benehmen sich auch nicht jeden Tag gleich. Das Kind, das gestern noch so lieb und freundlich gespielt hat, benimmt sich vielleicht heute wie ein echtes kleines Raubein. Kinder handeln eben impulsiv – genau wie Welpen. Wenn Ihr Kind beginnt, gröber zu werden, müssen Sie es unbedingt im Auge behalten. Niemals darf dem Kind erlaubt sein, grob zu dem Welpen zu werden (oder umgekehrt). Drücken Sie in diesem Fall deutlich Ihr Missfallen aus, sagen Sie dem Kind, wie es sich stattdessen benehmen soll und loben Sie es für jeden Schritt in Richtung Besserung, den Sie sehen können.

Wenn Kinder spielen, machen sie oft schnelle und hastige Bewegungen. Dazu ist ihre Stimme dann meistens noch hoch und schrill, besonders, wenn sie aufgeregt sind. Sie kugeln sich auf dem Fußboden herum, hüpfen in die Luft, klammern sich aneinander oder laufen von einem Zimmer ins andere. Und wie verhalten sich Welpen? Sie scheinen dauernd in Bewegung zu sein, gehen nur selten (wenn überhaupt jemals – es sei denn, sie sind krank) langsam, kugeln sich auf dem Fußboden herum, hüpfen in die Luft und packen Menschen an den Hosenbeinen. Wenn sie aufgeregt sind, bellen sie mit hoher Stimme. Das Spielverhalten von Welpen und Kinder hat also durchaus Ähnlichkeiten, auch, wenn es sich um zwei verschiedene Spezies handelt. Warum also ist es trotzdem nötig, sie während des gemeinsamen Spielens zu beaufsichtigen? Ganz einfach: Weil, wie in Kapitel 8 erklärt, Hunde und Menschen verschiedene Sprachen sprechen und es zu Missverständnissen durch Verständigungsprobleme kommen kann.

Unterschiede im Spielverhalten

Trotz der Ähnlichkeiten im Spielverhalten von Welpen und Kindern gibt es auch einige Unterschiede: Kinder setzen normalerweise beim Spielen nicht ihre Zähne ein (obwohl auch sie eine »Beißphase« durchmachen), Welpen dagegen schon. Kinder schnappen nicht mit den Zähnen nach den Fersen

Welpen sind keine Anziehpuppen!

anderer Kinder oder nach deren Kleidung, Welpen schon.

Ab einem Alter von etwa fünf Jahren lieben Kinder »Als-ob-Spiele«, bei denen sie in verschiedene Rollen schlüpfen und in die sie ihre Spielkameraden mit einbeziehen. Kleine Mädchen kommen in diesem Alter gerne auf die Idee, den Welpen »anzuziehen«. Mädchen verkleiden sich auch gerne – aber Hundewelpen haben dafür kein Verständnis. Vermutlich hat Ihr Tibet Terrier Welpe keinen Spaß daran, die Rolle von Kleopatra zu spielen oder Ihr kleiner Beagle ist nicht davon angetan, Barbiesachen zu tragen. (Wir sind immer wieder davon überrascht, dass Hunde sich von uns davon überzeugen lassen, im Winter Pullover, Mäntelchen oder Schuhe zu tragen.) So mit Welpen zu spielen ist nicht akzeptabel. Kinder wissen nicht, wie man Hunde richtig anzieht. Sie könnten dabei zum Beispiel ein Bein in die falsche Richtung biegen und dem Welpen wehtun.

Kleine Jungs spielen lieber Kampfspiele oder Spion. Mit irgendwelchen Spielzeugwaffen auf Welpen zu zielen oder imaginäre Granaten auf sie zu werfen ist natürlich ebenfalls kein akzeptables Verhalten und vermutlich auch nicht spaßig für den Welpen. Manche Kinder haben daran aber sehr viel Spaß, besonders, wenn sie das Ziel auch noch treffen. Denken Sie daran: Ein Kind ist nun mal ein Kind und versteht noch nicht, dass diese Art von Spiel mit einem Hund nicht gespielt werden kann.

Individuelle Spielgewohnheiten

Nicht nur Kinder und Welpen spielen unterschiedlich – auch jedes Kind spielt anders. Je nach seinem Temperament, seiner Erziehung, Geschlecht, Kulturkreis, aus dem es stammt und vielem mehr unterscheidet sich sein Spielverhalten von dem anderer Kinder. Manche Kinder zeigen im Spiel große Flexibilität, andere spielen lieber in Ruhe Brettspiele oder ganz für sich alleine Fantasiespiele und möchten gar keinen Welpen dabeihaben. In wissenschaftlichen Studien hat man herausgefunden, dass das Spiel von Jungen eher entdeckerische Züge trägt, während das von Mädchen stärker symbolhaltigen Charakter hat. Und weil Jungen und Mädchen so unterschiedlich spielen, ist es sehr schwierig zu sagen, ob eine bestimmte Hunderasse sich besonders gut für Kinder eignet. Für jeden Hund – egal, welcher Rasse – wäre es viel verlangt, so flexibel zu sein. Es stimmt auch nicht, dass jeder Hund einer bestimmten Rasse automatisch kinderlieb ist – auch Hunde sind Individuen! Manche sind kinderlieb, andere nicht.

Das Spiel verändern können

Wenn Sie Ihren Welpen vom Züchter mit nach Hause bringen, müssen Sie möglicherweise Ihre Kinder davon überzeugen, die Art, wie sie spielen, vorübergehend zu ändern – zumindest im Haus. Wenn sie gerne laut, rau und stürmisch spielen, indem sie einander kreischend nachjagen, dann sollte diese Art von Spiel in den Garten verlegt werden, wenn der Welpe im Haus ist. Wie schon erwähnt, sollten Sie es am besten zur Hausregel machen, dass Rennen im Haus verboten ist und dass auch Hunde im Haus nicht wild umhertollen dürfen – solche Aktivitäten gehören nach draußen. Ihr Welpe muss sich zuerst einmal an ruhige und friedliche Kinder gewöhnen können, ohne, dass man den durch Laufen und Schreien verursachten Lärmpegel durch die Zimmerdecke hindurch hört. Wenn der Welpe sich erst einmal an die Kinder gewöhnt und Vertrauen gefasst hat, kann die Aktivität langsam wieder gesteigert werden.

Spielaufsicht

Vermutlich haben Sie Ihre Kinder anfangs nicht einfach mit anderen Kindern in einem Zimmer, im Sandkasten oder im Hof alleine gelassen und sich gedacht, sie würden schon sehen, wie sie zurechtkommen. Vielmehr haben Sie sie anfangs beaufsichtigt, indem Sie sie zum Spielplatz, an den Strand, in den Park oder wo auch immer der Treffpunkt mit den anderen Kindern war, hingebracht. Sie haben sich auf eine Bank gesetzt und ihnen zugeschaut, um zu sehen, ob das Verhalten aller Beteiligten korrekt und anständig war und ob niemand geärgert oder gar verletzt wurde. Wenn die Kinder sich falsch verhielten, griffen Sie ein und sagten ihnen, wie sie mit ihren neuen Freunden umzugehen hätten. Wenn sie dann nicht auf Ihre Worte hörten, haben Sie vermutlich mitsamt Kindern den Spielplatz verlassen – als Strafe für ihre mangelnde Einsicht. Unbeaufsichtigte Kinder geraten vor allem während der ersten Jahre beim Spielen leicht außer Kontrolle: Sie werfen sich gegenseitig Sand in die Augen, klauen einander die Spielsachen, teilen nicht gerne oder schubsen den anderen weg. Ein Kind, dem man solches Verhalten durchgehen lässt, lernt dabei etwas – Verhaltensweisen, die man ihm schon frühzeitig hätte abgewöhnen müssen.

Und genau wie bei Kindern empfehlen wir auch bei Welpen, sie nicht einfach miteinander sausen und ohne Aufsicht spielen zu lassen. Sie haben dabei zwar vielleicht Spaß, aber wenn niemand auf sie aufpasst, wissen Sie nicht, welche Art von Verhalten sie im Spiel lernen.

FALLBEISPIEL

Ein unbeaufsichtigtes Spiel und seine Folgen

Eine Kundin mit einem Golden Retriever-Welpen hatte zusammen mit ihrem Nachbarn, der kürzlich einen Labrador Retriever-Welpen bekommen hatte, beschlossen, dass sie ihre beiden Grundstücke zusammen mit einem Elektrozaun einzäunen würden. Was für ein Spaß für die Welpen! Die beiden spielten stundenlang miteinander, ohne dass jemand auf sie aufpasste. Die naiven Besitzer glaubten, sie würden ihren Welpen damit einen Gefallen tun, weil sie ja so viel Spiel und Bewegung bekamen und dann die ganze Nacht lang friedlich durchschliefen. Weil das Spiel aber nicht beaufsichtigt wurde, geriet es zunehmend außer Kontrolle, sodass die Kinder schon bald nicht mehr mit den Welpen spielen konnten. Sie waren zu wilden, unabhängigen und unkontrollierten Hunden geworden.

Weil beide Welpen nie spazieren geführt und mit anderen Hunden sozialisiert worden waren, banden sie sich nun sehr schnell aneinander - mehr als an ihre eigenen Besitzer. Diesen fiel das dann auf, als die Welpen sie gar nicht mehr anschauten - und noch schlimmer, sie gar nicht mehr brauchten. Weil sie das wieder gerade rücken wollten, machten die Besitzer den Versuch, mit den mittlerweile sechs Monate alten Welpen einen Spaziergang zu unternehmen. Beide Hunde waren außerhalb des ihnen vertrauten Grundstückes unsicher. Sie konnten auch nicht an der Leine gehen, weil sie das nie gelernt hatten. Keiner von ihnen tolerierte fremde Hunde - sie bellten und zerrten bei Begegnungen an der Leine und hatten Angst vor jedem Hund, der sie begrüßen wollte. Sie verstanden jeweils die Körpersprache des anderen, aber nicht die fremder Hunde. Was anfangs mit der guten Absicht begonnen hatte, den Welpen eine schöne Zeit zu verschaffen, führte letzten Endes zu zwei Hunden mit Verhaltensproblemen.

Verhaltensregeln für Welpen beim Spielen mit Kindern

Welpen müssen sich selbst unter Kontrolle haben, wenn sie mit Kindern spielen. Umgekehrt gilt das Gleiche. Spiel kann in Aggression umschlagen, wenn der Welpe keine Selbstkontrolle gelernt hat. Ein verletztes Kind oder ein verletzter Welpe könnten die Folge sein. Die Tierverhaltenstherapeutin Dr. Karen London formulierte es neulich auf einer Tagung an der Tufts University treffend so: »Ist wirklich das Spiel außer Kontrolle, oder weiß der Hund nicht, was Selbstkontrolle ist?«. All das müssen Sie beachten, wenn Sie Kinder und Hunde miteinander spielen sehen.

Wenn der Welpe nicht die Regeln befolgt, sollte das Spiel unterbrochen werden. Sie können ihm diese Regeln leicht beibringen, indem Sie das Spiel immer sofort abbrechen, wenn er sich nicht wie gewünscht benimmt. Schnell wird er begreifen, dass es seine letzte Tat war, die den schönen Spielspaß zum Erliegen brachte – und das ist nicht das, was er möchte. Wenn er also diese Art von Verhalten unterlässt, geht das Spiel weiter. Hier sind einige Regeln, die wir Eltern ans Herz legen, wenn sie ihre Kinder mit Welpen spielen lassen.

Keine Zähne ans Kind

Wenn der Hund aus irgendeinem Grund sein Maul ans Kind bringt, sollten sie ihn aus dem Szenario entfernen. Das Kind darf dieses Verhalten natürlich auch nicht fördern. Fair ist fair! Der Hund sollte Kinder weder umwerfen noch an ihrer Kleidung zerren oder sie beißen. Mit der Zeit lernt der Hund, dass der Spaß immer dann aufhört, wenn er seine Zähne mit ins Spiel bringt.

Auf Verlangen Sachen hergeben

Wenn Kind und Hund mit Sachen wie Bällen oder Seilen spielen, muss der Welpe lernen, diese Dinge auf Verlangen herzugeben. Tut er das nicht, endet wieder das Spiel. (Siehe den Abschnitt in diesem Kapitel zum Thema »Aus«.)

Die Kinder bestimmen, wann das Spiel zu Ende ist

Dies ist ein wichtiger Faktor in jedem Spiel mit dem Hund – und zwar auch dann, wenn er mit Erwachsenen spielt. Viele Besitzer berichten, dass ihr Welpe gerne spielen würde,

Beenden Sie das Spiel, sobald der Hund die Regeln verletzt.

aber in der Praxis ist es oft so, dass der Hund schon nach ein paar Minuten wieder seiner eigenen Beschäftigung nachgeht. Wenn er aber früh gelernt hat, dass grundsätzlich nur Sie und Ihre Kinder ein Spiel beenden und nicht er, wird er (vorausgesetzt, Sie hören dann auf, solange er noch Spaß am Spielen hat) noch größeres Interesse am gemeinsamen Spiel mit Ihnen bekommen. Wenn Sie ihm hingegen beibringen, dass er aufhören kann, wann er möchte, wird er vermutlich sein ganzes Leben lang allein entscheiden, wann gespielt wird und wann nicht.

FALLBEISPIEL

Der Welpe, der nicht spielen konnte

Kürzlich rief eine Hundesitterin an und sagte, dass sie nicht gut mit dem neun Monate alten Boxerrüden ihrer Auftraggeber zurechtkäme. Die Besitzer waren für zwei Wochen weg und der Hund brauchte mehr Bewegung als nur ein oder zwei Spaziergänge am Tag. Er war eigentlich freundlich gegenüber anderen Hunden, durfte aber in letzter Zeit zu oft unbeaufsichtigt mit anderen Hunden spielen und hatte sich dabei eine sehr raue und grobe Art des Spielens angewöhnt. Die Hundesitterin fand keinen Hund, mit dem sie den Boxer spielen lassen konnte, weil er mit seinem Verhalten alle einschüchterte. Die Besitzer hatten ihn immer tagsüber zu einer Hundebetreuungsstelle gegeben, mit dem Ziel, ihm genug Bewegung zu verschaffen. Sie selbst oder ihre Kinder waren nie an gemeinsamen Aktivitäten mit dem Hund beteiligt gewesen. Jetzt, wo der Hund mit der Hundesitterin zuhause war, hatte er keine Ahnung, wie er mit einem Menschen spielen sollte, weil er das nie gelernt hatte. Die Spaziergänge waren nicht genug Bewegung für den Hund, aber sie konnte ihn auch nicht dazu bringen, mit ihr Ball zu spielen oder ihn zum Herumlaufen mit ihr animieren. Er wusste einfach nicht, was das war – und das nur, weil die Besitzer ihn immer zu anderen Hunden weggegeben hatten, anstatt sich selbst zuhause mit ihm zu beschäftigen und ihn zu erziehen.

Welpen müssen Kindern gehorchen

Sobald Ihr Welpe ein paar grundlegende Dinge wie Sitz, Platz, Warte oder Aus beherrscht, sollten Sie Ihre Kinder in die Erziehungsarbeit mit einbeziehen. Wie alt die Kinder dabei sind, ist nicht so wichtig, solange sie nur Ihre Anweisungen verstehen können. Dann können Sie die Kommandos in ihre Spielstunden mit dem Hund einbauen, um Ordnung und Kontrolle aufrechtzuerhalten. Ein Beispiel: Das Kind wirft dem Hund einen Ball hin. Der Welpe apportiert den Ball und lässt ihn dem Kind vor die Füße fallen. Das Kind hebt den Ball auf, aber bevor es ihn wieder wirft, befiehlt es dem Welpen »Sitz«. Als Belohnung für das Hinsetzen wirft es dann schließlich wieder den Ball.

Erziehung hilft bei der Entwicklung von Respekt.

Regeln für Kinder und Spiele, die man besser vermeiden sollte

Wie wir in diesem Buch mehrfach erwähnt haben, müssen sowohl Hund als auch Kind erzogen werden, damit sich eine gesunde, von Respekt getragene Beziehung zwischen beiden entwickeln kann. Steven Lindsay sagt sogar »Gute Erziehung ist diszipliniertes Spielen«. Eltern müssen darauf achten, immer die Intensität des Spiels zu bestimmen, um insbesondere bei jungen Welpen darauf zu achten, dass sie Kontrolle über ihre Zähne, ihre Bewegungen, ihre Impulse und die Intensität des Spiels bekommen und dass sie lernen, sich zu unterwerfen. Aber nicht nur Hunde, sondern auch Kinder müssen Regeln befolgen. In der Schule erwartet man ja auch von ihnen, dass sie aufzeigen, bevor sie eine Antwort geben. Es geht darum, die eigene Begeisterung und die eigenen Gefühle kontrollieren zu lernen. Das Gleiche gilt für das Spielen mit einem Hund.

Spielen mit positiver Bestärkung

Schreien, Kreischen und Bestrafen des Welpen dürfen nicht Bestandteil des Spiels sein. Lernen macht keinen Spaß, wenn jemand versucht, uns einzuschüchtern. Und weil der Welpe hier lernen soll, wie er sich verhalten muss, sind Schreien und Kreischen fehl am Platze. Bleiben Sie ruhig und weisen Sie auch Ihre Kinder zum Ruhigbleiben an, wenn die Dinge außer

Kontrolle zu geraten drohen. Ältere Kinder können den Hund auch mit Leckerchen für korrektes Verhalten belohnen.

FALLBEISPIEL

Der Hund, der gerne Kinder jagte

Eines Tages rief mich eine Mutter von sechs Kindern an und suchte Rat zu einem Problem mit ihrer zweijährigen Dogge und ihrem sechsjährigen Sohn. Beide waren gute Freunde, aber der riesige, fast fünfzig Kilo schwere Hund jagte draußen im Garten regelmäßig ihren Sohn und warf ihn um. Das ging schon seit zwei Jahren so. Alles wäre viel einfacher gewesen, wenn sie den Hund erzogen hätte, als er noch fünf Kilo wog! Wir füllten die Hosentaschen des Jungen mit Leckerli und ließen ihn im Garten herumlaufen. Immer, wenn der Hund ihm nachlief, drehte er sich schnell zu ihm um und sagte »Sitz«. Sobald der Hund saß, bekam er ein Leckerchen. Dann ließ der Junge ihn wieder laufen und rannte selbst weiter herum. Sobald der Hund anfing, ihn zu jagen, befahl der Junge ihm wieder schnell »Sitz« oder »Platz« und gab ihm ein Leckerchen fürs Gehorchen. Schon nach ein paar Übungsstunden legte der Hund sich automatisch hin, wenn der Junge sich zu ihm umdrehte, anstatt ihn wie früher über den Haufen zu rennen.

Zerrspiele nur unter Aufsicht

Wir finden zwar Zerrspiele toll, weisen aber Eltern immer darauf hin, dass man es damit nicht zu toll und aggressiv treiben sollte, weil man sonst den Hund zu sehr aufregen, ihn zu übermäßigem Einsatz seiner Zähne und unangemessen aggressivem Verhalten verführen kann. Wenn ein älteres Kind mit einem Welpen Tauziehen spielt, hat es genug Kraft, um den Welpen dabei in die Luft zu ziehen. Das könnte den Welpen verletzen oder ängstigen oder ihn noch mehr aufregen. Manche Hunde sind auch sehr schnell sehr aufgeregt und stürmen schon beim bloßen Anblick des Zerrspielzeuges mit voller Kraft darauf los, um es dem Kind aus der Hand zu reißen. Dabei können sie versehentlich die Hand des Kindes anstatt des Spielzeuges erwischen oder das Kind umreißen. Das gleiche Problem kann auftreten, wenn Kind und Hund gleichzeitig versuchen, einen Ball oder eine Frisbeescheibe vom Boden aufzuheben. Wie immer, wenn Kinder und Hunde zusammen sind, ist also Aufsicht wichtig. Wenn Zerrspiele richtig strukturiert sind und allen gezeigt wurde, wie sie gespielt werden, können sie großen Spaß machen.

Fangspiele mit dem Welpen verboten

Wir raten unbedingt davon ab, dass Kinder mit Welpen Nachlaufen spielen. Kinder lieben solche Fangspiele, aber leider können sie zu ernsthaften Verhaltensproblemen beim Hund führen. Blättern Sie noch einmal zurück zu Kapitel 5, wenn Sie mehr darüber wissen möchten.

Spielregeln müssen früh beigebracht werden. Diese Situation könnte schnell außer Kontrolle geraten.

Hänseln ist nicht lustig

Spiele, bei denen die Kinder dem Welpen etwas kurz zeigen und dann wieder verstecken, können zwar spaßig sein, sind aber für den Welpen sehr schnell frustrierend, wenn er das begehrte Objekt tatsächlich nie bekommt. Wenn wir mit einem Hund das Apportieren üben, zeigen wir ihm immer zuerst ganz kurz den Apportiergegenstand und stecken ihn schnell wieder weg, damit er denkt, dass dieses Spielzeug besonders interessant und wertvoll ist und mehr Interesse daran bekommt. Je interessierter er an dem Gegenstand ist, desto aufgeregter wird er, und desto unbedingter will er ihn haben. Noch einmal: Wir sind erwachsen und wir sind Hundetrainer. Wir wissen genau, wann wir das Spielzeug werfen müssen, bevor der Hund frustriert oder zu aufgeregt wird und hochspringt, um daran zu kommen und dabei vielleicht unsere Ärmel oder Hände mit den Zähnen erwischt. Kinder wissen das aber nicht!

Wir raten unbedingt von Nachlaufspielen ab.

FALLBEISPIEL

Der Hund, der Tennisbälle liebte

Vor ein paar Jahren kam einmal eine sehr nette Familie zu uns. Ihr drei Jahre alter Golden Retriever Duke hatte den dreizehnjährigen Freund ihres Sohnes in die Hand gebissen, als er draußen Tennisbälle für den Hund warf. Alle waren schockiert, weil der Hund diesen Jungen sehr mochte. Die Eltern des gebissenen Jungen verlangten, dass der Hund eingeschläfert werden müsse, oder sie würden ihrem Sohn nie wieder erlauben, zu ihnen ins Haus zu kommen. Als Pia mit dem Sohn der Familie sprach, erzählte dieser, dass sein Freund Duke mit dem Ball gehänselt hätte. »Duke lässt sich gerne hänseln,« sagte er. Duke sprang also von einer Seite auf die andere, um endlich den Ball zu bekommen, hüpfte hoch, wurde immer aufgeregter und wollte den Ball aus der Hand des Jungen holen. Als der Junge dann den Ball warf, sprang Duke hoch, um ihn gleich in der Luft zu fangen, erwischte aber versehentlich stattdessen die Hand des Jungen.

War dieser Unfall das Ergebnis davon, dass der Hund gehänselt wurde, dass er nie Selbstkontrolle gelernt hatte und dass er bis zu einem Punkt hin aufgeputscht wurde, an dem er sich selbst nicht mehr unter Kontrolle halten konnte? Oder zeigte dieser Hund eine Besitzaggression für Spielzeuge und war eine Bedrohung für Kinder? Pias endgültige Beurteilung war, nachdem sie mit Duke gearbeitet und ihn getestet hatte: Er hatte niemals Impulskontrolle gelernt und war so verrückt nach Tennisbällen, dass dies schon zu einem zwanghaften Verhalten geworden war: Er lief immer und überall mit einem Tennisball im Fang herum. Er zeigte aber kein Verteidigungsverhalten, denn es war kein Problem, ihm den Ball jederzeit aus dem Fang zu nehmen. Er gab ihn sofort her. Er war in jeder Beziehung ein netter und freundlicher Hund. Pia sprach sich gegen eine Tötung, aber für eine Erziehung aus. Schon nach zwei Übungsstunden hatte Duke gelernt, sich hinzusetzen und zu warten, bevor der Ball geworfen wurde, dann mit dem Ball zurückzukommen, sich hinzusetzen, ihn fallen zu lassen und auf den nächsten Wurf zu warten. Leider kam der Freund des Jungen trotzdem nie wieder zu Besuch. Und ach ja, Pia sagte den Großeltern, sie sollten doch bitte keine Tennisbälle mehr mitbringen – sie waren nämlich große Tennisfans und Duke hatte inzwischen 300 Tennisbälle im Garten!

Kein Raufen und Ringen

Wenn Sie ein Kind und einen Hund alleine zum Spielen schicken, fördern Sie Unfälle geradezu heraus.

Wie schon in Kapitel 9 erwähnt, darf es Kindern nicht erlaubt sein, mit dem Welpen in irgendeiner Weise grob umzugehen. Schlagen, treten oder ihn sonst so zu behandeln, dass er Angst bekommt, in Verteidigungshaltung gerät oder sogar verletzt wird, ist verboten. Spiel, das außer Kontrolle gerät, muss unbedingt vermieden werden. Wenn die Kinder sich nicht an die Regeln halten, wird das Spiel unterbrochen. Auf keinen Fall sollte es dann so sein, dass der Welpe weggenommen wird und die Kinder weiterspielen. Viele Eltern machen den Fehler, den Welpen aus dem Spiel zu nehmen, wenn die Schuld bei den Kindern lag und nicht bei ihm.

Wann ein Spiel unterbrochen werden muss

Es kann also die Situation eintreten, dass Sie ein Spiel unterbrechen müssen. Folgendes sind Verhaltensweisen, die Ihnen das Signal dazu geben könnten:

- Der Hund setzt seine Zähne zu übertrieben ein, springt das Kind an, schnappt spielerisch nach ihm und ist insgesamt sehr aufgeregt.
- Auch übermäßiges Bellen ist ein Zeichen für große Aufregung. Das Spiel könnte eskalieren und zu den oben beschriebenen Verhaltensweisen führen.
- Es gibt gar keine Unterbrechungen und Pausen im Spiel, der Welpe scheint endlos Energie zu haben und nie müde zu werden.
- Einer der Spielpartner (oder beide) haben keinen Spaß am Spiel.
- Einer der beiden fühlt sich bedroht und bekommt Angst.
- Einer hält den anderen fest.
- Der Welpe beginnt, am Boden herumzuschnüffeln oder versucht, wegzukommen und etwas anderes zu machen. Dies sind Zeichen dafür, dass er genug hat und versucht, die Situation aufzulösen.
- Der Welpe verteidigt ein Spielzeug oder anderes Objekt und wird ärgerlich, wenn das Kind versucht, es ihm wegzunehmen.
- Der Welpe gibt den Gegenstand nicht her und schleppt ihn immer

wieder an einen sicheren Ort.

- Der Welpe rennt ängstlich vor den Kindern weg und sucht sich ein Versteck.

Wir sind uns bewusst, dass sich dies nach sehr vielen Regeln und Beschränkungen anhört, aber eigentlich ist es nichts weiter als gesunder Menschenverstand. Wenn wir uns daran halten, ist es im Haus friedlich – Hunde können Hunde sein und Kinder Kinder, und wir alle sind dankbar und zufrieden.

Geeignete Spiele

Spielideen für Kinder und Welpen

Das Spiel mit Welpen fördert die Kooperation und Kontrollfähigkeit auf beiden Seiten, und es macht Spaß. Ein Welpe sollte schon im frühen Alter lernen, dass es Spaß macht, mit Kindern zusammenzusein und dass man ihnen vertrauen kann. Ein guter Familienhund ist ein Hund, der die Gesellschaft von Kindern genießt. Jetzt ist die richtige Zeit, Ihrem Welpen beizubringen, dass Kinder etwas Tolles sind. Das kann prima mit Hilfe von Spielen geschehen, die dabei helfen werden, das mit der Zeit entstehende Band zwischen Kind und Welpe weiter zu stärken.

Such's!

Dieses Spiel ist ziemlich praktisch, wenn Sie einmal etwas nicht finden können. Für den Welpen ist es sehr anregend, da er seine Sinne einsetzen muss, um einen verborgenen Gegenstand ausfindig zu machen. Das fördert nicht nur den Verstand, sondern verlangt auch körperliche Leistung. Beginnen Sie mit drei oder vier Plastikbechern oder -dosen, die sie umgekehrt auf den Boden stellen. Unter einer von ihnen verstecken Sie ein Leckerchen. Sobald der Welpe zu schnüffeln beginnt, sagen Sie »Such!«. Er wird nun höchstwahrscheinlich das Futter ausfindig machen und versuchen, den Becher umzustoßen. Interessiert er sich gar nicht für die Becher und schnüffelt nicht, nehmen Sie anfangs ein intensiver riechendes Futter oder legen Sie es so unter den Becher, dass es ein bisschen herausschaut. Stellen Sie nach und nach immer mehr Becher hin. Ihr Kind kann mit diesem »Zaubertrick« dann später seine Freunde beeindrucken: Es kann das Leckerchen unter einem Becher

Ihr Welpe muss Spaß am Zusammensein mit Ihren Kindern haben.

verstecken und die Becher durcheinander schieben – und der Welpe wird trotzdem sofort den richtigen Becher finden (na klar, indem er seine Nase benutzt). Sobald Ihr Welpe das Prinzip dieses Spiels verstanden hat, können Sie das Futter auch unter anderen Dingen verstecken. Später können Sie auch mit dem Welpen in einem Zimmer warten, während das Kind im Nachbarzimmer das Leckerchen versteckt. Dann kann das Kind »Such!« rufen und der Welpe darf suchen. Lassen Sie den Welpen vor dem Verstecken des Futters einmal kurz daran schnüffeln, damit er weiß, wonach er sucht. Passen Sie auf, dass Sie nicht selbst zum Futterversteck hingehen oder daneben stehen, weil der Hund sonst nur Ihren Geruch anzeigt. Wenn der Hund schon die Bezeichnungen für seine Spielsachen kennt, können Sie ihn auch danach suchen lassen – zum Beispiel »Such deinen Ball!« Ein Hund kann für so gut wie jeden Gegenstand auch einen Namen lernen: Wie wäre es denn, wenn er morgens Ihren Autoschlüssel finden könnte? Toll, oder?

Versteckspiel

Hierzu muss der Hund den Namen des Kindes kennen. Sagen Sie dazu jedes Mal den Namen des Kindes, wenn der Hund es sieht. Sobald er zu verstehen beginnt, dass »Jan« zu einem bestimmten Kind gehört, halten Sie ihn zurück, lassen Jan wegrennen und sich verstecken. Dann sagen Sie »Such Jan«. Das erste Versteck sollte ein ganz einfaches sein, damit der Hund Jan schnell findet und ein Erfolgserlebnis hat. Anfangs muss Jan vielleicht ein paar Geräusche machen, damit der Hund ihn leichter findet. Sagen Sie selbst aber möglichst nichts, weil Sie den Hund sonst nur verwirren (zu viele Worte wirken immer verwirrend). Sobald der Hund Jan gefunden hat, gibt Jan ihm zur Belohnung sofort ein Leckerchen oder ein Spielzeug. Wenn der Hund auch Ihren Namen kennt, können Sie sich nun verstecken, Jan schickt ihn suchen und der Spaß kann in die nächste Runde gehen. Je besser der Welpe im Suchen wird, desto schwieriger können die Verstecke werden. Verstecken kann man im Haus oder draußen spielen. Der Hund sollte immer irgendeine Belohnung fürs erfolgreiche Finden bekommen.

Seilziehen

Wir bringen Kindern gerne dieses Spiel für ihre Hunde bei, weil es sehr gut zur Stärkung der Kontrollfähigkeit ist und den Hund lehrt, Dinge auf Befehl loszulassen. Allerdings müssen beide Seiten unbedingt die Spielregeln einhalten, sonst endet das Spiel schnell in zu großer Aufregung und der Hund könnte anfangen, in Kleider, Hände und mehr zu beißen. Der Hund wird durch dieses Spiel nicht aggressiv, solange Sie auf Selbstkontrolle und Einhalten der Spielregeln bestehen. Bevor Kinder dieses Spiel mit dem Hund spielen dürfen, muss er zuerst die Regeln von Ihnen, den Erwachsenen, lernen und sie geübt haben. Vielleicht stellen Sie auch fest, dass es Kind und Hund sehr schwer fällt, die Regeln zu befolgen. In diesem Fall raten wir davon ab, Zerrspiele wie Seilziehen spielen zu lassen.

- **Regel Nr. 1: »Nimm's« lernen.** Der Welpe darf das Zerrseil niemals nehmen, ohne dass Sie ihn zuvor mit »Nimm's« dazu aufgefordert haben. Die Tatsache, dass Sie es in den Händen halten, ist keine Einladung für den Hund, an Ihnen hochzuspringen oder mit den Zähnen danach zu schnappen. Je größer und länger das Zerrspielzeug ist, desto besser. Wir nehmen anfangs immer ein dickes Seil oder eine Stoffschlange von mindestens einem Meter Länge, damit der Hund genug Platz hat, um hineinzubeißen. Zeigen Sie ihm das Ding und wedeln Sie ein bisschen damit herum, um es für den Hund interessant zu machen. Dann können Sie das Hörzeichen hinzufügen. Achten Sie darauf, dass der Hund das Seil nicht zu dicht an Ihrer Hand packt.

- **Regel Nr. 2: »Aus« lernen.** Der Welpe muss lernen, das Zerrseil sofort herzugeben, wenn Sie »Aus« oder »Gib's« sagen. Eine gute Methode dazu ist, dem Hund ein noch schöneres und besseres Spielzeug zu zeigen, wenn er das andere zwischen den Zähnen hat. Sobald er den Fang aufmacht, um das neue Spielzeug zu nehmen, sagen Sie im gleichen Moment gleichzeitig »Aus« und geben ihm anschließend das neue Spielzeug zur Belohnung. Falls er sich nicht für das zum Tausch angebotene Spielzeug interessiert, können Sie stattdessen auch mit Futter arbeiten. Zeigen Sie ihm das Leckerchen, wenn er sein Spielzeug festhält und sagen Sie wieder »Aus« in dem Moment, in dem er die Kiefer öffnet. Das Leckerchen gibt es zur Belohnung. Anschließend können Sie ihm wieder mit »Nimm's« das Spielzeug geben. Manche Hunde verlieren auch das Interesse an Spielsachen ganz, sobald Sie Leckerchen in der Hand haben. In diesem Fall müssen Sie sie besser wegstecken. Spielen Sie so lange mit dem Hund, bis er begreift, dass er das Leckerchen nur dann bekommt, wenn er das Spielzeug nimmt und Ihnen auf Verlangen gibt. Irgendwann können Sie das

Leckerchen weglassen und nur noch »Aus« sagen. Gehorcht er, sagen Sie gleich wieder »Nimm's« und spielen weiter – die Fortsetzung des Spiels ist jetzt die Belohnung. Achten Sie darauf, das »Aus!« niemals zu schreien, sondern immer ruhig zu bleiben.

Hier sind Hundezähne und Kinderhand viel zu nah aneinander!

- **Regel Nr. 3: Nicht übertreiben.** Wenn der Hund sich zu sehr aufregt und beginnt, nicht mehr nach dem Spielzeug, sondern nach allem und jedem zu schnappen (Arme, Hände, Kleidung), ist das Spiel sofort beendet. Es geht hier nicht um einen ernsten Eroberungskampf. Wenn wild lebende Wölfe oder Hunde gemeinsam an Dingen zerren, dann bedeutet das nicht, dass sie darum kämpfen. Meistens kann man es beim Fressen beobachten: Sie reißen das Fleisch auseinander, damit jeder von ihnen fressen kann. Dabei geht es in der Regel nicht um einen Wettkampf. Beobachten Sie einmal, wie ein Wurf Welpen an so einem Spielzeug herumzerrt. Alle haben Spaß daran! Sie kämpfen nicht um das Spielzeug. Zerren und Ziehen ist kein typisches Kampfverhalten. Wenn ein Hund eine Sache wirklich unbedingt haben möchte, wird er sie bewachen und verteidigen.

Folge dem Anführer

Dies ist ein tolles Spiel, das dem Kind die Rolle des Anführers überträgt. Sie können alle möglichen Hindernisse aus Stühlen, Kisten oder Stangen zum Drumherumlaufen aufstellen oder natürliche Dinge wie Büsche, Steine oder Bäume nutzen. Anfangs muss das Kind den Welpen vielleicht noch mit

»Folge dem Anführer« kann ein tolles Spiel für beide sein: Welpen und Kinder.

Leckerchen locken, damit er ihm um, unter und über die Hindernisse folgt. Ein besonderer Spaß ist, wenn man die Gelegenheit dazu hat, in einem ungefährlichen Bach von Felsbrocken zu Felsbrocken zu hüpfen. Kind und Welpe haben gleichermaßen Spaß, und der Welpe lernt gleich noch in einem, keine Angst vor Wasser zu haben.

Apportieren

Apportieren kann ein tolles Spiel für beide beteiligten Seiten sein und verschafft dem Hund gleichzeitig viel Bewegung. Das Schöne dabei ist, dass Ihr Kind nicht viel herumlaufen muss und trotzdem aktiv sein kann. Wenn der Welpe nicht von Natur aus gerne apportiert, wie es zum Beispiel bei den Retrieverrassen der Fall ist, ist es nicht immer leicht, es einem Hund beizubringen und es kann viel Zeit kosten. Haben Sie also Geduld! Es kann unter Umständen Monate dauern, bis der Hund die Reihenfolge »Zum Gegenstand laufen – ihn aufheben – zurückbringen – hergeben« verstanden hat. Manche Hunde verlieren auch das Interesse, wenn sie dieses Spiel zwei- oder dreimal gespielt haben. Ist das der Fall, haben Sie vielleicht zu viel verlangt oder sind zu schnell vorgegangen. Hören Sie immer dann auf, solange der Hund noch Spaß hat.

Anfangs sollten Erwachsene dem Hund dieses Spiel zeigen und die Kinder erst dann dazunehmen, wenn er es schon beherrscht. Als Erstes müssen Sie herausfinden, welche Dinge Ihren Hund besonders interessieren – Bälle, Frisbeescheiben, Quietschspielzeuge oder Zerrspielzeuge? Kauknochen sollten allerdings nicht zum Apportieren genommen werden. Wenn Sie einen Gegenstand ausgesucht haben, zeigen Sie ihn dem Hund und machen ihn interessant. Wenn er Interesse daran zeigt, halten Sie ihn ihm hin und sagen »Nimm's!« Greift er ihn dann mit den Zähnen, loben Sie ihn und lassen los. Kümmern Sie sich im Moment noch nicht darum, dass er den Gegenstand auch wieder hergibt. Das kommt später und wird getrennt geübt. Sobald der Hund weiß, was »Nimm's!« bedeutet, bewegen Sie den Gegenstand auf dem Boden herum und sagen wieder »Nimm's!«. Loben Sie ihn immer mit fröhlicher Stimme, damit er weiß, dass es richtig ist, nach diesem Spielzeug zu greifen. Sie können es immer mehr bewegen oder herumrollen, wenn der Hund weiß, was er damit soll. Erwarten Sie in diesem Stadium noch nicht, dass der Hund das Spielzeug automatisch wieder zurückbringt. Rollen Sie es immer weiter von sich weg, bis der Hund ihm hinterherjagt und es aufhebt. Sagen Sie »Nimm's«, kurz bevor er es zwischen die Zähne nimmt. Möglicherweise lässt er es auf dem Rückweg wieder fallen, aber machen Sie sich nichts daraus. Laufen Sie hin, heben es auf, laufen damit weg und versuchen es anschließend wieder. Sobald er es ganz zu Ihnen zurückbringt, loben Sie ihn sehr und belohnen ihn am besten auch mit Futter. Manche Welpen lassen sich allerdings von Futter zu sehr ablenken, sodass dies für sie nicht die Belohnung der Wahl ist. In diesem Fall müssen Sie sich eine andere Belohnung ausdenken. Jetzt können Sie auch ein Hörzeichen für das Hergeben des Gegenstandes einüben. Wenn er das Apportel zurückbringt, bieten Sie ihm einen anderen verlockenden Gegenstand zum Tausch an und sagen »Aus«, sobald er die Kiefer öffnet. Dann beginnen Sie das Spiel von vorn.

Wenn Kind und Hund die Spielregeln gelernt haben, können sie ein Leben lang Freunde sein.

Üben Sie das Apportieren in verschiedenen Umgebungen, damit der Hund lernt, dass es nicht nur an einen Ort (zum Beispiel Ihr Wohnzimmer) gebunden ist. Seien Sie nicht überrascht, wenn Ihr Hund sich bei den ersten

Spielregeln verringern die Verletzungsgefahr. Hier zeigen sowohl Kind als auch Hund gutes Benehmen.

Versuchen draußen vielleicht ablenken lässt und für etwas anderes interessiert. Sobald er einmal Feuer gefangen hat, wird sich das ändern!

Fußball

Wenn Sie Ihrem Welpen das Fußballspielen beibringen möchten, achten Sie auf einen stabilen Ball, der nicht sofort von den Hundezähnen kaputtgeht. Viele Menschen neigen dazu, für kleine Hunde – Welpen – auch kleine Spielsachen zu kaufen, aber je größer der Ball ist, desto besser! Es ist so für den Hund schwieriger, ihn mit den Zähnen zu packen, was er ja in dem Fall nicht soll. Schieben Sie den Ball anfangs vorsichtig mit dem Fuß umher und ermuntern den Welpen, ihm nachzujagen. Das Ziel ist, dass der Hund den Ball mit Nase oder Pfoten anstößt. Loben Sie ihn deshalb mit der Stimme, wenn er sich so am Ball zu schaffen macht. Sobald das funktioniert, können Sie Torpfosten aufstellen. Auch dieses Spiel kann allerdings außer Kontrolle geraten, wenn sich die Spielpartner zu sehr ereifern und hineinsteigern. Sie müssen deshalb wieder Spielregeln aufstellen. Zum Beispiel die, dass es nicht erlaubt ist, den Ball durch die Luft zu schießen, sondern dass er immer auf dem Boden bleiben und rollen muss. So vermeiden Sie, dass das Kind aus Versehen dem Hund den Ball ins Gesicht schießt. Wenn sich das Kind nicht an diese Regel halten kann, raten wir vom Fußballspielen ab. Eine Regel für den Hund ist, seine Zähne von Schuhen und Hosenbeinen zu lassen und auf den Ball konzentriert zu bleiben.

Manche Spiele könnten außer Kontrolle geraten, wenn Sie keine Regeln aufstellen.

Du kriegst es – du kriegst es nicht

Wie das Seilziehen ist dies ein tolles Spiel, kann aber leicht außer Kontrolle geraten, wenn man sich nicht an die Regeln hält. Es ist bestens dazu geeignet, den Welpen zum Spielen mit verschiedenen Gegenständen zu animieren. Nehmen Sie zum Beispiel einen Ball und werfen Sie ihn sich mit einer weiteren Person gegenseitig zu. Sobald der Hund sich dafür zu interessieren beginnt und versucht, den Ball zu bekommen, werfen Sie ihn absichtlich so tief, dass er wirklich herankommt. Loben Sie dann beide den Hund ausgiebig. Am besten beginnen Sie dieses Spiel erst, nachdem der Hund schon das Kommando »Aus!« kennt. Sobald er den Ball hat, befehlen Sie ihm »Aus!« und beginnen das Spiel dann wieder von vorn. Noch aktiver wird das Spiel, wenn Sie ihn den Ball nicht so leicht kriegen lassen und ein paar Schritte nach rechts und links machen, bevor Sie den Ball werfen. Falls sich der Hund dabei zu sehr aufregt, befehlen Sie ihm« Sitz« und belohnen Sie ihn dann, indem Sie ihm den Ball geben. Wichtig ist: Der Hund soll lernen, dass er sich zwar aufregen kann, aber dass er auch wieder abschalten und gehorchen muss, wenn Sie das möchten. Er wird schnell merken, dass sich das für ihn lohnt.

Tricks für Kinder und Welpen

Im Folgenden schildern wir ein paar Tricks, die Sie Ihrem Hund beibringen können – sie sorgen für tolle Unterhaltung, wenn Gäste im Haus sind. Der Schlüssel zum Beibringen all dieser Tricks ist, dass Sie das entsprechende Hörzeichen anfangs nur dann sagen, wenn der Hund das Verhalten von sich aus anbietet. Bevor Sie das Hörzeichen (oder Signalwort oder Kommando) einführen, sollte der Hund das gewünschte Verhalten schon schnell und ohne Schwierigkeiten zeigen. Sagen Sie es dann kurz bevor der Hund das Verhalten sowieso zeigt.

Schüttel dich

Es ist einfach, einem Hund das Schütteln auf Kommando beizubringen, wenn man den richtigen Moment abpasst und das Signalwort dann einführt, wenn er sich sowieso gerade von sich aus schüttelt. Zum Beispiel dann, wenn er gerade aus der Badewanne oder dem Bach kommt und sich schüttelt, um das Wasser aus dem Fell loszuwerden. Sagen Sie »Schüttel dich«, wenn er gerade vorhat, genau das zu tun und loben Sie ihn. Wenn Sie das oft genug wiederholen, wird daraus nicht nur ein lustiger Trick, sondern es ist auch sehr praktisch: Sie können Ihren Hund dazu bringen, sich drin-

Ein schöner Trick: »Schlag ein!«

nen im gefliesten Badezimmer zu schütteln anstatt anschließend im Wohnzimmer!

Pfötchen

Beginnen Sie mit dem sitzenden Hund und halten Sie ihm ein Leckerchen in Augenhöhe vor die Nase. Bewegen Sie es auf und ab und von rechts nach links, um ihn aus der Balance zu bringen. Sobald er eine Pfote hebt, sagen Sie »JA!« und geben ihm das Leckerchen. Warten Sie dann allmählich immer länger, bis Sie das Leckerchen geben, sodass der Hund die Pfote immer etwas höher hebt. Eine andere Methode ist, ein Leckerchen in die Hand zu nehmen und sie vor den Hund hinzuhalten. Wenn er dann mit der Pfote nach Ihrer Hand tatzt, sagen Sie »Ja!« und geben ihm die Belohnung. Allmählich wandert das Leckerchen dann weiter weg aus Ihrer Hand hinter Ihren Rücken und Sie halten ihm die leere Hand hin. Wenn er jetzt weiter Ihre Hand mit seiner Pfote berührt, geben Sie ihm das Leckerchen. Zu guter Letzt können Sie ihm auch die geöffnete Hand hinhalten und »Pfötchen« oder »Schlag ein!« sagen.

Diener

Dies ist nicht nur ein lustiger Trick, sondern dehnt auch den Rücken und kann Ihrem Hund dabei behilflich sein, einen anderen zum Spielen aufzufordern. Sie können es wie die anderen beschriebenen Übungen unter Signalkontrolle bringen (das Hörzeichen dann einführen, wenn der Hund das Verhalten sowieso gerade anbietet) oder es von Grund auf aufbauen. Um es unter Signalkontrolle zu bringen, warten Sie, bis Ihr Hund sich sowieso streckt (zum Beispiel nach dem Aufstehen) und sagen Sie dabei jedes Mal »Diener« (oder ein anderes Wort, das Sie sich dafür ausgedacht haben). Um es schrittweise aufzubauen, beginnen Sie mit dem stehenden Hund. Halten Sie die Hand mit einem Leckerchen darin vor seine Nase und

So sieht eine Spielaufforderung aus.

führen Ihre Hand dann langsam nach unten in Richtung Fußboden, und zwar in einer leicht schräg nach hinten in Richtung auf seine Hinterbeine gerichteten Bewegung. Schließlich liegt Ihre Hand unter der Hundebrust auf dem Boden. Die meisten Hunde lehnen sich nun zurück, beugen ihren Rücken durch und lassen sich mit den Vorderläufen auf den Boden hinab. Sagen Sie »Ja!«, sobald die Ellbogen der Vorderläufe auf dem Boden sind, aber bevor sich der Hund ganz hingelegt hat und geben Sie ihm die Belohnung. Haben Sie Geduld, wenn am Anfang kein perfekter Diener klappt. Nehmen Sie an, was Sie geboten bekommen und belohnen Sie jeden Fortschritt, bis Sie einen kompletten Diener haben. Mit der Zeit können Sie das Leckerchen weglassen und nur noch die Handbewegung machen, während Sie »Diener« sagen.

Kreisel

Hier lernt der Welpe, sich schnell auf der Stelle zu drehen, wie ein Kreisel. Wahrscheinlich fällt ihm das Kreiseln in eine Richtung leichter als in die andere, da die meisten Hunde (genau wie die meisten Menschen auch) eine bevorzugte Körperseite haben, auf der sie beweglicher sind. Arbeiten Sie deshalb öfter auf der steiferen Seite, um Ihrem Hund zu mehr Gleichgewicht zu verhelfen. Beginnen Sie mit dem stehenden Hund und halten Sie ihm ein Leckerchen vor die Nase. Bewegen Sie dann Ihre Hand im oder gegen den Uhrzeigersinn. Wenn der Welpe der Hand folgt, sagen Sie nichts, bis er sich komplett einmal um sich selbst gedreht hat. Dann sagen Sie ihm »Ja!« und geben ihm das Leckerchen. Sobald er der mit Futter lockenden Hand sofort und bereitwillig folgt, sagen Sie »Dreh dich« (oder »Kreisel« oder »Walzer« oder was auch immer Sie sich für diesen Zweck ausgesucht haben), kurz bevor Sie mit dem Locken beginnen. Wie bei den anderen Tricks auch lassen Sie das Futter in Ihrer Hand allmählich wieder weg und geben das Signal mit der leeren Hand. Bleibt Ihr Welpe in der Übung stecken,

Es gibt viele Tricks, die man einem Welpen beibringen kann.

Neugierige Welpen haben großen Spaß daran, neue Umgebungen und neue Spiele kennenzulernen.

belohnen Sie die richtigen Ansätze und versuchen Sie, allmählich eine ganze Drehung aufzubauen.

Kriechen

Bei dieser Übung beansprucht der Hund verschiedene Muskelgruppen. Kriechen ist auch eine prima Vorübung für das »Folg dem Anführer-Spiel«, weil Sie dann das Drunterherkriechen unter Hindernissen mit einbauen können und der Welpe schon weiß, welche Muskelgruppen er dazu braucht. Die beste Ausgangsposition ist, wenn Ihr Welpe »aufrecht liegt«, das heißt wie eine Sphynx mit ausgestreckten Vorderläufen. Halten Sie ihm ein Leckerchen direkt vor die Nase und bewegen Sie es direkt über dem Boden nach vorn. Sobald Ihr Welpe auch nur die geringsten Anstalten macht, sich vorwärts zu bewegen und dabei unten bleibt, sagen Sie »Ja!« und geben ihm

Nach einem spannenden Tag, an dem er viel Neues gelernt hat, muss der Welpe sich ausruhen können.

das Leckerchen. Falls er aufsteht, versuchen Sie es noch einmal. Ziehen Sie das Leckerchen allmählich immer weiter weg, sodass der Welpe sich immer mehr bewegen muss. Sie können auch ein niedriges Tischchen oder einen Schemel als Hilfsmittel benutzen, um den Welpen darunter her kriechen zu lassen. Die Übung kann übrigens auch später sehr hilfreich sein, wenn Ihnen etwas unter das Sofa gefallen ist und Sie nicht mehr daran kommen, der Hund aber schon: Sie können dann »Kriech« und »Nimms« kombinieren.

Es gibt jede Menge Tricks, die man schon einem Welpen beibringen kann. Im Anhang finden Sie eine Liste empfehlenswerter Bücher zu diesem Thema. Unsere Hoffnung ist, dass Ihr Kind und Ihr Welpe lernen, so miteinander zu spielen, dass beide Spaß daran haben und dass die Beziehung zwischen beiden gestärkt wird. Kinder müssen beim Aufwachsen lernen, dass man Hunde mit Respekt behandeln muss und Familienhunde müssen so aufgezogen werden, dass sie korrekte Manieren lernen. So hat jeder in der Familie Spaß am vierbeinigen besten Freund!

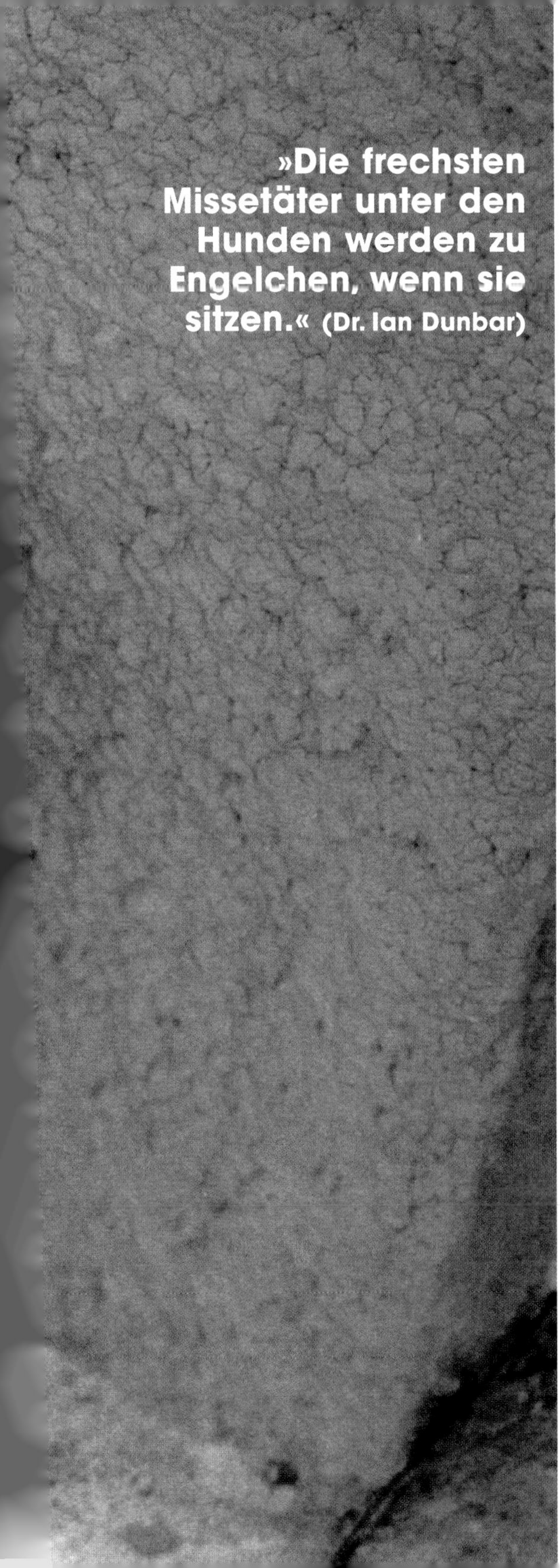

»Die frechsten Missetäter unter den Hunden werden zu Engelchen, wenn sie sitzen.« (Dr. Ian Dunbar)

Teil 4

Ihr Welpe wird Teenager

Kapitel 11

Die juvenile Phase: Überlebenshilfe für Sie

Was Futter, Unterkunft und Schutz angeht, sind Welpen genauso von ihrer Mutter abhängig wie Kinder. Beide schreien, wenn sie Hunger haben, frieren, sich verirrt haben oder bedroht fühlen. Die stimmlich ausgedrückte Forderung nach Nahrung, Wärme und Schutz wird mit dem Älterwerden schwächer, weil sowohl Welpen als auch Kinder von ihren Eltern unabhängiger werden und weniger intensiv umsorgt werden müssen. Sie bekommen ein Selbstvertrauen, das sie noch nicht hatten, als sie klein waren.

Die juvenile Phase (84 Tage durch Geschlechtsreife und Reifung im Verhalten) ist im allgemeinen Sprachgebrauch als Jugendlichen- oder Halbstarkenphase bekannt – wir nennen sie gerne die »Teenagerzeit«. Das Einsetzen der Geschlechtsreife kann schon mit sechs Monaten stattfinden, aber im Verhalten ist ein Hund oft erst im Alter von ein oder zwei Jahren erwachsen. Jugend ist eine Zeit des Übergangs mit vielen körperlichen, geistigen und gefühlsmäßigen Veränderungen. Ihr Hund ist nun nicht länger zerbrechlich und hilfsbedürftig und seine Verhaltensmuster werden sich ändern. Es kann sein, dass er heute auf Ihren leisesten Hinweis schon brav gehorcht und morgen so tut, als habe er gar nichts gehört. Er kann welpentypisches Verhalten zeigen und eine Sekunde später handeln wie ein erwachsener Hund. Auch Ihre Kinder müssen lernen, dass der Hund sich nun ver-

Ein müder Welpe ist ein guter Welpe. Bewegung ist wichtig!

ändert. Es kann zum Beispiel sein, dass er die Kinder an einem Tag mit der typischen Überschwänglichkeit und Begeisterung eines Welpen begrüßt und sie am nächsten völlig ignoriert. Sie müssen verstehen, dass der Hund nun kein Welpe mehr ist. Das kann frustrierend für Sie und die Kinder sein.

Ein jugendlicher Hund kann eine echte Herausforderung sein. Auch wenn diese Zeit irgendwann vorbeigeht: Wenn Sie jetzt nicht die Führung behalten, Regeln aufstellen, Grenzen setzen und Struktur in das Leben des Hundes bringen, wird er irgendwann zu einem echten Problem. Viele heranwachsende Hunde landen in Tierheimen, weil sie inakzeptables Verhalten zeigen. Vermeiden Sie Fehlkommunikation in diesem Alter – das ist die beste Vorbeugung davor, dass Ihr Hund im Tierheim landet und auf ein neues Zuhause hofft.

Typisches Halbstarken-Verhalten

Im Folgenden beschreiben wir einige Verhaltensweisen, die heranwachsende Hunde besonders häufig zeigen. Jeder Hund ist da allerdings anders, genau wie jedes Kind auch. Bei einigen geht der Übergang sehr sanft vonstatten, andere geraten völlig außer Kontrolle. Dies ist nicht die richtige Zeit, um die Kinder mit in die Erziehung des Hundes einzubeziehen.

Ein jugendlicher Hund kann eine echte Herausforderung sein.

Größere Unabhängigkeit

Heranwachsende Hunde sind neugierig auf die Welt und machen sich gerne schon einmal selbstständig, um das ein oder andere näher zu untersuchen. Es kann sein, dass Ihr Hund sich jetzt nicht mehr wie sonst bei Ihnen rückversichert, weil er meint, dass er nun auch alleine zurechtkommen kann. Der Sicherheitsbedarf, den er als Welpe hatte, lässt nun nach.

ACHTUNG

Jugendlicher Überschwang

Eines sonnigen Morgens begann Pia, Leckerchen, Bälle und Frisbeescheiben zusammenzusuchen. Die Hunde waren voller Vorfreude auf einen tollen Morgen, als sie das sahen. Pia und ihre Hunde zogen also los in den Wald und streiften an einem halb zugefrorenen Bach entlang.

Ihr sechs Jahre alter Rüde lief an ihrer Seite, die acht Monate alte Hündin – ja, wo war die eigentlich? Sie war immer ganz dicht bei Pia geblieben – bis an diesem Morgen. Als sie sich umdrehte, sah sie, wie das fröhliche kleine Hundemädchen über die Baumstümpfe hüpfte, voller Vergnügen durch das dünne Eis in den Bach hineinkrachte, in Schneewehen sprang und sich ohne Rücksicht auf Verluste durchs Gestrüpp zwängte. Bis Pia oben auf dem Hügel angekommen war, hatte die Hündin den Hin- und Rückweg schon viermal zurückgelegt. Pia und ihr sechsjähriger Rüde schauten sich an, als ob sie sagen wollten: »Oh je, jetzt geht es los!« Junge Hunde sind genau wie Kinder: Wenn Sie ein neues Abenteuer für sie bereithalten, sind sie außer sich vor Freude!

Vielleicht kommt es Ihnen so vor, als ob Ihr Hund sich benimmt wie ein rebellischer Teenager. Vielleicht sind Sie eine Zeit lang nicht besonders wichtig für den Hund – deshalb ist es wichtig, dass Sie ihn jetzt für die Freiheit arbeiten lassen, die Sie ihm dann zugestehen werden. Sie würden ja auch Ihrem achtzehnjährigen Sohn nicht sofort die Schlüssel zu Ihrem neuen Mercedes geben, sobald er seinen Führerschein in der Hand hat. Der heranwachsende Hund hat auch gerade seinen Führerschein und Sie entscheiden, wann er alleine fahren darf. Zu lange sollte es bis dahin aber auch nicht dauern!

Mehr Energie und Aktivität

Der heranwachsende Hund bewegt sich jetzt nicht nur weiter von Ihnen weg, auch sein Vorrat an Energie scheint niemals zu enden. Jugendliche Hunde brauchen mehr Bewegung, die ausgedehnten Schläfchen am Tag gehören der Vergangenheit an. Es gibt nun viel zu viele Dinge zu tun und viel zu viel Neues zu entdecken! Welpen schlafen genau wie kleine Kinder öfter am Tag. Sobald Kinder in die Schule kommen, brauchen sie in der Regel keinen Mittagsschlaf mehr. Damit Sie die Kontrolle (und Ihre Nerven) behalten, müssen Sie dem Hund vermutlich nun mehr Bewegung verschaffen. Die meisten Hunde haben ihre Zeiten der höchsten Aktivität am Morgen und in den frühen Abendstunden. Die meisten Menschen halten zweimal am Tag spazieren gehen für ausreichend. Das reicht leider nicht! Für einen alten Hund vielleicht schon, aber bestimmt nicht für einen Teenager-Hund. Hunde müssen laufen und ihre Energie loswerden können. Und sie müssen ihren Verstand beschäftigt halten können. Nur diese Kombination wird es schaffen, Ihren Hund müde zu bekommen.

Viele Besitzer beginnen in dieser Zeit, ihrem Hund mehr Freiheit im Haus zu geben, weil sie meinen, er sei ja jetzt stubenrein. Das mag zwar der Fall sein, aber dafür ist es gut möglich, dass er nun vermehrt an Sachen herumkaut, die ihn nichts angehen. Kauen ist für Hunde eine großartige Methode zur Stressbewältigung und hilft, Energie loszuwerden, besonders, wenn sie nicht genug Bewegung bekommen. Wie wir schon öfter sagten: Ein müder Welpe ist ein guter Welpe, und noch besser ist ein müder Teenager. Unserer Erfahrung nach kommt bei den meisten Besitzern, die sich über das Verhalten ihres Hundes beschweren, im Gespräch heraus, dass der Hund nicht genug Bewegung bekommt. Wenn Sie selbst nicht genug Zeit haben, um mit dem Hund rauszugehen, sollten Sie unbedingt jemand engagieren, der das für Sie tut und dafür sorgt, dass Ihr Hund genug Bewegung bekommt. Und woher Sie wissen, wann es genug Bewegung ist? Ganz einfach: Wenn Ihr Hund im Haus ruhig bleiben und sich ausruhen kann, wenn er nicht auf Sachen herumkaut und sein Verhalten nicht unkontrolliert und rüpelhaft ist – dann hatte er genug Bewegung.

Aufregung bei Spiel und Begrüßung

Inzwischen haben Sie (hoffentlich) Ihrem Welpen und Ihren Kindern erklärt, was Ihre Regeln für das Zusammensein von Hunden und Menschen sind. Achten Sie darauf, dass Ihr Standard in dieser turbulenten Phase nicht nach und nach gesenkt wird. Bringen Sie Ihren aktiven jugendlichen Hund dazu, für das zu arbeiten, was er sich im Leben wünscht. Beim Spielen kann sich seine Stimmung von Aufregung zu übermäßiger Aufregung verändern. Nach Hosenbeinen schnappen kann sich jetzt zum Zerreißen von Hosenbeinen entwickeln. Sprang er anfangs Menschen nur an, wirft er sie jetzt vielleicht um. Bellen kann selbstbelohnend sein. Sie müssen Ihrem Hund also ein alternatives Verhalten beibringen, das er immer dann zeigen soll, wenn er aufgeregt ist.

Bringen Sie Ihrem Hund ein Alternativverhalten bei, das er bei Aufregung zeigen soll.

Wir üben »Platz« und »Ruhig« als Alternativverhalten ein. Mit Futter als Lockmittel geht das einfach: Stellen Sie sich so vor den stehenden Hund, dass dieser Sie anschaut. Halten Sie ein Leckerchen zwischen Daumen und Zeigefinger und halten Sie es dem Hund so vor die Nase, dass Ihre Handfläche zum Boden zeigt. Bewegen Sie die Hand mit dem Leckerchen nun senkrecht nach unten in Richtung Vorderpfoten des Hundes. Vermutlich wird er dem Leckerchen nun folgen. Jetzt bewegen Sie Ihre Hand langsam nach hinten zwischen seinen Vorderpfoten in Richtung seiner Brust – jetzt wird er sich »zusammenfalten« und hinlegen. Sobald Vor- und Hinterteil des Hundes auf dem Boden sind, sagen Sie »Ja!« und geben ihm das Leckerchen. Wiederholen Sie das so oft, bis Ihr Hund dem Futter bereitwillig auf den Boden und ins »Platz« folgt. Sobald er sich jedes Mal hinlegt, führen Sie das Kommando »Platz« ein. Ist das verstanden, können Sie das Futter weglassen und den Hund nur mit Hand- und Hörzeichen abliegen lassen. Sobald er liegt, sagen Sie »Ja« und ziehen zur Belohnung ein Leckerchen aus Ihrer Tasche oder von hinter dem Rücken hervor.

Denken Sie daran: Es ist nicht Sache des Hundes, zu entscheiden, wann Ende ist, sondern alleine Ihre. Auch Hunde können lernen, trotz Aufregung auf Sie zu achten und auf Sie zu hören. Das kann zwar etwas länger dauern, aber es geht. Wenn Sie das Verhalten, das Ihr Hund zeigt, bei Ihren Kindern nicht tolerieren würden, dann tolerieren Sie es auch nicht bei Ihrem Hund. Vielleicht begrüßt Ihr Hund neuerdings Gäste mit deutlichem Überschwang und ist dabei viel aufgedrehter, als er es früher war. Sie würden aber auch einem Teenager schlechtes Benehmen nicht durchgehen lassen, weil er jetzt älter ist. »Bitte«, »danke« und »darf ich« sollten auch bei Teenagern immer noch Teil des Wortschatzes sein, und das Gleiche gilt auch für Hunde!

Aggressive Handlungen

Die ernsthaftesten und besorgniserregendsten Verhaltensauffälligkeiten, die in der juvenilen Phase auftreten können, sind drohende oder aggressive Handlungen. Beispiele dafür sind das Hochziehen der oberen Lefze, Knurren, Zähne zeigen, in die Luft schnappen (der Hund schnappt in Richtung der angedrohten Person, aber absichtlich ins Leere) und schließlich Beißen. Diese Verhaltensweisen können auftreten, wenn Sie oder Ihre Kinder versuchen, dem Hund etwas aus dem Fang zu nehmen, ihn stören, wenn er gerade ruht, ihn bestrafen, in die Nähe seiner Futterschüssel kommen, ihn zu bürsten versuchen und so weiter. Wenn irgendeins der beschriebenen Verhalten auftritt, sollten Sie am besten sofort Rat bei einem auf Verhaltenstherapie spezialisierten Tierarzt oder guten Hundetrainer einholen (Adressen der Dachverbände siehe Anhang), bevor das Problem sich verschlimmert. Dieses Verhalten verschwindet nicht von alleine, wenn der Hund älter wird und kann zu ernsthaften Verletzungen führen, wenn man sich nicht sofort darum kümmert.

Was ist ein Verhaltensproblem?

Bevor wir einige einzelne Verhaltensprobleme besprechen, die bei einem heranwachsenden Hund auftreten können, ist es nützlich, etwas mehr über Hundeverhalten im Allgemeinen und über Problemverhalten zu wissen. Grundsätzlich ist Hundeverhalten erst einmal alles das, was der Hund tut. Zu einem Problem wird es nur dann, wenn es nicht mit dem übereinstimmt, was Sie oder Ihre Umgebung von dem Hund erwarten. Aggression zum Beispiel ist ein ganz normales Hundeverhalten, aber eben für einen Familienhund nicht akzeptabel. Was akzeptabel ist, kann auch von Familie zu Familie unterschiedlich sein. Wenn Sie zehn Leute befragen, ob es aus ihrer Sicht ein Problem darstellt, wenn ein Hund mit einem Kind zusammen im Bett liegt, bekommen Sie vermutlich zehn verschiedene Antworten. Was der eine akzeptabel findet (oder damit leben kann), ist für den nächsten vielleicht absolut undenkbar und inakzeptabel. Viele Menschen leben mit Hunden unter einem Dach, die sie beißen; andere würden ihren Hund nach dem ersten Biss weggeben und wieder andere schon nach dem ersten Knurren. Manche haben sich damit abgefunden, dass ihr Hund nicht stubenrein ist, andere halten diese Vorstellung für absolut unmöglich.

Beißen und ins Haus machen sind beides normale Verhalten für Hunde. Zum Beispiel:

- Der Hund hat vielleicht mehrmals mitzuteilen versucht, dass er irgendwann beißen wird, wenn das Kind ihn jedes Mal hochhebt, während er gerade schläft.

- Vielleicht bestand dieser Mitteilungsversuch darin, dass er jedes Mal woanders hinging, wenn das Kind in seine Nähe kam.
- Vielleicht hat der Hund, der ins Haus gemacht hat, mehrmals mitzuteilen versucht, dass er hinausmuss, aber leider war niemand da, als er winselnd vor der Tür saß.

Bringen Sie Ihrem Hund frühzeitig gute »Tischmanieren« bei.

Alle unter einen Hut bringen

Die schwierigste an uns als Hundetrainer gestellte Aufgabe ist, mit Familien umzugehen, die nicht einer Meinung darüber sind, was als Verhaltensproblem beim Hund zu betrachten ist und was nicht. Was der eine Mensch hinnimmt, findet der andere absolut unerträglich. Wenn sich aber die einzelnen im Haus lebenden Personen nicht darüber einig sind, wie sich der Hund verhalten soll, was soll man dann von ihm erwarten?

Einer der häufigsten Gründe für solche Meinungsverschiedenheiten ist die Frage, ob der Hund auf dem Sofa liegen oder im Bett schlafen soll. Vielleicht genießt die Frau es, wenn der kleine Hund an ihren Rücken gekuschelt mit unter der Bettdecke liegt, während der Mann ihn sofort hinaushaben möchte, weil er jedes Mal angeknurrt wird, wenn er sich bewegt. Die Frau sieht das aber möglicherweise nicht als Problem. Nun nehmen die Gefühle überhand – die Frau hat Mitleid mit dem Hund, der nach einem Jahr gemeinsamen Kuschelns nun aus dem Bett geworfen werden soll und der Mann betrachtet das Knurren als ernsthaftes Problem (und da hat er vollkommen Recht). Wenn der Hund den Mann nicht anknurren würde, wäre das Ganze vermutlich gar kein Problem. Wenn der Hund im Bett schlafen soll, dann müssen auch beide Ehepartner das toll finden und mögen, wenn es funktionieren soll.

Wie Verhalten zu Problemen werden

Hunde benehmen sich nicht plötzlich falsch, wenn sie älter werden. Vielleicht haben sie das gleiche Verhalten schon viele Monate lang gezeigt (z.B. etwas Ankauen, Buddeln, Bellen, ins Haus machen...), aber es wurde von den Haltern nicht als Problem betrachtet, weil es ja noch ein Welpe war. Bei

Wenn Welpen Kinder anspringen, mag das harmlos aussehen, auf viele Kinder wirkt es aber beängstigend.

einem älteren Hund wird das gleiche Verhalten plötzlich zum Problem. Der Hauptgrund dafür, dass so viele Verhalten zu Verhaltensproblemen werden, ist, dass die gutmeinenden Besitzer sie unabsichtlich bestärken und so zu einem hartnäckig festsitzenden Problem machen.

FALLBEISPIEL

Das Hochspring-Problem

Eine Familie besaß einen Welpen, der zur Begrüßung alle Menschen ansprang. Das wurde aber nicht als Problem betrachtet, weil der Welpe niedlich und so klein und leicht war, dass es niemanden störte. Die Familienmitglieder und auch Freunde hatten nichts gegen das Anspringen oder forderten den Welpen sogar dazu auf. Als der Welpe nun größer wurde und auch seine Zähne beherzter einsetzte, Menschen an Kleidungsstücken festhielt oder Kinder umwarf, wurde diese Art der Begrüßung zu einem Problem. Was einst so niedlich war, war jetzt nur noch lästig. Die Familie beschloss also, dem Welpen das Hochspringen ab sofort zu verbieten. Sie handelten in bester Absicht, zogen aber leider nicht alle an einem Strang: Johnny, der 17jährige Sohn, ermunterte den Hund immer noch jeden Tag zum Hochspringen, wenn er aus der Schule kam. Und Gäste, denen das Anspringen nach eigener Aussage nichts ausmachte, schoben den Hund sanft weg, wobei sie freundlich »Jajaja, guter Junge, jetzt ist aber genug, sitz schön« sagten – was der Hund nicht verstehen konnte. Erst als auch Johnny sich an die Regeln hielt, kamen sie der Problemlösung näher.

Die meisten Probleme können durch gezieltes Training beeinflusst werden.

Die meisten Verhaltensprobleme können durch gezieltes Training beeinflusst werden, wirklich »heilen« lassen sie sich jedoch nicht. Sehr wichtig dabei ist, mit den Gegenmaßnahmen so früh wie möglich zu beginnen, ehe der Hund viele Male immer wieder für das gezeigte Verhalten bestärkt wurde und so ein konditioniertes Verhaltensmuster entstanden ist. Wenn Ihr Hund beispielsweise im Alter von einem halben Jahr immer noch ins Haus macht, wurde er bis dahin nicht aufmerksam beobachtet und nicht jedes Mal hinausgebracht, wenn er sich lösen musste. Versuchen Sie einmal, es aus Sicht des Hundes zu sehen: Das Sich-Lösen ist die Belohnung! Das einzig Beständige und immer Gleichbleibende an dem Verhalten ist, dass der Hund sich jedes Mal löst. Manchmal tut er es drinnen, manchmal draußen. Wenn niemand da ist, der ihm sagt, wo er zu diesem Zweck hingehen soll – woher soll er dann wissen, was von ihm erwartet wird? Wenn er einige Stunden später Ihr ärgerliches Gesicht sieht, lehrt ihn das nicht, sich ab sofort nur noch draußen zu lösen. Wenn Sie überhaupt etwas erreichen, dann, dass der Hund Ihnen nicht mehr vertraut, weil Ihr Verhalten für ihn unvorhersehbar ist. Manchmal kommen Sie gut gelaunt nach Hause und manchmal wütend und ärgerlich. Der Hund versteht nicht, warum. Vielleicht kommt er irgendwann auf die Idee, dass Sie den Anblick von Stuhl und Urin nicht mögen. Das muss es sein!

Was motiviert den Hund?

Wenn ein Verhalten unregelmäßig bestärkt wird, tritt es mit der Zeit immer öfter und stärker auf. Sie konditionieren den Hund darauf, es weiter zu versuchen, denn vielleicht gibt es ja dieses Mal eine Belohnung. Warum sind Menschen fasziniert von Spielautomaten im Casino, empfinden aber nichts Spannendes dabei, Geld in einen Getränkeautomaten zu werfen? Ganz klar – weil sie immer auf den Jackpot hoffen.

Motivation hat viel damit zu tun, ob Ihr Hund ein bestimmtes Verhalten weiterhin zeigt oder nicht. Motivation spielt sich im Innern ab, hat aber äußere Anreize. Es ist Ihre Aufgabe, herauszufinden, was den Hund motiviert. Genau wie Menschen brauchen auch Hunde eine Motivation, um

Finden Sie heraus, womit sich Ihr Hund am besten motivieren lässt.

etwas zu tun, sonst fragen sie sich, warum sie sich anstrengen sollten. Motivation bringt uns zum Handeln. Was den einen motiviert, motiviert allerdings den anderen nicht unbedingt ebenfalls. Keiner unserer Hunde ist besonders futtermotiviert – sie spielen lieber. Deshalb mussten wir auch nicht akribisch darauf achten, in der Küche nie irgendwelche Lebensmittel auf der Anrichte stehen zu lassen, weil unsere Hunde sich dadurch nicht motiviert sahen, irgendwo hinaufzuspringen. Würde ich allerdings einen Ball oder eine Frisbeescheibe auf die Küchenanrichte legen, würde ich wetten, dass mein Hund sofort hinaufspringt, um daran zu kommen. Weil wir wissen, was unsere Hunde motiviert, achten wir sehr darauf, dass Bälle und Frisbeescheiben nach dem Spielen immer gut weggeräumt werden.

Futtermotivierte Hunde dagegen werden immer wieder auf die Küchenanrichte springen, wenn sich das manchmal für sie lohnt und manchmal nicht. Wenn Sie nicht aufpassen, werden sie nach vielen Versuchen auch irgendwann den Jackpot kriegen: Das marinierte Steak! Wenn Sie so einen futtergierigen Hund haben, müssen Sie konsequent darauf achten, dass nie etwas herumsteht und der Hund folglich auch nie belohnt wird.

»Aber er weiß genau, was er tun soll!«

Dies ist ein weit verbreiteter Irrglaube. Wenn der Hund es tatsächlich besser wüsste, warum geht er dann nicht nach draußen, um sich zu lösen? Hunde sind nicht hinterlistig und denken sich auch nachts nicht Möglichkeiten aus, wie sie uns ärgern könnten. Sie mögen Frieden und Harmonie in ihrem Leben, genau wie wir. Schauen Sie einmal auf den Schwanz Ihres Hundes, wenn Sie ihn das nächste Mal loben. Welcher Hund sollte Spaß daran haben, ausgeschimpft zu werden? Wir haben noch keinen kennengelernt!

Ein guter Start

Wenn Sie an einem Elternabend alle Eltern befragen würden, welche Regeln, Grenzen und Strukturen sie ihren Kindern auferlegt haben, würden sich keine zwei dieser Profile gleichen. Stellen Sie die gleiche Frage Hundebesitzern und Sie werden ebenso viele Antworten bekommen.

Damit eine langfristige, vertrauensvolle Bindung entstehen kann, müssen Sie diejenigen Verhaltensweisen belohnen, die Sie mögen und Ihrem Hund zeigen, dass es eine kleine Strategie ist, sich nach Ihren Wünschen zu richten. Genauso wichtig ist, dass Sie das Auftreten unerwünschter Verhaltensweisen verhindern. Sorgen Sie für einen guten Start, indem Sie mit der ganzen Familie zusammen einen taktischen Spielplan für diese herausfordernde Phase im Leben Ihres Hundes entwickeln.

Konsequenz und Beständigkeit zahlen sich während der Wachstumszeit aus.

Konsequente Erziehung gefragt

Heranwachsende Hunde verlangen gerne dann nach Aufmerksamkeit, wenn *Sie* es wünschen. Und wenn Sie dann versuchen, seine Aufmerksamkeit zu bekommen, merken Sie, dass Ihr Hund Ihnen mitzuteilen vergessen hat, dass er kürzlich seinen Namen geändert hat! Solches Verhalten ist typisch für halbwüchsige Hunde. Wenn Sie während dieser Zeit konsequent und hartnäckig sind, zahlt sich das später aus. Viele Halter stecken in dieser Phase mit der Erziehung erst einmal zurück, in der Hoffnung, alles würde wieder leichter, wenn der Hund erst erwachsen ist. Aber würden Sie Ihrem Kind erlauben, in seiner Teenagerzeit tun und lassen zu können, was es möchte, um es dann mit einundzwanzig wieder zur Schule zu schicken? Sie müssen konsequent an der Erziehung Ihres Hundes arbeiten. Tun Sie das nicht, werden die Probleme größer statt kleiner und Sie werden irgendwann mit einer Menge unerwünschter Verhaltensweisen zu kämpfen haben, die Ihr Hund sich inzwischen angewöhnt hat. Konzentrieren Sie sich in dieser schwierigen Zeit darauf, den Hund für gutes Verhalten zu belohnen und versuchen Sie, nicht auf sein Aufmerksamkeit heischendes Verhalten einzugehen.

Jetzt ist die richtige Zeit, seine kleinen grauen Zellen zu trainieren. Erziehung muss für Ihren Hund zu einem ganz normalen Teil des Alltags werden. Sie soll ganz normal und selbstverständlich stattfinden – und zwar so, dass das Ganze auch für Sie nicht zur Belastung wird. Belohnen Sie Ihren Hund für gute Mitarbeit damit, was er als besondere Belohnung empfindet. Nichts im Leben ist umsonst – das sollte auch für Hunde gelten. Geben Sie Ihrem Hund eine kleine Aufgabe zu erledigen, bevor Sie ihn füttern, streicheln oder in den Garten lassen. Das ist nicht zu viel verlangt. Sie bringen dem Hund lediglich bei, »Darf ich…?« zu fragen.

Mit Konsequenz und Köpfchen behalten Sie immer die Führungsposition gegenüber Ihrem Hund.

Machen Sie es ihm leicht, zu verstehen: Auf dem schnellsten Weg bekommt er das, was er möchte, wenn er einfach auf Sie hört. Wenn Sie darin konsequent sind, wird der Hund irgendwann beginnen, Ihnen dieses Verhalten von selbst zu zeigen, ohne, dass Sie danach fragen müssen. Wenn Sie jedes Mal »Sitz« befehlen, während Sie das Hundefutter zubereiten, wird er sich irgendwann von alleine hinsetzen, wenn er sieht, dass sein Futter zurechtgemacht wird. Sie lassen Ihren Hund wählen, ob er sich eine Belohnung verdienen möchte, indem er auf Sie hört, oder nicht – und nehmen damit die gesamte Konfrontation aus Ihrem Umgang miteinander. Immer wenn Hundebesitzer einwenden, das Sie keine Zeit für spezielle Erziehungsübungen hätten, erklären wir ihnen, dass wir es gar nicht begrüßen, wenn fixe »Trainingszeiten« festgelegt werden. Das führt in der Regel nämlich dazu, dass der Hund nur während dieser Trainingsstunden gehorcht und sonst nicht. Der Hund soll aber vielmehr lernen, *immer* und *den ganzen Tag lang* zu gehorchen!

Die Führungsposition behalten

Damit Sie in dieser Zeit der Tumulte nicht wahnsinnig werden, müssen Sie unbedingt Ihre Führungsposition gegenüber dem Hund aufrecht erhalten, die Sie in seiner ersten Zeit bei Ihnen aufgebaut haben. Hunde sind soziale Tiere und erleichtert, wenn man ihnen die Verantwortung für das Handeln abnimmt. In der juvenilen Phase wird Ihre Führungsposition aber herausgefordert werden: Bei so manchen Menschen führt das dazu, dass sie die Geduld verlieren oder irgendwann Gewalt anwenden. Eine Führungsrolle wird aber nicht durch Gewalt erreicht oder erhalten. Wer mit Gewalt (egal ob körperlicher oder psychologischer) zu herrschen versucht, verdient sich keinen Respekt.

Überlegen Sie einmal, welche Menschen in Ihrem Leben Ihrer Meinung nach vorbildliche Führungsqualitäten besaßen und wie diese Qualitäten aussahen. Liefen diese Menschen schimpfend und schreiend umher, um die Menschen um sich herum zu managen? Schauten sie jedem ständig über die Schulter, kontrollierten sie jeden Schritt, den die Untergebenen machten, konzentrierten sich ständig darauf, was falsch lief und gaben sie immer irgendwem die Schuld? Wahrscheinlich nicht! Es war anders: Diese Menschen hatten eine Präsenz um sich herum, die man spüren konnte, wenn sie einen Raum betraten. Sie konnten es fühlen. Diese Menschen hatten es nicht nötig, etwas zu beweisen. Sie waren organisiert, hatten einen Handlungsplan, teilten diesen Plan klar verständlich mit und begleiteten dessen Durchführung unterstützend und beratend. Sie brachten andere dazu, erfolgreich zu sein.

Der Hund muss *immer* und *den ganzen Tag lang* gehorchen.

Menschen, die versuchen, ihren Führungsanspruch damit durchzusetzen, indem sie andere einschüchtern, manipulieren oder dominieren, sind sich ihrer Position typischerweise unsicher. Manipulation hat Kontrolle anstatt Kooperation zum Ziel und bringt andere Menschen (und Hunde!) dazu, sich abzuwenden. Die Opfer einer solchen Manipulation empfinden Ärger und Misstrauen und zeigen irgendwann eine Verteidigungshaltung. Manipulation, sei es durch Einschüchterung oder auf andere Weise, führt nicht zu guten Beziehungen: Auf lange Sicht werden Sie so nicht zu einer respektierten Führungsperson für Ihren Hund, der er vertraut.

Sie müssen Ihrem Hund realistische Ziele setzen, damit er in der Lage und willens ist, auf Sie zu hören. Wenn Sie sich mit einem Hund zufrieden geben, der nur aus Pflichtbewusstsein gehorcht anstatt aus Überzeugung mitzuarbeiten, wird dieser immer nur so viel für Sie tun, wie er unbedingt muss. Betrachten Sie diese Überzeugung als Schritt auf dem Weg zu absolutem Gehorsam. Überlegen Sie, was Sie von Ihrem Hund erwarten können. Seien Sie ehrlich mit sich selbst: Wie viel haben Sie bis jetzt schon mit dem Hund geübt? Haben Sie »Sitz« auch draußen im Park geübt, wenn gerade andere Hunde vorbeigingen? Haben Sie »Platz« zuhause neben dem Fernsehsessel geübt oder im Wartezimmer des Tierarztes? Ist das, was Sie gerade von Ihrem Hund verlangen, fair? Weiß er, wie er in einer bestimmten Situation reagieren soll? Setzen Sie sich beiden realistische Ziele und legen Sie die Latte erst dann höher, wenn Sie das Ziel erreicht haben.

Setzen Sie sich und dem Hund realistische Ziele.

FALLBEISPIEL

Ein Welpe als Rudelführer

Lynn hatte einmal eine Familie aus der Nachbarschaft als Kunden, die eine fünfjährige Tochter namens Sarah und einen damals einjährigen Hund hatte. Sie hatten den Hund im Alter von acht Wochen beim Züchter gekauft und dann zuhause aufgezogen. Weil es ihr erster Hund war, waren sie besonders bemüht, alles richtig zu machen. Sie zäunten ihren Hof ein und gaben dem Hund alles, was er wollte. Leider hatten sie sich aber selbst in den Augen ihres Hundes nie zu Anführern gemacht. Sie hatten keine Erfahrung mit Welpenaufzucht oder Hundeerziehung und besuchten auch keine Hundeschule. Der Hund tat mehr oder weniger das, was er wollte. Er teilte mit, wann er gefüttert werden wollte, bellte und kratzte an der Tür, wenn er hinauswollte, sprang an der Tür hoch, wenn er wieder reinwollte und so weiter. Als er anfing, Sarah anzuknurren, wenn diese sich ihm beim Fressen näherte, suchten sie professionelle Hilfe. Es ging so weit, dass der Hund auch die Erwachsenen während der Futterzeit anknurrte. Die Eltern machten sich große Sorgen, auch wenn der Hund bis jetzt noch nicht gebissen hatte, denn Sarah hatte oft Freundinnen zu Besuch. In Lynns Beratungsgespräch mit der Familie und bei ihrer Einschätzung des Hundes stellte sich heraus, dass dieser junge Hund hier in Lynns Praxis überhaupt nicht die Führungsrolle beanspruchte und das auch gar nicht wollte. Er konnte ganz ruhig fressen, während Lynn danebenstand und beschwerte sich auch nicht, als sie ihm den Napf wegnahm. Sie brachte ihm ein paar einfache Gehorsamsübungen bei und er machte willig mit. Er zeigte sich entspannt, nachdem die Last von seinen Schultern genommen war, die Rolle des Rudelführers übernehmen zu müssen. Er wollte diesen Job eigentlich gar nicht haben, aber da niemand sonst in der Familie ihn übernahm, fühlte er sich verantwortlich, diese Lücke zu füllen. Die Erwachsenen besuchten nun mit dem Hund eine Hundeschule, absolvierten dort ein grundlegendes Gehorsamstraining und bekamen Tipps, wie sie zuhause mit dem Hund umgehen sollten. Sobald sie die Positionen klargemacht hatten, war der Hund sofort glücklicher und entspannter und die Verhaltensprobleme begannen zu verschwinden.

Kinder sind keine Führungspersonen und sollten nicht die Verantwortung dafür haben, was der Hund tut.

Leider sind immer noch Informationen im Umlauf, die Menschen glauben lassen, sie müssten ihrem Hund ständig ihre Dominanz beweisen, damit er sie respektiert. Sie werden dazu aufgefordert, ihren Hund auf den Boden zu werfen, um Unterordnung zu erreichen, ihn auf den Rücken zu drehen oder ihn so lange böse anzustarren, bis er wegschaut – nach der Theorie, dass ein Hund, der von sich aus Blickkontakt zu seinem Besitzer aufnimmt, diesen angeblich nicht respektiert.

Solches Denken ist veraltet, vollkommen unnötig und durch keinerlei wissenschaftliche Kenntnis unterstützt. Führung hat nichts mit Dominanz und Unterwerfung zu tun. Wir beide haben insgesamt fünfzehn Hunde besessen, die sich immer alle vorbildlich benahmen, egal, wohin wir sie mitnahmen. Nicht einer dieser Hunde gehorchte deshalb, weil wir sie im »Alpha-Wurf« auf den Rücken geworfen oder sonst wie Gewalt angewendet hätten. Deshalb können wir unsere Hunde auch ohne Leine laufen lassen, ohne Angst zu haben, dass sie uns weglaufen. Wer folgt, rennt nicht von zuhause oder seinem Anführer weg (es sei denn, er hat Angst vor ihm oder misstraut ihm). Wer folgt, arbeitet harmonisch mit seinem Anführer zusammen und empfindet es als eine Ehre, bei ihm sein zu können.

Kinder sind keine Führungspersonen

Wir haben in diesem Buch schon öfter betont (und werden es weiter tun), dass Kinder nie mit einem Hund alleine gelassen oder für dessen Handlungen verantwortlich sein sollten. Viele Hunde werden zu Opfern von Kindern, weil Kinder einfach noch nicht die Fähigkeit dazu haben, einem Hund Grenzen zu setzen. Sie haben schon genug damit zu tun, zu verstehen, wo ihre eigenen Grenzen sind! So wird der Hund nur zu schnell an eine Schwelle geführt, deren Überschreiten katastrophale Folgen für beide Seiten – Kind und Hund – haben kann.

FALLBEISPIEL

Der Hund, der nicht draußen bleiben wollte

Einmal rief uns eine besorgte Mutter an, die Angst hatte, möglicherweise ihren Familienhund abgeben zu müssen. Der Hund war immer lieb zu den Kindern gewesen, zeigte ihnen aber seit neuestem hin und wieder die Zähne. Neulich hatte er sogar geknurrt, als die Kinder ihn mit nach draußen nehmen wollten. Nachdem wir über eine Stunde mit Mutter und Kindern gesprochen und so viele Informationen wie möglich gesammelt hatten, kamen wir zu dem Schluss, dass es für die Kinder zu viel war, Verantwortung für den Hund ohne die Aufsicht Erwachsener übernehmen zu müssen. Die Kinder waren nach der Schule immer etwa eine halbe Stunde lang alleine zuhause, bis die Mutter von der Arbeit kam. Was, so meinen Sie, soll denn schon in so kurzer Zeit schief gehen können? Eine ganze Menge!

Die Kinder hatten den Auftrag, den Hund in dieser Zeit zum Spielen mit nach draußen zu nehmen und aufzupassen, dass er nicht in Schwierigkeiten kam. Allerdings hatte nie jemand den Kindern oder dem Hund etwas über Spielregeln beigebracht. Die Kinder spielten Fangen, aber merkten oder verstanden nie, wann der Hund genug davon hatte. Der Hund hatte mehrere Versuche gemacht, ihnen mitzuteilen, dass er zum Haus zurückwollte, aber weil man den Kindern gesagt hatte, dass der Hund frische Luft bräuchte, ließen sie ihn viel länger mitmachen, als er wollte. Er versuchte mehrfach, dem ständigen Gejagt- und Festgehaltenwerden zu entkommen. Die Kinder fanden das spaßig, der Hund aber gar nicht.

Immer, wenn die Mutter nach Hause kam, war der Hund erleichtert und hielt sich Schutz und Aufmerksamkeit suchend in ihrer Nähe auf. Er begann zu knurren, sobald sich die Kinder der Mutter näherten. Die Mutter dachte, der Hund wolle sie beschützen, dabei versuchte er nur, den Kindern zu sagen, dass er in Ruhe gelassen werden wollte. Sobald wir den Kindern die Spielregeln erklärt und ihnen gezeigt hatten, wie sie mit dem Hund umgehen sollten, gewann dieser allmählich das Vertrauen zurück und die Beziehung normalisierte sich.

Grenzen setzen, Regeln und Strukturen schaffen

Domestizierte Hunde haben in der Regel viel zu viele Privilegien und viel zu wenige Grenzen, Regeln und Strukturen in ihrem Leben. Der Spielraum, der ihnen gelassen wird, ist viel zu groß für sie. Das Ergebnis ist oft eine einseitige Beziehung, in der die Familie ständig alles das tut, was der Hund sich wünscht. Die Beziehung ist, gelinde gesagt, nicht funktional und ungesund. Keine einseitige Beziehung hat Bestand, egal, ob es sich um ein Ehepaar, Eltern und Kinder, Geschwister oder Mensch und Hund handelt.

Achtung vor forderndem Verhalten

Der oben beschriebene Fall ist nicht außergewöhnlich, auch wenn die Situation meistens nicht so extrem wird. Damit das bei Ihnen auch nicht annähernd der Fall wird, ist entscheidend, dass Sie sich stets Ihrer Rolle in der Beziehung bewusst bleiben. Weder Erwachsene noch Kinder dürfen je zu persönlichen Bediensteten des Hundes werden. Um herauszufinden, ob Sie sich vielleicht schon auf dem Weg zum Desaster befinden, hier ein paar Fragen:

- Teilt Ihr Hund Ihnen alle 20 Minuten durch Bellen und Kratzen an der Türe mit, dass er hinausgelassen werden möchte?
- Springt er von draußen an die Tür oder bellt, wenn er wieder hinein möchte?
- Gibt er Ihnen Bescheid, wenn Futter- oder Wassernapf leer sind?
- Gibt er Bescheid, wenn er gefüttert werden möchte?
- Sitzt er manchmal bellend vor der Leckerlidose und fordert Sie auf, doch eins rauszurücken?
- Fordert er Sie zum Spielen auf, wenn er Lust dazu hat und wenn Sie gerade nicht auf ihn achten (weil Sie z.B. telefonieren, lesen, am Computer sitzen oder essen)?
- Hört er von selbst zu spielen auf, wenn er genug davon hat?
- Bellt er Sie an, wenn Sie telefonieren oder stößt Sie mit der Nase an, wenn Sie sich zum Kaffeetrinken hinsetzen?
- Drängelt er sich dazwischen, wenn Sie sich mit den Kindern beschäftigen?
- Zieht er an Ihren Ärmeln oder Hosenbeinen, um Ihre Aufmerksamkeit zu bekommen?
- Drängelt er sich vor Ihnen zur Tür, wenn es draußen geläutet hat?

Wenn Sie eine dieser Fragen mit ja beantworten können, leistet Ihr Hund gerade gute Arbeit darin, Sie zu erziehen. Sie haben sein forderndes Verhalten ungewollt bestärkt. Stellen Sie sofort einen Plan und Regeln für Füttern, Spielen, Spazierengehen und Ruhepausen auf, bevor es zu spät ist. Wenn Sie sicher sind, alle Bedürfnisse Ihres Hundes erfüllt zu haben, können und müssen Sie seine Aufforderungen zum Füttern, Spielen, Rausgehen und so weiter ignorieren. Sie stellen die Regeln auf, nicht Ihr Hund. Spielen Sie unbedingt mit Ihrem Hund, streicheln und knuddeln Sie ihn, aber nur auf Ihre Initiative und wenn Sie es möchten. Das Ergebnis wird ein Hund sein, der auf Sie achtet!

Umgebungs-Management

Seine Umgebung kann für den Hund sehr interessant und lohnenswert sein, und zwar sowohl drinnen als auch draußen. Sie sollte ihm deshalb nicht nach Belieben zur Verfügung stehen. Davon abgesehen, dass Ihre Wohnungseinrichtung dafür zu wertvoll ist, müssen Sie jetzt mit dem halbwüchsigen Hund noch besseres Management betreiben. Wir verweisen zurück auf Kapitel 3 für mehr Informationen dazu, wie Sie die Umgebung des Hundes gestalten sollten.

Probleme im Auto

Den Hund frei im Auto zu transportieren ist nicht nur unratsam, sondern auch gefährlich. Falls Ihr Hund jeden und alles Vorbeigehende anbellt oder hysterisch wird, wenn sich ein Tankstellenwärter oder Grenzbeamter im Fenster zeigt, kontrolliert er seine Umgebung. Sie riskieren außerdem, einen Unfall zu bauen, weil Sie in diesem Moment auf den Hund achten und nicht auf die Straße. Der Hund muss auch nicht auf Ihrem Schoß sitzen, wenn Sie Auto fahren. Eine Vollbremsung aus 30 km/h kann Ihren Hund schon durch die Windschutzscheibe katapultieren.

Unerwünschtes Verhalten in Hof und Garten

Wenn Ihr Hund draußen vor dem Haus im Hof ist, sollte er sich nicht benehmen wie ein bezahlter Wachmann. Es ist zwar absolut nichts daran falsch, wenn Ihr Hund einen Ankömmling meldet, aber er sollte sofort zu bellen aufhören, wenn Sie, sein Anführer, kommen. Er sollte bei Ihnen »nachfragen«: Müssen wir uns wegen dieser Person Sorgen machen oder nicht?

Stellen Sie sich einmal vor, was ein halbwüchsiger Hund alles an Unfug anstellen kann, wenn er im Garten allein gelassen ist. Hunde buddeln gerne. Warum? So können sie Sachen vergraben, Ihre Tulpenzwiebeln finden, den Maulwurf fangen, der letzte Nacht dort gebuddelt hat, kühle Erde aufwerfen, um sich darauf zu legen oder einfach nur überschüssige Energie loswerden. Und wo soll ein Hund buddeln? Garten und Rasen sind naheliegend…

Das Festlegen von Regeln und Grenzen fördert das Entstehen einer guten Beziehung zwischen Kind und Hund.

Hunde jagen gerne. Warum? Es ist ein Riesenspaß für sie, besonders, wenn sie schon Übung haben und die Beute tatsächlich fangen können. Gibt es bei Ihnen auf dem Grundstück gelegentlich Eichhörnchen, wilde Kaninchen oder streunende Katzen? Sehr spannend für Ihren Hund! Er wird durch den Garten, über die Straße und in den Wald hinein jagen, wenn er kann.

Hunde kauen gern an Sachen. Warum? Weil es ihnen ein gutes Gefühl verschafft, Stress abbaut und bei entzündetem Zahnfleisch gut tut. Und woran kauen Hunde? An Ihren Gartenmöbeln, Büschen, Stauden, an Terrassendielen, Steinen oder allem möglichem anderen, was sie so finden können. (Wir kannten einmal einen Labrador, der erst seine eigene Hundehütte auffraß und dann mit dem Motorrad seines Besitzers weitermachte – Kabel und Fiberglasverkleidung inklusive.)

Hunde bellen. Warum? So verständigen sie sich, warnen einander und vieles mehr. Wann bellen sie? Wenn sie draußen allein gelassen werden oder auch jederzeit aus irgendeinem Grund. Sie bellen, um reingelassen zu werden, wenn jemand vorbeigeht, wenn andere Tiere auftauchen und so weiter und so fort. Überlegen Sie sich gut, ob Sie Ihrem Hund diese Freiheit geben möchten.

Wenn Ihr Hund vom Welpen zum Halbwüchsigen wird, ist das Wichtigste für Sie, die Kontrolle zu behalten und Geduld zu haben. Wenn Sie nachlässig in Ihrer Kommunikation sind, wird auch Ihr Hund nur gelegentlich auf Sie reagieren. Stellen Sie Ihren Anspruch hoch. Sobald Sie nachlässig werden, wird es auch Ihr Hund. Achten Sie darauf, immer fair zu sein und nichts von Ihrem Hund zu verlangen, das er nicht leisten kann. Wenn Sie nicht mit ihm geübt haben, dass er auch dann zu Ihnen kommen soll, wenn er abgelenkt ist (zum Beispiel, wenn er ein Eichhörnchen durch den Garten jagt), erwarten Sie nicht, dass er es später nur deshalb tut, weil er jetzt älter ist. Es ist unfair und unfreundlich, vom Hund Gehorsam zu erwarten, wenn das wirklich über seine Fähigkeiten hinausgeht. Missbrauchen Sie Ihre Autorität nicht. Gebrauchen Sie sie weise und freundlich, und Sie werden das uneingeschränkte Vertrauen Ihres Hundes dafür erhalten.

FALLBEISPIEL

Der Hund, der das Haus unter Kontrolle hatte

Ein Paar stritt sich neuerdings immer öfter wegen des Hundes. Beide konnten sich nicht darüber einigen, wie der Hund sein sollte und wie er mit den Kindern umgehen sollte (nicht dagegen umgekehrt). Sie kauften einen sieben Wochen alten Welpen einer Rasse, von der es hieß, sie sei besonders kinderlieb. Jeder Hund kann kinderlieb sein, wenn er korrekt großgezogen wurde und jeder Hund kann Kinder hassen, wenn er falsch aufgezogen wurde (besonders, wenn kein Erwachsener die Aufsicht darüber hatte). Dieser Hund jedenfalls schlief bei den Eltern im Bett. Allerdings konnte sich keiner von beiden im Bett bewegen, weil der Hund sonst biss. Die Kinder konnten das Schlafzimmer nicht betreten, weil der Hund sonst aus dem Bett sprang und sie angriff. Damit den Kindern nichts passierte, verboten die Eltern ihnen den Zutritt zum Schlafzimmer. Um fünf Uhr morgens weckte der Hund das Paar auf und verlangte, hinausgelassen und gefüttert zu werden. Die beiden erfüllten ihm den Wunsch, weil sie dachten, der Hund müsse sich erleichtern. Als sie ein paar Mal versucht hatten, ihn zu ignorieren, hatte er aufs Bett uriniert (ja, während sie noch darin lagen!). Um sieben Uhr forderte der Hund mit Bellen seinen Morgenspaziergang ein. Wenn die Besitzer versuchten, das Haus zu verlassen, ohne zuvor mit ihm spazieren gegangen zu sein, biss er sie beim Weggehen. Er saß stundenlang auf der Sofalehne, schaute aus dem Fenster und bellte Passanten an. Wenn die Kinder aus der Schule nach Hause kamen, gab es jedes Mal große Aufregung. Wenn sie Freunde mitbrachten, hielt der Hund sie in ihren Zimmern gefangen. Irgendwann verboten die Eltern ihren Kindern, Freunde mit nach Hause zu bringen. Die Kinder hatten den Hund irgendwann satt und wollten ihn (verständlicherweise) loswerden. Unser Ziel war, den Besitzern beim Zurückgewinnen der Kontrolle zu helfen. Dabei war ganz wichtig, dass der emotionale Konflikt über ihre eigene Rolle und Verantwortung nicht wieder in Mitleid für den Hund umschlug. Beide empfanden Schuld, Ärger, Angst, Traurigkeit und vieles mehr. Manchmal beschimpften sie den Hund als bösartig, selbst- und rachsüchtig. Dann wieder gaben sie sich selbst die Schuld, schlechte Hundebesitzer zu sein. Ihre Stimmungen und Gefühle wechselten täglich, was die Angst des Hundes nur noch steigerte. Wenn sie sich über den Hund ärgerten, bestraften sie ihn (was zu noch mehr Bissen führte). Wenn sie sich über sich selbst ärgerten, ließen sie den Hund ins Bett.

Wie konnte es nur so weit kommen? Weil alles nach dem Belieben des Hundes geschah. Diese Probleme waren sicherlich nicht über Nacht entstanden. Der Hund war jetzt zwei Jahre alt und sein Verhalten wurde immer schlimmer, weil die Eltern Schwierigkeiten damit hatten, die Führungsposition zu übernehmen. Diesem Hund waren nie Grenzen gesetzt worden, Regeln waren dazu da, um gebrochen zu werden und der Hund hatte nie gelernt, um Erlaubnis zu fragen. Dieser Hund war verdorben und die Eltern hatten dafür gesorgt. Leider konnte diese Familie trotz ernsthafter Bemühungen zur Verbesserung der Situation nicht länger mit ihrem Hund zusammenleben.

Und ob Sie es glauben oder nicht, die Kinder in dieser Familie waren sehr gut erzogen. Leider hatten die Eltern ihre guten erzieherischen Fähigkeiten nicht auch auf den Hund angewendet. Sonst würden sie ihren Hund wohl heute noch haben ...

Kapitel 12

Hunde und ihre Ressourcen: Wie man Probleme vermeidet

Jetzt, wo Sie einen Welpen haben, ist Ihr Haus vermutlich voll von allen möglichen Hundespielsachen und Kauknochen. Da wir selbst zwei Welpen hatten, die ganz verrückt nach Spiel- und Kausachen waren, haben wir viele verschiedene Produkte ausprobiert, um herauszufinden, welche in unserem Fall am besten geeignet waren. Solche Dinge bereiten den meisten Hunden einen Riesenspaß und sind ein Muss, wenn Sie einen Welpen haben, aber achten Sie darauf, dass auch richtig damit umgegangen wird. Die scheinbar unschuldigen Spielsachen wurden schon für so manchen Hundebesitzer zu einer echten Problemquelle. So liegen zum Beispiel vielleicht die Hundespielsachen Ihres Welpen zusammen mit den Kinderspielsachen auf dem Boden herum. Was für den Hund bedeutet: Was auf dem Boden liegt, kann genommen werden. Es wäre nun wirklich zu viel von einem verspielten kleinen Hund verlangt, zu erwarten, dass er irgendwie zwischen seinem Quietschtier und dem Plüschtier Ihres Kindes, seinem Ball und dem Ball Ihres Kindes oder seinem Kauknochen und einem Paar Lederschuhe unterscheiden könnte. Ein Welpe wird mit allem spielen und auf allem herumkauen, was er finden kann. Er hat keine Ahnung von »mein« und »dein«. Wir werden Ihnen zeigen, wie Sie diese Probleme vermeiden und in Harmonie mit Ihrem vierbeinigen Freund zusammenleben können.

So ist ein Seilziehspiel in Ordnung!

Spielsachen

Auf dem Markt gibt es eine große Auswahl an Hundespielsachen. Bevor Sie zum Zoofachgeschäft losziehen, überlegen Sie kurz, welche Art von Spielen Sie eigentlich gern mit Ihrem Welpen spielen möchten: Seilziehen, Apportieren oder Fußball? Alle diese Spielsachen werden nur benutzt, wenn Sie zusammen mit Ihrem Hund spielen. Das heißt, dass sie in der Zwischenzeit nicht auf dem Boden herumliegen dürfen, damit der Hund sie nicht nach Belieben greifen und darauf herumkauen kann. Die meisten wären sonst auch in wenigen Minuten kaputt gebissen. Das wäre nicht nur teuer für Sie, sondern auch sehr gefährlich für den Welpen. Unsere beiden Welpen hatten damals großen Spaß daran, quietschende Stofftiere zu zerreißen. Wir waren sehr überrascht, was wir im Inneren von einigen dieser als Welpenspielzeuge verkauften Tiere fanden: Plastikauskleidungen und -schläuche, Metallteile, kleine Quietschgeräte oder sogar Schrauben mit Muttern. Vorsicht also damit, was Sie im Haus liegen lassen – Ihr Welpe könnte das neue Spielzeug zerbeißen und verschlucken, was darin ist. Manche Hundespielsachen sind ungeeignet dafür, dass ein Hund alleine mit ihnen spielt.

Vielleicht haben Sie Spaß an Seilziehspielen mit Ihrem Welpen (lesen Sie bitte in Kapitel 10 nach, wie man richtig mit Hunden Seilziehen spielt). Für Kinder kann das eine tolle Möglichkeit sein, mit dem Welpen zu spielen. Ein gutes Zerrspielzeug ist mindestens einen Meter lang und aus einem robusten Material, das nicht sofort kaputtgeht. Zwischen Ihrer Hand (oder der Ihres Kindes) am einen und den Zähnen des Welpen am anderen Ende muss eine sichere Distanz liegen.

Auch Spielsachen, die der Hund fangen oder denen er hinterherjagen kann, machen viel Spaß und Kinder können damit umgehen, sobald sie alt genug zum Werfen sind. Versuchen Sie es doch mal mit einer Frisbeescheibe (es gibt spezielle Hunde-Frisbeescheiben zu kaufen!) oder einem Ball, der sich leicht werfen lässt. Große, robuste Bälle, wie zum Beispiel Fußbälle, sind prima, um draußen damit zu spielen. Sie und Ihre Kinder können den Ball vorsichtig schießen (nur über den Boden) und den Welpen ermuntern, mitzumachen und den Ball mit der Nase zu schieben.

Zu viele Spielsachen

Viele frischgebackene Welpenbesitzer fahren erst einmal zum Spielzeug-Großeinkauf los. Oft haben Hundewelpen sogar mehr Spielsachen als Kinder. Vielleicht schauen Sie eines Morgens auf den Boden Ihres Wohnzimmers und können kaum glauben, wie viele Hundesachen dort herumliegen. Und das Ärgerlichste dabei ist: Ihr Hund kaut trotzdem noch an den Spielsachen der Kinder, an Ihren Schuhen und allem möglichen anderen herum, was nicht niet- und nagelfest ist. Sie verstehen das gar nicht, wo Sie ihm doch tonnenweise eigene Spielsachen gekauft haben. Urteilen Sie nicht zu streng über ihn: Erinnern Sie sich daran, dass er nun mal nicht zwischen »mein« und »dein« unterscheiden kann (vor allem in den ersten Monaten) und dass es ihm verboten ist, alles auf dem Boden Liegende als sein Kauspielzeug zu betrachten. Versuchen Sie es einmal aus der Perspektive des Welpen zu sehen: Ein großer Teil dessen, was auf dem Boden herumliegt, gehört ja ihm – woher soll er wissen, für welche Gegenstände das nicht zutrifft? Für ihn sieht es aus, als wäre alles seins. Wenn Sie also Ihre Schuhe ausziehen und mitten im Spielbereich stehen lassen, müssen Sie sich nicht wundern, wenn der Welpe sie sich nimmt. Wenn Sie nicht möchten, dass sie angekaut werden, stellen Sie sie nicht auf den Boden.

Es können auch noch andere Probleme entstehen, wenn die Spielsachen von Hund und Kindern zusammen auf dem Boden liegen. Hund und Kind könnten zum Beispiel gleichzeitig versuchen, einen bestimmten Gegenstand aufzuheben. Das Kind könnte dem Hund eins von seinen Spielzeugen geben oder der Hund lässt ein Hundespielzeug in den Schoß des Kindes fallen. Oder das Kind sieht, dass der Welpe gerade etwas von seinen Sachen nehmen möchte und rennt schnell hin, um ihm zuvorzukommen. Je nach Wesen des Hundes kann die Reaktion nun unterschiedlich ausfallen:

- Der Hund könnte schnell nach dem Spielzeug schnappen und dabei versehentlich die Hand des Kindes mit erwischen.
- Der Hund könnte das Spielzeug bewachen und verteidigen, damit

es ihm nicht von dem Kind weggenommen wird.

- Der Hund könnte das Kind kommen sehen und mit dem Spielzeug im Fang wegrennen – und das schreiende Kind hinterher.

All das wird zu einem frustrierten Kind und einem verärgerten Hund führen. Ein kleines Kind könnte vor Wut und Hilflosigkeit sogar nach dem Hund schlagen und der Hund könnte letzten Endes nach dem Kind schnappen oder es sogar beißen, damit es weggeht. Was so harmlos begann – Hund und Kind spielen im gleichen Raum, jeder mit seinem Spielzeug – kann innerhalb von Sekunden zur offenen Konfrontation werden. Bestimmt möchten Sie nicht, dass Ihr Kind und Ihr Hund in diese Situation kommen. Also beaufsichtigen Sie sie!

Die Spielzeugkiste

Wir empfehlen die Anschaffung einer Spielzeugkiste für alle Hundespielsachen. Es kann einfach ein Pappkarton mit niedrigen Seitenwänden sein (für Welpen, die keine Weltmeister im Zerbeißen von Sachen sind) oder ein stabiler Plastikeimer. Legen Sie alle Sachen hinein und zeigen Sie dem Hund, wo sie sind. Die Kiste muss so niedrig sein, dass der Hund mit dem Kopf hineinreichen und ein Spielzeug herausnehmen kann. Sie können anfangs ein paar Leckerchen mit in die Kiste hineinlegen, damit der Hund eher seine Nase hineinsteckt. Lassen Sie ihn ein Spielzeug aus der Kiste nehmen und es mit ins Wohnzimmer bringen. Loben Sie den Hund jedes Mal überschwänglich, wenn er zu der Kiste geht oder spielen Sie mit ihm. Er muss lernen, dass es sich lohnt, Sachen aus dieser Kiste zu nehmen. Sobald er nicht mehr mit dem Spielzeug spielt, legen Sie es zurück in die Kiste. Sie möchten ja, dass der Hund lernt: Meine Sachen sind da in der Kiste und liegen nicht auf dem Boden herum. Wenn er jetzt etwas nimmt, was auf dem Boden lag, nehmen Sie es ihm ganz ruhig ab und gehen Sie mit ihm zu seiner Spielzeugkiste.

Kauspielzeuge und -artikel

Eins der größten Ärgernisse für Welpenbesitzer ist das große Kaubedürfnis der Kleinen. Sie kauen immer und überall an allem herum! Bedenken Sie: An etwas zu kauen ist für junge und alte Hunde gleichermaßen natürlich und notwendig. Hunde kauen aus verschiedenen Gründen auf Gegenständen herum: Um sich im Zahnwechsel Erleichterung zu verschaffen, um überschüssige Energie, Stress oder Langeweile loszuwerden oder einfach deshalb, weil es Spaß macht. Wenn Sie Ihren Welpen nicht beaufsichtigen und ihn allein durchs Haus streifen lassen, wird er Dinge für sein Kauvergnügen finden, die vermutlich nicht Ihre Zustimmung finden. Noch einmal: Wenn Sie nicht auf Ihren Welpen aufpassen können, gehört er solange in die Box! Dann sind sowohl er als auch Ihre Hauseinrichtung sicher.

Dinge zum Kauen lassen sich in zwei Kategorien aufteilen: Reine Beißspielzeuge, auf denen der Hund nur herumkauen soll und die den Zähnen standhalten, oder Trocken-Kauartikel, die der Hund auch auffressen kann wie z.B. Büffelhautknochen.

Der Spielsachenbehälter des Hundes.

Beißspielzeuge

Ein ideales Beißspielzeug geht nicht kaputt und kann nicht verschluckt werden, wenn der Hund darauf herumkaut. Die Schlange aus Stoff, die Sie sonst zum Seilziehen verwenden, ist also kein solches Beißspielzeug. Wenn der Welpe darauf herumkaut, wird er Stücke abbeißen und möglicherweise verschlucken. Solche Dinge gehen zu schnell kaputt und sind deshalb gefährlich. Geeignete Beißspielzeuge sind stabile Tauenden und Spielsachen aus stabilem Kunststoff oder Naturkautschuk, in die man Leckerlis zum Hinausarbeiten für den Hund füllen kann. Solche futtergefüllten Spielsachen sind für Welpen besonders anziehend und ermuntern sie, darauf herumzukauen. Schauen Sie im Zoofachladen nach den Packungsangaben, welche Spielsachen tatsächlich als unzerstörbar bezeichnet sind. Zumindest ist dann die Chance größer, dass Ihr Hund keine Stücke abbeißt – aber eine Garantie haben Sie auch dann nicht. Finden Sie heraus, was Ihr Welpe am liebsten mag. Gut sind Dinge, die Sie ihm bedenkenlos in seiner Box lassen können, wenn Sie einmal ein paar Stunden unterwegs sind. Dann kann der Hund nicht nur sein Kaubedürfnis erfüllen, sondern sich auch gefahrlos die Langeweile vertreiben.

Kauknochen

Es gibt mehrere empfehlenswerte, sichere Kauartikel für Hunde. Wir empfehlen natürliche Produkte wie getrocknete Schweineohren, Ochsenziemer oder rohe Rinderknochen vom Fleischer. Der Hund wird so lange daran kauen, bis sie aufweichen und allmählich aufgefressen werden. Beaufsichtigen Sie Ihren Welpen immer, wenn Sie ihm einen solchen Kauartikel geben. So können Sie aufpassen, dass er kein zu großes Stück abbeißt und auf einmal zu verschlucken versucht. Es ist schon öfter vorgekommen, dass Hunde große, flache Stücke von Büffelhautknochen abgerissen haben und ihnen diese dann im Rachen stecken geblieben sind. Wenn Sie dann nicht da sind, kann ein Hund an so etwas im schlimmsten Fall sogar ersticken.

Kauspielzeug hilft Ihrem Welpen dabei, sein Kaubedürfnis zu befriedigen.

Probieren Sie verschiedene Artikel aus, um herauszufinden, was Ihr Welpe am liebsten mag und welcher »Kautyp« er ist. Manche Hunde schaffen es innerhalb von Minuten, einen ganzen Büffelhautknochen hingebungsvoll komplett zu zerbeißen und aufzufressen, andere beißen nur gelegentlich daran herum und der Knochen hält Tage oder Wochen. Wir empfehlen aber aus genannten Gründen auf jeden Fall, den Welpen nicht mit Kauartikeln alleine zu lassen. Vorsicht ist besser als Nachsicht! Geben Sie ihm stattdessen lieber ein unzerstörbares Beißspielzeug.

Vergessen Sie nicht, dass auch erwachsene Hunde ein Kaubedürfnis haben. Es verliert sich nicht einfach mit dem Älterwerden, auch wenn viele Hunde im Erwachsenenalter viel weniger intensiv kauen, als sie das als Welpen getan haben.

Auf frischer Tat ertappt

Sollten Sie Ihren Welpen auf frischer Tat dabei ertappen, wie er gerade an etwas Ungeeignetem herumkaut (Ihren Schuhen, dem Tischbein oder der Fußleiste), unterbrechen Sie ihn sofort, indem Sie ein überraschendes Geräusch machen (z.B. in die Hände klatschen oder ein kurzes Anrufen) und dann hingehen und das Kauen unterbinden. Geben Sie ihm stattdessen sofort etwas, auf das er herumkauen darf (eins seiner Beißspielzeuge oder einen Kauknochen). Loben Sie ihn dann, wenn er auf dem »richtigen« Ding herumkaut. Schreien Sie Ihren Welpen nie aus der Entfernung an und rennen Sie nicht schnell zu ihm hin, um ihn zu stoppen. Wenn er etwas Tragbares wie z.B. Ihren Schuh zwischen den Zähnen hat, könnten Sie sonst unbeabsichtigt ein lustiges Fangmichdoch-Spiel initiieren. Das kann für den Hund eine so große Belohnung sein, dass er das nächste Mal wieder den Schuh nimmt, um mit Ihnen Fangen spielen zu können.

Wenn das Kind versucht, dem Welpen einen Gegenstand abzunehmen, reagiert dieser darauf vielleicht mit einer Warnung, die das Kind nicht versteht.

Verteidigen: Hey, das ist meins!

Vielleicht hat Ihr Welpe so viel Spaß an seinen Beiß- und Kauspielzeugen, dass er sie nicht mehr hergeben will. Das Ergebnis kann sein, dass er es vor jedem bewacht, der es seiner Meinung nach vielleicht wegnehmen könnte. Oder er verteidigt es, wenn jemand es ihm abzunehmen versucht. Bei manchen Hunden kann dieses Problem sehr ernst werden: Sie zeigen vielleicht die Zähne, ziehen die Lefzen hoch, knurren oder schnappen, wenn sich jemand nähert – auch, wenn er zur Familie gehört. Eventuell tut er es sogar, wenn nur jemand zufällig vorbeigeht, während er an seinem Spielzeug kaut. Nehmen Sie dieses Problem unbedingt ernst, besonders, wenn Sie Kinder haben. Es verschwindet nicht von selbst, wenn der Hund älter wird. Versuchen Sie möglichst, solche Situationen gar nicht entstehen zu lassen, aber wenn es doch passiert ist, müssen Sie schnellstmöglich handeln.

Vorbeugung

Erlauben Sie Ihren Kindern nicht, dem Hund Spielsachen oder Kauknochen aus dem Fang zu nehmen. Er betrachtet diese Sachen vielleicht als seine wertvollen Schätze und lässt sie sich nicht ohne Weiteres abnehmen. Wir sagen Kindern immer, dass sie dem Hund lieber etwas geben sollen anstatt ihm etwas wegzunehmen. Wenn der Hund irgendetwas zwischen den Zähnen hat, was er nicht haben darf oder das gefährlich für ihn ist, sollen die Kinder das den Eltern sagen und nicht selbst versuchen, es dem Hund abzunehmen.

Bringen Sie Ihrem Welpen bei, Dinge herzugeben, die er im Fang trägt (siehe Kapitel 10). Sobald er das Kommando »Aus« kennt, sollte er auf dieses Wort hin alles fallen lassen, was er gerade im Fang trägt. Üben Sie das zuerst mit Sachen, die für den Welpen nicht so wertvoll sind wie sein Kauknochen. Wichtig ist, dass Sie ihm die Sachen ohne Konfrontation wegnehmen können. Er muss respektieren, dass Sie als sein Chef das Recht haben, ihm Dinge abzunehmen. Eines Tages könnte ihm das sein Leben retten. Ihren Kindern gegenüber empfindet Ihr Hund allerdings nicht den gleichen Respekt, weshalb es für sie gefährlich sein kann, es Ihnen nachtun zu wollen. Wenn Sie dem Welpen etwas wegnehmen müssen, gehen Sie ruhig zu ihm hin, sagen seinen Namen und »Aus«, während Sie das Spielzeug wegnehmen. Sagen Sie das weder zu sanft und fragend noch schreien Sie ihn an. Bemühen Sie sich um einen bestimmten, selbstsicheren Tonfall. Ihre ganze Haltung sollte vermitteln: »Ich bin hier und muss dir jetzt den Knochen wegnehmen.« Sobald Sie den Knochen haben, sollten Sie dem Hund ein wirklich gutes Leckerchen zur Belohnung geben.

Frühe Warnzeichen für mögliche Probleme

Die meisten Welpen geben dezente Warnhinweise darauf, dass sich ein Problem mit dem Verteidigen von Spielsachen ergeben könnte. Für Sie ist es wichtig, diese Warnungen zu erkennen, anstatt zu warten, bis der Hund wirklich drohendes oder aggressives Verhalten zeigt. Fragen Sie den Züchter oder das Tierheim, aus dem Sie den Welpen haben, ob dieser Hund auf Verteidigungsaggression hin getestet wurde oder nicht. Konnten Sie früher dem Welpen problemlos Dinge abnehmen, die er im Fang hatte? Wenn nein, was haben Sie dann unternommen?

- Wenn Ihr Hund immer seine Beißspielzeuge und Kausachen irgendwo versteckt (z.B. unter dem Sofa, in seiner Box, in einem anderen Zimmer) sagt er Ihnen vermutlich, dass er in Ruhe gelassen werden möchte. Wenn Sie ihm eins dieser Dinge geben, sollte es so sein, dass er sich zufrieden damit an einen Ort zurückzieht, wo er es bequem hat und Sie es ihm auch jederzeit wieder wegnehmen können. Natürlich möchten Sie Ihrem Hund nicht ständig Knochen zwischen den Zähnen hervorholen, aber Sie müssen sicher sein, dass Sie es können. Versuchen Sie, dass der Hund mit seinem Knochen möglichst in Ihrer Nähe bleibt. Erlauben Sie Ihren Kindern nicht, ihn währenddessen zu stören. Der Welpe muss lernen, dass er sich entspannen kann und nicht ständig fürchten muss, dass das Kind ihm sein Spielzeug wegnimmt. Versucht das Kind dies doch, ist das für den Welpen so frustrierend, dass irgendwann seine Toleranzschwelle überschritten ist und er dem Kind zu verstehen gibt, dass es weggehen soll. Stellen Sie sich vor, jemand aus Ihrer Familie würde Ihnen jedes Mal, wenn Sie sich gerade irgendwo zum Lesen hingesetzt haben, das Buch wegnehmen wollen. Wahrscheinlich würden Sie nur noch auf der Toilette lesen …

FALLBEISPIEL

Der Hund, der nicht gejagt werden wollte

Einmal kann ein junges Paar mit seinem sieben Monate alten Kind und dem einjährigen Jagdhundemischling Benny zu uns. Benny kaute immer zufrieden an seinem Knochen, während er mitten auf dem Küchenboden lag. Jetzt, wo das Kind zu krabbeln begann, konnte es stärker mit dem Hund interagieren. Benny befand sich auf gleicher Höhe wie das Kind und er hatte etwas, das die Neugier des Kindes erweckte. Benny gab sehr deutliche Warnhinweise an das Kind, dass er nicht gestört werden wollte, wenn er einen Knochen hatte: Immer, wenn das Kind zu ihm gekrabbelt kam, stand er auf und ging weg. Die Eltern fanden es niedlich, wenn das Kind dann schneller krabbelte, um Benny einzuholen. Sie meinten, Benny würde es nichts ausmachen und er hätte auch Spaß an dem Spiel. Aber Benny machte es etwas aus – und seine Warnung war gewesen, sich aus der Situation zu entfernen (Guter Junge, Benny!). Wenn die Eltern dem Kind weiterhin erlaubt hätten, hinter Benny herzurobben, hätte der Hund vielleicht irgendwann aus Frustration gebissen. Es ist also wirklich wichtig, frühzeitig Hilfe zu suchen, um Probleme lösen zu können.

- Falls Ihr Hund sich jedes Mal zurückzieht, wenn Ihre Kinder zuhause sind, ins Zimmer kommen oder dem Hund zu nahe kommen, ist das ein Zeichen dafür, dass er sich in ihrer Gegenwart unwohlfühlt. Erinnern Sie sich an das Beispiel mit dem Lesen? Wenn Sie ein spannendes Buch lesen würden und Sie wüssten, dass das Kind, das da gerade auf Sie zugekrabbelt kommt, es Ihnen gleich wegzunehmen versucht, dann würden Sie je nach Laune entweder aufstehen und weggehen oder aufstehen und »Nein« sagen oder sehr ärgerlich werden. Ihrem Hund geht es vermutlich ähnlich.

- Falls Ihr Hund jedes Mal schneller kaut, wenn sich jemand nähert, bedeutet das, dass er so schnell wie möglich auffressen möchte, bevor es ihm weggenommen wird.
- Falls Ihr Hund plötzlich erstarrt und mit dem Kauen aufhört, sobald sich jemand nähert und erst weiterkaut, wenn die Person vorbeigegangen ist, bedeutet das, dass er Angst hat, sein Spielzeug abgenommen zu bekommen.

Problemlösungen

Der Schlüssel zur Problemlösung bei Verteidigungsaggression ist: Überzeugen Sie den Hund davon, dass sich gar nichts Wertvolles bei Ihnen im Haus befindet. Haben Sie einmal Ihren Kindern zugeschaut, wenn sie gerade ein neues Spielzeug bekommen hatten? Sie legen es zur Seite und möchten es mit niemandem teilen, schon gar nicht mit ihren Geschwistern. Für sie ist es sehr wertvoll und sie möchten mit ihrem schönen neuen Spielzeug alleine gelassen werden. Hunde können genauso sein. Bleiben Sie deshalb immer ruhig, wenn Ihr Welpe etwas hat, halten Sie Ihre Stimme so sanft wie möglich und belohnen Sie ihn, wenn er auf Ihr Kommando »Aus!« den Gegenstand (welchen auch immer) hergegeben hat. Sie müssen diese Übung nicht Ihr ganzes Leben lang wiederholen. Sie etablieren einfach ein Muster für gutes Verhalten. Sie können mit »Aus!« den Kauknochen fordern, etwas Käse darauf schmieren und ihn dem Hund zurückgeben. Aus Sicht des Hundes hat es sich dann gelohnt, Ihnen den Knochen zu geben, denn jetzt schmeckt er ja noch besser!

Wenn Sie sich Sorgen um das Verhalten Ihres Hundes machen, besonders, wenn er Sie wegen eines bestimmten Gegenstandes anknurrt, sollten Sie Ihrem Hund vorerst keine Kau- und Beißspielzeuge mehr geben und professionellen Rat suchen. Riskieren Sie es nicht, dass Sie, Ihre Familie oder Freunde gebissen werden.

Dem Welpen Sachen wegnehmen

Sie werden es erleben, dass nicht nur Ihr Welpe Dinge zu stehlen versucht, die ihn nichts angehen, sondern auch Ihre Kinder (vor allem jüngere) werden vermutlich irgendwann versuchen, dem Welpen Sachen abzunehmen. Auch hier ist Aufsicht wieder der Schlüssel zur Problemvermeidung.

Wenn ein Kind versucht, dem Hund etwas aus dem Maul zu nehmen, könnte dies zur Folge haben, dass es gebissen wird.

Nehmen wir an, Ihr Welpe nimmt sich ein Kinderspielzeug und legt sich hin, um damit zu spielen und daran zu kauen. Ihr Kind sieht sein Lieblingsspielzeug im Maul des Hundes, ärgert sich und versucht, es sich zurückzunehmen. Kleine Kinder werden in dieser Lage einfach auf kürzestem Weg zum Hund hingehen und nach dem Spielzeug in seinem Fang greifen. Vielleicht versucht es sogar, den Hund zu bestrafen oder, noch schlimmer, ihn zu schlagen, weil er »böse war«. Je nach Wesen des Hundes und danach, wie viel ihm an dem Spielzeug liegt, könnte das Kind nun Opfer eines Hundebisses werden. Höchstwahrscheinlich wird der Welpe das Kind warnen, das Spielzeug nicht wegzunehmen, indem er ganz steif wird, einen starren Blick bekommt oder sogar knurrt. Aber leider wird das Kind diese Signale nicht verstehen und weiter nach dem Spielzeug greifen. Jetzt kommt es zur Eskalation, weil die Warnsignale des Hundes nicht gewirkt haben. Manche Hunde werden nun mitsamt dem Spielzeug wegrennen, andere aber werden sich dafür entscheiden, um ihre neue Eroberung zu kämpfen.

Denken Sie nicht automatisch, der Hund hätte Spaß daran, wenn man ihm hinterherjagt. Wenn der Gegenstand für ihn wertvoll ist und er damit wegrennt, will er ganz sicher nicht verfolgt werden. Vielleicht versucht er, sich zu verstecken, zum Beispiel unter dem Esstisch oder hinter dem Sofa. Wenn das Kind nun mit der Hand ins Versteck greift, wird der Hund vermutlich handeln – und vermutlich nicht so, dass es Ihnen gefällt. Sollten Sie eines der beschriebenen Probleme mit Ihrem Hund haben, nehmen Sie bitte professionelle Hilfe in Anspruch.

Aufsicht ist der Schlüssel zu Problemvermeidung.

Geben lernen ... statt nehmen.

Geben statt Nehmen lernen

Krabbelkinder lernen gerade erst, was Teilen bedeutet und machen eine Phase durch, in der sie alles als »ihrs« betrachten. Mit anderthalb Jahren sammelte Lynns Tochter so viele Spielsachen wie möglich und schleppte sie dann herum. Es waren ihre, und sie wollte nicht, dass irgendjemand anderer sie anfasste. Sie musste erst lernen, dass es auch gut sein konnte, ihre Sachen an andere zu geben, dass Teilen ein höflicher Weg war, zu spielen und dass es unhöflich und inakzeptabel war, anderen Kindern Dinge einfach aus der Hand zu reißen. Wie der Zufall es wollte, hatte Lynn gerade einen Welpen im Haus, als ihre Tochter diese Phase durchmachte. Alles, was der Welpe in den Fang nahm, egal, ob es seins war oder nicht, versuchte sie ihm abzunehmen. Wenn Lynn tatenlos zugesehen hätte, hätte das ein Desaster werden können. Der Welpe wäre vermutlich irgendwann bei jeder Annäherung der Tochter weggelaufen, um seine Sachen in Sicherheit zu bringen oder er wäre – schlimmer noch - stehen geblieben und hätte sie verteidigt. Beides wäre nicht gerade wünschenswert gewesen.

Lynn musste ständig aufpassen, dass ihre Tochter nicht versuchte, dem Welpen etwas wegzunehmen. Sie schärfte ihren beiden Kinder ein, dass sie unbedingt ihr Bescheid sagen sollten, wenn der Welpe etwas hatte, das ihm nicht gehörte anstatt selbst zu versuchen, es ihm abzunehmen. Im nächsten Schritt brachte sie ihren Kindern bei, dem Welpen seine Spielsachen zu geben anstatt sie ihm immer nur wegnehmen zu wollen. Der Hund sollte sich ja freuen, wenn er die Kinder kommen sieht und sie nicht als Bedrohung empfinden.

Futterverteidigung

Vielleicht wird Ihr Welpe von großer Aufregung gepackt, wenn sein Futter zubereitet und in seinen Napf gefüllt wird und versenkt sofort seinen Kopf darin, sobald sie diesen abstellen. Die meisten jungen Hunde sind gute Fresser, nur wenige sind mäkelig. Welpen, welche die ersten Lebenswochen zusammen mit Mutter und Geschwister verbringen, sind daran gewöhnt, in Gesellschaft anderer zu fressen. Wenn sie entwöhnt werden und beginnen, feste Nahrung zu fressen, füllen die meisten Züchter das Futter für alle Welpen zusammen in einen einzigen großen Napf. Das dann folgende Fressen ist ein göttlicher Anblick!

Welpen lernen also schon früh, dass beim Fressen andere ganz in der Nähe sind. Halten Sie sich deshalb nicht an den alten, oft gehörten Rat, dass man einen fressenden Hund alleine lassen soll. Menschen, die diesen Rat beherzigen, stellen den Hundenapf in eine entlegene Zimmerecke, einen eigenen Raum oder in die Hundebox, damit der Hund »in Ruhe fressen kann«. Natürlich ist Ruhe bei Fressen schön (schöner als vorbeirennende, kreischende Kinder, die in den Futternapf treten oder über den Hund fallen). Aber in absoluter Isolation muss Ihr Welpe auch nicht fressen. Es ist nichts Schlimmes dabei, wenn Ihr Hund in einem belebten Raum wie z.B. der Küche fressen muss. Wir empfehlen das sogar. Ein Hund, der daran gewöhnt ist, immer in absoluter Abgeschiedenheit zu fressen, fühlt sich irgendwann bedroht oder bekommt Angst, wenn sich jemand nähert, während er frisst.

Je nach Wesen des Welpen kann er seine Gefühle auf verschiedene Art ausdrücken – manche seiner Äußerungen sind offensichtlich erkennbar, andere weniger. Ein Hund kann plötzlich beim Fressen »erstarren« und ganz steif werden, wobei sich sein Kopf noch im Futternapf befindet. Als Nächstes stellt er vielleicht die Nackenhaare auf, zieht die Lefzen hoch, knurrt oder stellt sich über den Napf. Manche Hunde fressen schneller und schlingen das Futter geradezu herunter, andere zeigen das Weiße in den Augen. Die meisten Hundebesitzer sehen oder bemerken diese Warnungen oder Veränderungen in der Körpersprache nicht – und kleine Kinder tun es ganz bestimmt nicht. Wer sich einem Hund, der diese Warnsignale gegeben hat, weiter nähert, riskiert im schlechtesten Fall einen Biss, weil der Hund sein Futter verteidigen möchte.

So lernt Ihr Welpe, sich beim Fressen zu entspannen

Viele Hundebesitzer versuchen, futterverteidigendes Verhalten zu vermeiden, indem sie ihrem Welpen beim Fressen öfter mal den Napf wegnehmen – nur, um ihm zu zeigen, dass sie das Recht dazu haben. Das führt aber nicht unbedingt dazu, dass der Welpe sich wohler fühlt, wenn Sie in seiner Nähe sind. Er wird sich Sorgen machen, wenn er Sie kommen sieht, denn das könnte ja erfahrungsgemäß dazu führen, dass sein Futter weg ist. Möglicherweise schaffen Sie damit genau das Problem, das Sie eigentlich vermeiden wollten.

Gewöhnen Sie deshalb Ihren Welpen von Anfang an lieber daran, dass es ganz normal ist, wenn Sie sich beim Fressen in der Nähe seines Futternapfes aufhalten. Stellen Sie sich neben ihn und sprechen Sie leise mit ihm. Sie können auch etwas ganz besonders Leckeres in die Hand nehmen (z. B. einen Rest von Ihrem Steak) und ihn sehen lassen, dass Ihre sich nähernde Hand nichts aus dem Napf wegnimmt, sondern im Gegenteil etwas Tolles hineinlegt. Schon bald wird er sich freuen, wenn Sie ihn während des Fressens »stören«, weil er hofft, noch etwas Besseres zu bekommen.

Lehren Sie Ihren Welpen, entspannt zu bleiben, wenn Menschen bei seiner Mahlzeit neben ihm stehen oder vorbeigehen. Wenn Kinder mit im Spiel sind, sollte der Welpe es auch gewöhnt sein, dass man ihn währenddessen anfasst. Viele Kinder klopfen einem fressenden Hund kurz auf den Rücken, wenn sie vorbeigehen. Beobachten Sie Ihren Hund in dieser Situation und schauen Sie, ob sich sein Fressverhalten irgendwie ändert (vielleicht frisst er nun schneller oder hört ganz damit auf). Ist das der Fall, sollten Ihre Kinder aus Sicherhheitsgründen beim Fressen vom Hund entfernt bleiben.

FALLBEISPIEL

Der Hund, der endlich seinen Napf für sich haben wollte

Kürzlich lernten wir die Besitzer eines sechs Monate alten braunen Labradors namens Hershey kennen. Hershey benahm sich toll gegenüber den vier kleinen Kindern der Familie. Die Eltern erzählten, die Kinder könnten »alles mit dem Hund machen« – eine Aussage, die uns immer besorgt aufhorchen lässt: Was genau machen die Kinder denn mit dem Hund...? Kürzlich hatte Hershey damit begonnen, den jüngsten Sohn, den siebenjährigen Kyle, anzuknurren. Kyle verbrachte die meiste Zeit mit Hershey, spielte mit ihm,

fütterte ihn, ging mit ihm spazieren und Hershey schlief sogar nachts in seinem Bett. Die Eltern waren schockiert. Warum knurrte Hershey seinen Favoriten plötzlich an? Wie sich herausstellte, hatten die Eltern Kyle angewiesen, Hershey als kleine Machtdemonstration den Futternapf wegzunehmen. Als Hershey noch jünger war, hatte ihm das auch offenbar nichts ausgemacht. Jetzt, mit sechs Monaten, hatte er es aber langsam satt, dass Kyle ihn jedes Mal beim Fressen störte.
Wenn Sie ausprobieren möchten, ob Ihr Hund Ihnen willig Sachen oder sein Futter hergibt, gibt es keinen Grund dafür, dass monatelang zu tun und schon gar nicht, es jedes Mal zu tun. Der arme Hershey hatte einfach »die Schnauze voll«. Nicht, dass er Kyle plötzlich nicht mehr mochte, aber er wollte ihm einfach mitteilen, dass er beim Fressen bitte nicht mehr gestört werden wollte. Kyle mochte es ja schließlich auch nicht, wenn Hershey ihn bei seinen Mahlzeiten belästigte. Aber Kyle war hier nicht der Schuldige – er hatte ja nur getan, was man ihm gesagt hatte. Das Problem war nur, dass niemand ihm gesagt hatte, wann er wieder damit aufhören sollte. Kinder wissen nicht, wann es genug ist.

Schlaf- und Ruhezonen

Welpen werden genau wie Kinder schnell müde und brauchen Pausen zum Schlafen oder Ausruhen. Bringen Sie Ihren Kindern unbedingt bei, dass sie den Hund in Ruhe lassen sollen, wenn er in seiner Box oder in seinem Körbchen liegt oder schläft. Wenn der Welpe dauernd angefasst wird, während er zu schlafen versucht, wird er seinen Ruheplatz irgendwann verteidigen oder besonders auf der Hut sein, wenn die Kinder zuhause sind. Wir hören öfter von Menschen, dass sie ihre schlafenden Hunde nicht anfassen können, ohne dass sie knurren. Höchstwahrscheinlich sind diese Hunde ein bisschen viel in dieser Hinsicht strapaziert worden und ihre Toleranzschwelle ist nun überschritten. Natürlich sehen schlafende Welpen niedlich aus, aber trotzdem müssen sie in Ruhe gelassen werden. Sie würden Ihren älteren Kindern ja auch nicht erlauben, ein schlafendes Baby aufzuwecken. Wenn Sie Ihr Kind zum Schlafen hingelegt haben, schleichen Sie vermutlich auf Zehenspitzen durchs Haus und versuchen, es nicht unnötig aufzuwecken. Wenn Sie es bewegen müssen, tun Sie das sanft und vorsichtig. Wir würden uns auch nicht darauf legen, es mit dem Finger pieksen oder anschubsen. Wenn Sie allerdings einen sehr jungen Welpen haben, der Sie anknurrt, wenn Sie ihn aus dem Körbchen heben oder ihn sanft streicheln, ist das schon ein Grund zur Sorge. Dies ist kein normales Verhalten, besprechen Sie es am besten mit einem Verhaltenstherapeuten.

Gönnen Sie dem Hund Pausen

Viele Probleme in Familien mit Hunden entstehen deshalb, weil die Hunde niemals Ruhe bekommen. Ständig werden sie zwischen den Erwachsenen, den Kindern und den Freunden der Kinder hin- und hergeschoben. Hunde brauchen eine Pause vom ständigen Angefasstwerden. Wenn Ihr Hund ruhig irgendwo liegt, dann bedeutet das, dass er Ruhe braucht – sagen Sie den Kindern, dass sie ihn in Ruhe lassen sollen. Erklären Sie, dass er müde ist. Ältere Kinder können sie fragen, wie *sie* sich fühlen, wenn sie müde sind – reizbar, nicht in der Laune, mit jemand etwas zu unternehmen. Kleine Kinder können das vielleicht noch nicht verstehen – in diesem Fall ist es besser und einfacher für alle, wenn Sie den Hund für sein Schläfchen in seine Box sperren.

Genug gespielt.

Sie müssen sich nicht schlecht fühlen, weil Sie ihn in die Box gesteckt haben. Das ist keine Strafe für den Hund und er wird es auch nicht so empfinden. Vermutlich ist er froh, einen ungestörten Ruheplatz zu haben. Sehr wichtig ist, dass die Kinder den Hund in Ruhe lassen, wenn er in der Box ist. Er braucht einen sicheren Rückzugsort, an den er sich von all der Aufregung und all dem Tumult zurückziehen kann und nicht fürchten muss, dass man über ihn stolpert, auf ihn tritt oder ihn aus seligem Schlaf weckt.

Welpen, genau wie Kinder, brauchen Nickerchen und Ruhepausen.

Noch ein Wort zu Problemen

Wir können gar nicht oft genug wiederholen, wie wichtig es ist, dass Sie frühzeitig professionelle Hilfe in Anspruch nehmen, wenn Sie irgendwelche Probleme mit Ihrem Junghund haben – besonders, wenn sie den eben beschriebenen ähneln.

Wir hören sehr oft von Kunden Aussagen wie »Mir war nicht ganz wohl dabei« oder »Ich dachte mir schon, dass das so nicht richtig ist« oder »Mir war klar, dass er das nicht tun sollte« – aber unternommen haben sie nichts, weil sie sich nicht sicher waren. Ihr Bauchgefühl hatte ihnen aber das Richtige gesagt – hören auch Sie darauf! Wenn Sie wegen irgendetwas ein schlechtes Gefühl haben, ist die Wahrscheinlichkeit hoch, dass tatsächlich etwas nicht stimmt. Im Anhang zu diesem Buch finden Sie einige Adressen, wo Sie nach professioneller Hilfe anfragen können. Gehen Sie – besonders mit Kindern im Haus – nicht das Risiko ein, die Dinge einfach auf sich beruhen zu lassen. Die Kinder müssen als Erste darunter leiden, wenn der Hund beschließt, dass es ihm nun reicht. Damit kein falscher Eindruck entsteht: Mit den allermeisten jungen Hunden gibt es keine Probleme. Wir möchten nur Ihr Bewusstsein dafür schärfen, dass diese Möglichkeit besteht. Je besser Sie informiert und vorbereitet sind, desto eher können Sie Probleme von vornherein vermeiden.

Teil 5

Hunde und Babys

»Der Hund wurde speziell für Kinder erschaffen. Er ist der Gott der Ausgelassenheit.«
(Henry Ward Beecher)

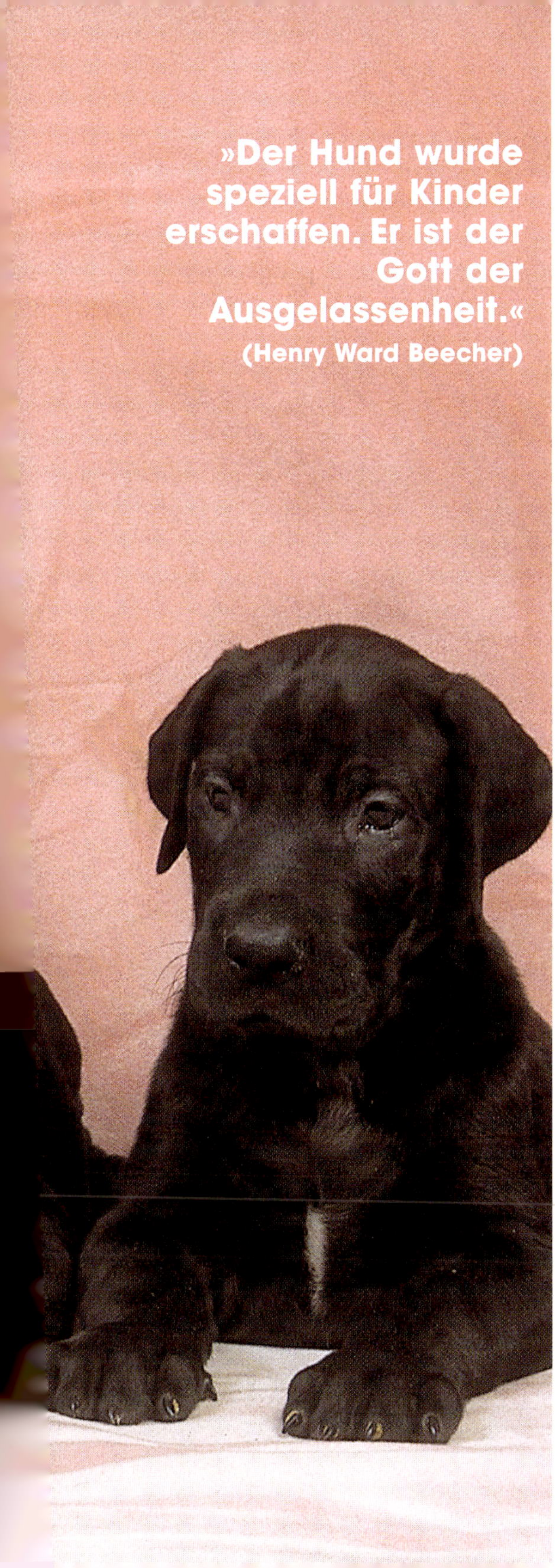

Kapitel 13
Ein Baby kommt – so bereiten Sie Ihren Hund vor

Kapitel 13

Ein Baby kommt – so bereiten Sie Ihren Hund vor

Vielen Hundebesitzern steht irgendwann die Vergrößerung ihrer Familie durch ein Baby ins Haus. Oft machen sich die werdenden Eltern dann große Sorgen, wie der Hund auf dieses neue menschliche Familienmitglied reagieren wird.

Selbstverständlich ist es möglich, ein Baby zu bekommen und die eigenen Hunde weiter im Haus zu behalten. Aber weiß die Mehrheit der Hundebesitzer wirklich, wie man dabei vorgeht, damit alles problemlos klappt?

In diesem Kapitel möchten wir Ihnen helfen, wie Sie Ihren Hund richtig auf die Ankunft Ihres Babys vorbereiten. Auch für diejenigen, die selbst keine Kinder haben, aber öfter Besuch von anderen Kindern – Neffen, Nichten, Enkeln, Kinder von Freunden usw. haben – wird es interessant sein. Beginnen Sie so früh wie möglich damit, dasjenige Verhalten bei Ihrem Hund zu bestärken, das er im Kontakt zu Kindern zeigen soll.

Wenn Sie einen Welpen oder jungen Hund haben, der vielleicht irgendwann einmal mit einem kleinen Menschen in der Familie zurechtkommen muss, ist der beste Rat, den wir Ihnen geben können: Beginnen Sie schon jetzt mit seiner Vorbereitung und bestehen Sie auf guten Manieren. Beachten Sie alles, was in diesem Buch gesagt wurde. Ein Welpe kann in mancherlei Hinsicht einfacher sein als ein erwachsener Hund, weil er noch nicht so lange an Ihrer Seite ist. Für ihn ist noch alles neu, was Sie von ihm verlangen und er hatte auch noch nicht so viele Möglichkeiten, sich unerwünschte Verhaltensweisen anzueignen, die Sie ihm nun wieder abtrainieren müssten. Sie können sofort damit beginnen, ihm die Verhaltensweisen beizubringen, die Sie bei ihm sehen möchten, wenn er Kontakt mit Menschen verschiedensten Alters hat.

IHR JOB

Gute Grundlagen schaffen

Vor einigen Jahren erlebte Lynn selbst genau diese Situation: Sie und ihr Mann erwarteten ihr erstes Kind und sie hatten drei erwachsene Hunde im Alter von einem Jahr, fünf und zehn Jahren im Haus. Wie würden die Hunde auf das Baby reagieren? Lynn als professionelle Hundetrainerin und Verhaltensberaterin wusste, wie wichtig Sozialisation ist. Mit den Jahren hatte sie ihre Hunde gut mit den Kindern von Verwandten und Freunden sozialisiert, und zwar sowohl bei sich zuhause als auch anderswo. Aber wie würden die Hunde reagieren, wenn sie nun 24 Stunden am Tag und 7 Tage die Woche mit einem Säugling zusammensein sollten? Entscheidend waren das Wesen ihrer Hunde und all die Erziehungsarbeit, die sie zuvor geleistet hatte: Kein Hochspringen auf Möbel, kein Rennen im Haus, kein Anspringen von Menschen und ständiges Festigen des Grundgehorsams. Als das Baby dann nach Hause kam, zeigten die Hunde zwar Aufregung und Interesse, aber die Dinge normalisierten sich sehr schnell wieder (sofern das Leben mit einem Kleinkind im Haus überhaupt normal sein kann). Die Ankunft des Babys war für die Hunde nicht so schwierig zu bewältigen, weil sich weder ihr Alltag groß änderte noch sie irgendwelche Privilegien abgeben mussten, die sie zuvor genossen hatten. Ihr Leben ging im Grunde weiter wie bisher, bis auf die Tatsache, dass ihnen etwas weniger Zeit und Aufmerksamkeit gewidmet wurde.

Wenn Sie schon seit mehreren Jahren einen Hund haben, kann es mitunter schwierig sein, wenn ein Baby dazukommt. Das hängt von mehreren Dingen ab:

- Von Wesen und Temperament des Hundes
- Davon, wie viel Sozialisation der Hund zuvor mit Babys, Krabbelkindern und älteren Kindern schon erfahren hat
- Davon, wie Ihr Hund auf Kinder reagiert, die zu Besuch kommen

oder die er draußen trifft

- Davon, wie gut das Benehmen Ihres Hundes im Haus aufgrund Ihrer Erziehung ist
- Davon, ob es für den Hund Alltagsrituale gibt, die sich mit der Ankunft des Babys verändern werden (z.B. jeden Morgen zwei Stunden mit der Mutter joggen gehen)
- Davon, ob Ihr Hund Ihnen gehorcht, wenn Sie Gäste haben oder wenn Sie möchten, dass er Bett oder Sofa verlässt

Beginnen Sie *jetzt*, gute Manieren zu lehren und bestehen Sie auf deren Einhaltung.

Bedenken Sie, dass Ihr Hund daran gewöhnt ist, Sie ganz für sich allein zu haben – und das vielleicht schon seit vielen Jahren. Es ist nicht leicht für ihn, dass er nun plötzlich Ihre Zeit mit einem Baby teilen muss.

Hausregeln für Hunde

Wir haben schon öfter in diesem Buch erwähnt, dass Sie unbedingt Hausregeln für Ihren Hund aufstellen und sie auch durchsetzen müssen. Warten Sie nicht erst, bis das Kind da ist, um dann festzustellen, dass der Hund sich nicht wie gewünscht benimmt und zu beschließen, dass sich jetzt sofort etwas ändern muss. Im Folgenden finden Sie einige Regeln, die Sie ihm frühzeitig beibringen sollten, um später Probleme zu vermeiden.

Im Haus ist Ruhe angesagt

Wenn Sie mehrere Hunde haben, erlauben Sie ihnen nicht, im Haus miteinander herumzutoben. Ein Hund, der mit einem anderen zusammen rauft und balgt, kann sich genauso ungünstig auswirken wie ein rennender Hund. Die Hunde sollen draußen miteinander spielen. Wie schon erwähnt, raten wir auch davon ab, ältere Kinder und Hunde allzu rau und wild miteinander spielen zu lassen. Wir spielen zwar auch manchmal im Haus mit unseren Hunden, aber es handelt sich dabei immer um *kontrolliertes* Spiel, bei dem wir die Regeln bestimmen und das dann beendet wird, wenn wir es sagen.

Ein im Haus rennender Hund oder miteinander raufende Hunde können besonders dann gefährlich sein, wenn ein Kleinkind gerade auf dem Boden liegt oder zu krabbeln beginnt. Kleinkinder müssen in einer bestimmten Entwicklungsphase einfach die Gelegenheit haben, auf dem Fußboden zu sein, damit sie lernen, wie sie sich abstützen können, wie sie vom Rücken auf den Bauch rollen können und umgekehrt und wie sie schließlich krabbeln können. Rennende, miteinander raufende oder sich jagende Hunde werden das Baby auf dem Boden vermutlich in ihrem Eifer gar nicht wahrnehmen: Vielleicht treten sie darauf, werfen es um, kratzen es mit den Zehennägeln und verletzen es womöglich sogar. Auf alle Fälle wird das Kind durch eine solche Erfahrung Angst bekommen.

FALLBEISPIEL

Erklären Sie Ihrem Hund die Tabus

Pia bekam kürzlich einen aufgeregten Anruf von Besitzern einer zwei Jahre alten, sehr aktiven Rhodesian Ridgeback Hündin namens Clover. Clover hatte bisher die ständige Aufmerksamkeit von Mama und Papa erfahren, weil beide als selbstständige Architekten von zuhause aus arbeiteten. Sie waren in Sachen Hundeerziehung sehr gewissenhaft, hatten mit Clover schon im Alter von 12 Wochen eine Welpenspielgruppe besucht und während ihres ganzen ersten Lebensjahres weiter an der Erziehung gearbeitet. Die werdende Mutter musste die drei letzten Monate ihrer Schwangerschaft im Bett verbringen, sodass Clovers Training nachließ. Clover wurde immer stürmischer und verbrachte einen Großteil des Tages damit, im Haus umherzurennen und sich so die Langeweile zu vertreiben. Das größte Ereignis des Tages für sie war der Besuch des Briefträgers. Sie wartete auf ihrem Liegeplatz im zweiten Stock und schaute aus dem Fenster. Wenn das Postauto kam, stürmte sie wild bellend die Treppe hinunter, sprang an der Haustür hoch und kratzte daran. Das ging jedes Mal so, wenn Clover jemand an der Haustür hörte. Die Besitzer bekamen das Verhalten nie richtig in den Griff, betrachteten es aber auch nicht als größeres Problem – bis eines Tages ihre kleine Tochter in Clovers Weg lag. Die Hündin stürmte über das Baby hinweg, sodass es über den harten Holzfußboden geschleudert wurde. Zum Glück war ihm nichts geschehen, aber nun musste unbedingt Abhilfe geschaffen werden! Clover lernte, zur Haustür zu *gehen* und sich davor hinzusetzen. Außerdem wurde ihr gezeigt, dass die Decke des Babys für sie tabu war und sie drumherum gehen musste, wenn sie auf dem Boden lag (wir werden Ihnen gleich erklären, wie man das macht). Ihre Einstellung zum Briefträger änderte sich außerdem, als dieser regelmäßig Hundekuchen mitbrachte. Danach war das Leben im Haus um einiges friedlicher!

Bestehen Sie darauf, dass Ihr Hund sich im Haus ruhig benimmt und versuchen Sie zu vermeiden, dass er übermäßig aufgeregt wird. In der Regel färbt es auf den Hund ab, wenn Sie selbst ruhig und gelassen sind. Wenn Sie auf dem Sofa sitzen und ein Buch lesen oder am Computer arbeiten, sollte der Hund ruhig daliegen. Falls er nicht ruhig neben Ihnen liegt, sollten Sie seine Box in die Nähe stellen, sodass er lernt, ruhig zu sein, wenn Sie es auch sind. Wenn Ihr Hund dann irgendwann am Tag unruhig wird und sich nicht mehr unter Kontrolle halten kann, bedeutet das vermutlich, dass er nach draußen muss und etwas Bewegung braucht. Tun Sie sich selbst und Ihrer Familie einen Gefallen, indem Sie sich ein paar Minuten Zeit für Laufen oder Ballspielen mit dem Hund nehmen, damit dieser seine aufgestaute Energie loswird. Zehn Minuten Ballspielen reichen bei den meisten Hunden, um sie müde zu bekommen.

Darf der Hund aufs Sofa?

Ob Sie es dem Hund gestatten, auf dem Sofa oder Bett zu liegen oder nicht, ist allein Ihre persönliche Entscheidung. Wir beide haben zuhause große Hunde mit viel Fell. Lynn erlaubt ihren Hund nicht, aufs Sofa zu gehen, weil sie dort so viel Platz einnehmen und weil sie keine Lust aufs dauernde Staubsaugen hat. Pias Hunde dagegen dürfen aufs Bett, aber nur, wenn sie es erlaubt. Das Wichtigste ist immer: Der Hund muss auf Aufforderung sofort das Sofa (oder Bett) verlassen und darf nur auf Ihre Aufforderung hinauf. Wenn irgendein Problem im Zusammenhang mit dem Hund und seinem Zugang zum Sofa auftritt (er z.B. knurrt und die Zähne zeigt, sich weigert, hinunterzugehen usw.) sollten Sie sofort professionellen Rat einholen, ganz besonders, wenn Sie bald Nachwuchs erwarten.

Solange der Hund sich benimmt und Ihre Regeln befolgt, gibt es kein Richtig oder Falsch in der Frage, ob er aufs Sofa darf. Einige Dinge sollten Sie aber bedenken:

- Wenn Sie einen Hund haben und wissen, dass Sie eines Tages Kinder bekommen, dann ist es für den Hund einfacher, wenn Sie die »Sofa- und Bettregeln« gleich von Anfang an ein für allemal festlegen. Möchten Sie, dass der Hund später im Kinderbett liegt oder auf dem Sofa, auf dem gerade Ihr Baby schläft? Sie werden ziemlich viel Zeit damit verbringen, auf dem Sofa zu sitzen und Ihr Baby zu füttern (etwa alle zwei Stunden), mit ihm zu spielen oder es einfach nur im Arm zu halten. Wenn Ihr Hund bis jetzt immer aufs Sofa durfte, wird er nicht verstehen, warum er jetzt plötzlich dafür angeschrien wird, wenn er hinaufzuspringen versucht – nur, weil das Baby dort liegt. Er hat sich daran gewöhnt, auf dem Sofa zu schlafen und wurde dafür in der Vergangenheit noch nie angeschrien.

Ob die Hunde aufs Sofa dürfen, ist Ihre Entscheidung. Allerding müssen sie es auf Aufforderung hin jederzeit sofort verlassen.

- Ein Kleinkind, das mit Armen und Beinen strampelt und Geräusche macht, wird mit Sicherheit die Neugier Ihres Hundes erwecken. Seien Sie nicht überrascht, wenn er jetzt aufs Sofa gesprungen kommt, um nachzusehen, was dort los ist – auch, wenn das Sofa vorher für ihn immer verboten war. Immer wieder hören wir von Hundebesitzern, dass ihre Hunde angeblich nie aufs Sofa gehen würden. Wenn der Hund sich aber frei im Haus bewegen kann, gibt es keine Garantie dafür, dass er es sich nicht doch dort bequem macht, wenn Sie gerade nicht da sind.
- Falls Ihr Hund bis jetzt mit Ihrer Erlaubnis aufs Sofa durfte und Sie das auch beibehalten möchten, ist nichts Falsches daran, ihn auch dann zu sich hinaufkommen zu lassen, wenn Sie gerade das Kind im Arm halten. Lassen Sie ihn spüren, dass er immer noch aufs Sofa darf, vorausgesetzt, er hört auf Sie und geht auf Ihre Aufforderung auch wieder hinunter. Sie können ihm zeigen, dass er immer noch zu Ihnen und zur Familie gehört. (*Achtung: Lassen Sie den Hund nur dann zu sich und dem Kind aufs Sofa, wenn er in der Vergangenheit kein Verhalten gegenüber dem Baby gezeigt hat, dessentwegen man sich Sorgen machen müsste.*) Wenn Sie beschließen, dass der Hund von nun an nicht mehr aufs Sofa darf, dann vermitteln Sie ihm das rechtzeitig, bevor das Kind kommt. Hunde können sehr wohl neue Regeln lernen. Wenn Sie die Sofa-

Regel ändern möchten, dann belohnen Sie den Hund, wenn er brav neben dem Sofa liegt und regen Sie sich nicht auf, wenn er gelegentlich noch hochspringt. Er wird Fehler machen. Es braucht immer Zeit, bis man ein Verhalten verändert hat. Der Hund kann nicht verstehen, warum alte Regeln nun nicht mehr gelten, also haben Sie Geduld.

Ein Verhalten zu ändern dauert immer seine Zeit.

Tisch- und Küchenmanieren

Von dem Moment an, in dem Sie Ihren Hund bekommen, müssen Sie ihm »Küchenmanieren« beibringen – wie er sich verhalten soll, wenn die Familie am Esstisch sitzt oder wenn Sie das Essen zubereiten. Viele der lästigen und störenden Verhaltensweisen von Hunden treten in der Küche auf, weil wir dort ziemlich viel Zeit verbringen und es der Ort ist, an dem die Lebensmittel aufbewahrt werden. Erlauben Sie Ihrem Hund nicht, seine Nase auf Tisch oder Anrichte zu legen, um Essen zu betteln, Sie an Armen oder Beinen anzustoßen oder Sie mit der Pfote anzutatzen, wenn Sie gerade essen oder kochen. Er sollte am besten ruhig daliegen, wenn er mit Ihnen zusammen in der Küche ist. Ruhiges Umhergehen ist auch in Ordnung, solange er nicht um Futter bettelt oder Leute belästigt. Bedenken Sie, dass Sie vielleicht eines Tages Kinder im Haus haben (Ihre eigenen oder die anderer). Kinder essen nicht ganz so ordentlich wie Erwachsene. Oft verteilen sie mehr Essen auf Tisch, Stuhl, Fußboden oder sich selbst, als tatsächlich in ihrem Mund landet. Wenn Ihr Hund keine Tischmanieren gelernt hat, kann es sein, dass er jetzt begeistert von Babys Schoß frisst. (Natürlich hat es durchaus auch Vorteile, wenn Hunde bei Babys Mahlzeit in der Nähe sind. Sie sind tolle Staubsauger.)

Wenn Ihr Hund auf Tische oder Anrichte springt, kann das für Ihr Kind gefährlich werden. Vielleicht haben Sie das Baby in seinem Tragekorb gerade auf der Küchenanrichte abgestellt, während Sie dort sein Essen zubereiten. Wenn der Hund jetzt hochgesprungen kommt, kann er die Trage mitsamt Baby umwerfen.

Sie bestimmen den Tagesplan

Lehren Sie den Hund, dass seine Bedürfnisse (Fressen, Spazierengehen, Spielen etc.) nach Ihrem Tagesplan und dann, wann Sie dazu Zeit haben, erfüllt werden. Wenn Ihr Hund bis jetzt gewohnt war, dass alles, was ihn betrifft, immer zu festen Tageszeiten stattfand, dann beginnen Sie jetzt schon, den Tagesablauf zu variieren. Haben Sie schon einmal bemerkt, dass Ihr Hund ganz genau zu wissen scheint, wann es Zeit für sein Abendessen ist? Er schaut Sie an, als ob er sagen wolle »Hey, es ist schon sieben Uhr, willst Du mich nicht endlich füttern?« Lassen Sie es nicht einreißen, dass Sie nach der Pfeife des Hundes tanzen, wenn er Ihnen die Zeit für den Spaziergang oder das Füttern vorgibt. Es ist unwahrscheinlich, dass Sie diese Zeiten beibehalten können, wenn erst das Baby da ist. Die Dinge finden eben dann statt, wenn Zeit dafür ist. Ihr Hund wird es viel leichter haben, wenn er schon weiß, dass Tagesabläufe sich auch einmal verändern können.

Bringen Sie Ihrem Hund von Anfang an gutes Benehmen in der Küche bei.

Besondere Vorbereitungen aufs Baby

Einen gut erzogenen und auf Sie hörenden Hund zu haben, der gutes Benehmen gelernt hat, ist umso wichtiger, wenn Sie ein Baby oder Kleinkind im Haus haben. In Kapitel 6 haben wir bereits beschrieben, wie Sie den Grundgehorsam Ihres Welpen trainieren können – auf seinen Namen hören, nicht hochspringen und vorsichtig Leckerchen aus Ihrer Hand nehmen. Hier finden Sie ein paar weitere Erziehungsübungen, die Ihnen mit Baby im Haus sehr nützlich sein können.

Brav an der Leine gehen

Wenn Sie sich auf die Ankunft eines Babys vorbereiten, haben Sie vielleicht schon einen Kinderwagen gekauft. Spazieren gehen ist für junge Mütter nach der Geburt die beste Methode, um wieder in Form zu kommen und die Ausfahrt im Kinderwagen macht auch dem Baby Spaß. Gehen Sie also mit Kind und Hund gemeinsam spazieren und genießen Sie die Bewegung und frische Luft. Eine schöne Vorstellung, oder? Damit sie sich so verwirklicht, müssen Sie jetzt schon dafür arbeiten.

Es geht nicht, dass Sie Ihren Hund sonst bei jedem Spaziergang fröhlich an der Leine haben ziehen lassen und jetzt plötzlich erwarten, dass er das nicht tut, nur, weil Sie einen Kinderwagen schieben. Üben Sie die Leinenführigkeit vorher, vielleicht in der Hundeschule oder mit einem guten Hundetrainer. Üben Sie dann jeden Tag und nehmen Sie den Kinderwagen mit auf den Hundespaziergang, auch, wenn das Baby noch gar nicht da ist. Ihre Nachbarn werden sich zwar wundern, was Sie da tun, aber mit dem leeren Kinderwagen können Sie gefahrlos üben, falls Ihr Hund einem Eichhörnchen hinterhersetzen möchte und Sie die Hand mit der Leine gerade am Kinderwagengriff haben. Wenn der Hund plötzlich loszieht und Sie nicht darauf vorbereitet waren, kann er den Wagen umwerfen. Wenn Sie schon vorher üben, wird Ihr Hund sich auf gemeinsame Spaziergänge mit Ihnen und dem Baby freuen, wenn es erst da ist. Sein Tagesprogramm bleibt das gleiche und er kann immer noch Zeit mit Ihnen zusammen verbringen. Schon bald wird sich Ihr Hund freuen, wenn Sie den Kinderwagen hervorholen, denn das heißt ja, dass jetzt alle spazieren gehen!

Ein schöner Familienspaziergang kann gut für alle sein.

Geh um die Decke rum

Wahrscheinlich werden Sie ziemlich viel Zeit auf dem Fußboden verbringen, wenn Sie mit Ihrem Kind spielen. Wenn sie sich zu Boden begeben, ist es aber bei den meisten Hundebesitzern so, dass der Hund es als Aufforderung zum Herkommen, Spielen und Gestreicheltwerden versteht. Gewöhnen Sie ihn deshalb daran, dass Sie sich nicht automatisch jedes Mal um ihn kümmern, wenn Sie auf dem Boden sitzen oder hocken. Nehmen Sie eine Puppe und legen Sie sie auf eine Decke auf dem Fußboden. Sprechen Sie mit der Puppe, während der Hund im gleichen Raum ist und gehen Sie so mit ihr um, wie Sie es mit einem Kind tun würden. Erlauben Sie Ihrem Hund nicht, eine Pfote auf die Decke zu setzen und schon gar nicht, darüberzugehen. Er darf herüberkommen, um zu sehen, was Sie da machen, aber er muss ruhig bleiben. Bringen Sie ihm bei, sich neben der Decke auf den Boden zu legen und um die Decke herum auf die andere Seite zu gehen. Die Decke ist für ihn tabu. Babys müssen nun mal viel Zeit auf dem Fußboden verbringen und Sie werden sich wohler dabei fühlen, wenn Sie wissen, dass Ihr Hund nicht quer über Ihr Kind marschieren wird.

Erinnern Sie sich an die Geschichte von Clover? Clover hatte gelernt, um die Decke herumzugehen und auf »Zurück« zu hören, wenn sie zu dicht herankam. So können auch Sie das Ihrem Hund beibringen:

Bringen Sie Ihrem Hund bei, ruhig zu sein, wenn Sie mit dem Baby auf dem Boden beschäftigt sind.

»Außenrum« lernen

Legen Sie eine kleine Decke auf den Fußboden. Ihr Hund ist dicht neben Ihnen. Locken Sie ihn mit einem Leckerchen, das Sie vor seine Nase halten, um die Decke herum. Geben Sie den Weg drumherum nicht zu eng vor, damit er nicht auf die Decke tritt. Sobald Ihr Hund halb um die Decke herum ist, sagen Sie »Ja!« und geben ihm das Leckerchen. Zeigen Sie ihm ein weiteres Leckerchen und locken Sie ihn den Rest der Strecke herum. Sobald er diese Übung versteht, locken Sie ihn um die ganze Decke und belohnen ihn, wenn er wieder bei Ihnen angekommen ist. Jetzt können Sie ein Hörzeichen wie »Rum« oder »Außenrum« einführen. Sobald Ihr Hund in einer Richtung um die Decke herumgehen kann, versuchen Sie es auch andersherum. Hunde haben, genau wie Menschen, eine stärkere und eine schwächere Seite, sodass ihm vielleicht die eine Richtung leichter fällt als die andere. Falls er mit einer Pfote die Decke berührt, gibt es kein Leckerchen. Sobald Ihr Hund die Übung verstanden hat, müssen Sie nicht mehr mit dem Leckerchen in der Hand locken, sondern nur noch ein Handzeichen geben. Die Futterbelohnung können Sie ihm dann aus Ihrer Tasche geben.

»Zurück« lernen

Stellen Sie sich vor Ihren Hund, der ebenfalls stehen und Sie anschauen soll. Halten Sie ihm ein Leckerchen vor die Nase – aber nicht zu hoch, sonst setzt er sich hin. Machen Sie einen Schritt auf Ihren Hund zu und bewegen Sie das Futter in Richtung seines Gesichtes, während Sie »Zurück« sagen. Vermutlich wird Ihr Hund nun einen Schritt rückwärts machen, weil Sie seine Individualdistanz unterschritten haben. Belohnen Sie schon die kleinste Rückwärtsbewegung mit »Ja!« und dem Leckerchen. Lassen Sie ihn nach und nach mehr Schritte machen. Sobald er die Übung verstanden hat, bleiben Sie ruhig stehen. Gebrauchen Sie nun das gleiche Handsignal und sagen wieder »Zurück«. Reagiert er richtig, sagen Sie »Ja!« und werfen ihm das Leckerchen hin. Irgendwann muss das Ganze auch klappen, wenn Sie auf einem Stuhl sitzen oder mit dem Baby zusammen auf dem Fußboden. Falls Ihr Hund nicht zurückgeht, stehen Sie auf und gehen Sie auf ihn zu, um zu verdeutlichen, was Sie gesagt haben.

Ein schreiender Säugling kann bei Hunden sehr unterschiedliche Reaktionen auslösen.

Schreiende Kinder

Das Geräusch eines schreienden oder weinenden Kindes kann bei einem Hund zu ganz unterschiedlichen Reaktionen führen. Manche Hunde werden sehr aufgeregt, andere besorgt und wieder andere nervös. Lynn hatte drei erwachsene Hunde, als sie ihr Kind bekam, zwei Rüden und eine Hündin. Wenn die Kleine schrie, stand die Hündin anfangs immer sofort auf und ging ins Kinderzimmer, und wenn Lynn nicht da war, suchte sie nach ihr. Sie schaute sie an, als ob sie sagen wollte: »Hey, Dein Kind ruft nach Dir, hörst Du das nicht? Geh mal hin!« Die beiden Rüden reagierten kaum auf das Schreien – es schien sie überhaupt nichts anzugehen. Manche Hunde reagieren auf das Schreien auch erst dann, wenn Sie sich auf das Kind zu bewegen – dann haben Sie ihr Interesse geweckt. Irgendwann lernen Hunde den Zusammenhang: Wenn das Kind schreit, geht jemand zu ihm hin. Sie können Ihrem Hund die Gewöhnung an das Schreien erleichtern, indem Sie ihm eine CD mit diesem Geräusch vorspielen. Stellen Sie den CD-Player in den Raum, in dem sich das Kind später hauptsächlich aufhalten wird und spielen Sie das Schreien hin und wieder ab. Reagieren Sie selbst darauf dann, indem Sie ruhig zu dem Raum hingehen. Sie können sogar eine Puppe in den Raum legen, die Sie in den Arm nehmen können, wenn Sie dort hingehen. Zeigen Sie Ihrem Hund, dass es überhaupt keinen Grund zur Aufregung gibt und dass alles in Ordnung ist. Wenn Ihr Hund lernt, dass alle zum Baby rennen, wenn es schreit, wird er einfach das gleiche Verhalten zeigen.

Den Hund auf die Aktionen der Kinder vorbereiten

Wie Sie schon aus Kapitel 10 wissen, betrachten Hunde Kinder und Kleinkinder nicht genauso, wie sie es bei Erwachsenen tun. Die Körpersprache von Kindern unterscheidet sich von der erwachsener Menschen und sie sind viel unberechenbarer in ihren Bewegungen. Wenn Ihr Hund freundlich zu

Kinder jeden Alters, lieben es, Welpen zu umarmen.

Erwachsenen ist, dürfen Sie daraus niemals schließen, dass er auch nett zu Kindern oder Krabbelkindern sein wird. Lesen Sie noch einmal Kapitel 4 zur Sozialisation und stellen Sie sicher, dass Ihr Hund genügend mit Kindern sozialisiert wurde, bevor Ihr Baby nach Hause kommt.

Kleine Kinder nehmen auch körperlich zu Hunden ganz anders Kontakt auf als Erwachsene. Sie haben noch nicht so viel Kontrolle über ihre Arme und hauen den Hund vielleicht versehentlich, anstatt ihn zu streicheln. Gehen Sie nicht davon aus, dass Ihr Kind dem Hund nicht wehtun kann. Babys können erstaunlich fest zupacken. Wenn sie etwas zu greifen bekommen, umklammern sie es und geben es so leicht nicht wieder her. Schon so mancher Hund musste da Fellbüschel lassen!

Kinder lieben es auch, alles mögliche zu umarmen. Manche umarmen ihren Hund zehnmal am Tag oder noch öfter. Versuchen Sie, Ihren Hund daran zu gewöhnen, dass Sie ihn umarmen und achten Sie auf seine Reaktion. Wenn er diese Umarmungen schon von Ihnen nur schlecht ertragen kann, wird er sie sich von einem Kind ganz bestimmt nicht gefallen lassen.

Hundespielsachen: Geben Sie ihnen einen Platz

Wie schon erwähnt, kann es zu Problemen führen, wenn zu viele Hundespielsachen auf dem Boden herumliegen. Besser ist es deshalb, sie in einer Kiste aufzubewahren. Warten Sie nicht, bis Sie Ihr verletztes Kind aus dem Krankenhaus abholen, bis Sie sich entschließen, hier Ordnung zu schaffen. Suchen Sie lieber heute noch eine Hundespielzeugkiste heraus und legen Sie alles gleich hinein. Sobald Sie ein Kind haben, werden auch jede Menge Babyspielsachen ins Haus kommen. Viele von ihnen sind aus ähnlichen Materialien wie die, die Ihr Hund von seinen Spielsachen kennt. Woher soll er wissen, dass er Babys Teddybär nicht vom Boden nehmen darf, wo doch seine Sachen sonst auch immer dort herumliegen? Machen Sie es ihm einfacher!

Babysprache

Viele Hundebesitzer, besonders die kinderlosen, sprechen oft in einer Art Babysprache (»Ei wo ist er denn der Kleine, ti ti ti ti ti…«) mit ihren Welpen und behalten das häufig auch dann noch bei, wenn der Hund schon erwachsen ist. Der Hund gewöhnt sich also an diesen Tonfall und diese Stimmlage, die ihm zu verstehen gab, dass er gemeint war. Und nun kommt plötzlich ein Kind ins Haus, zu dem die Erwachsenen genauso sprechen. Kein Wunder, dass der Hund sofort angelaufen kommt, wenn er das hört, denn bis jetzt war ja auch immer er gemeint. Und dann ärgern sich die Hundebesitzer, weil der Hund jedes Mal angelaufen kommt und sich dazwischen drängelt, wenn sie nett mit dem Kind sprechen. Und natürlich ist auch der Hund frustriert, weil er nicht versteht, warum er zur Seite geschoben wird, wenn er doch auf die Stimme reagiert, mit der sonst immer nur er angesprochen wurde. Vermeiden Sie also am besten Verwirrung, indem Sie mit Ihrem Welpen von Anfang an ganz normal anstatt in typischer »Babysprache« sprechen. Wenn Ihnen das schwer fällt (und unserer Erfahrung nach fällt es vielen schwer), ärgern Sie sich nicht über Ihren Hund. Bleiben Sie ruhig und kraulen Sie ihn hinterm Ohr. Sie bestimmen, wie viel Aufmerksamkeit er von Ihnen bekommt, also fühlen Sie sich nicht schuldig.

Babysachen aus dem Krankenhaus mitbringen

Um Ihrem Hund die Vorbereitung auf das Baby zu erleichtern, kann es helfen, ihn schon vorab mit dessen Geruch vertraut zu machen. Sie können deshalb einem Angehörigen nach der Geburt schon einmal ein Kleidungsstück oder eine Decke aus dem Krankenhaus mitgeben, die mit dem Neugeborenen in Kontakt war. Der Hund soll daran schnüffeln können und es sollte zuhause öfter mal an verschiedenen Stellen liegen, zum Beispiel im Bad oder am Wickeltisch. Man kann es sich sogar beim Fernsehen auf den Schoß legen. Wenn dann das Baby nach Hause kommt, ist der Hund schon mit seinem Geruch vertraut.

Kindersitze im Auto

In Kapitel 3 haben wir besprochen, wie Sie Ihren Hund am sichersten im Auto transportieren können (Box, Geschirr zum Anschnallen). Wenn er frei auf der Rückbank sitzt und sich nach Herzenslust im Auto bewegen kann,

Es kann hilfreich sein, den Hund vorab mit dem Geruch des Babys vertraut zu machen.

sollten Sie das so schnell wie möglich ändern. Jetzt haben Sie bald einen Säugling im Kindersitz auf der Rückbank. Wenn der Hund weiter im Auto frei sein darf, werden Sie nicht verhindern können, dass er das Kind bedrängt oder sogar darauf springt. Die Situation kann sehr gefährlich werden. Auch können Sie nicht mehr sicher Auto fahren, wenn Sie abgelenkt werden und sich Sorgen machen – das Unfallrisiko steigt enorm. Suchen Sie also nach sichereren Möglichkeiten, wie Sie Ihren Hund im Auto mitnehmen können.

Das Baby kommt nach Hause

Endlich kommt Ihr Kind aus dem Krankenhaus nach Hause. Diese Zeit ist für die ganze Familie sehr aufregend und hektisch. Wenn es Ihr erstes Kind ist, sind Sie vermutlich ziemlich nervös und gestresst bei dem Gedanken, sich zuhause alleine um alles kümmern zu müssen.

Wiedersehen mit Mama

Ihr Hund wird sich sehr freuen, Mama wiederzusehen, die vermutlich ein paar Tage im Krankenhaus verbracht hat. Vermutlich wird sie sich aber in erster Linie um das Baby kümmern. Wir empfehlen immer, dass jemand anderer das Baby aus dem Auto ins Haus trägt, damit die Mutter die Möglichkeit hat, den Hund zu begrüßen. Sobald der Hund ruhig ist, kann das Kind zurück auf Mamas Arm. Wenn Ihr Hund noch jung ist und am Baby-Ankunftstag einige Stunden alleine zuhause verbringen musste, ist es eine gute Idee, wenn Sie jemand bitten können, vorher noch einmal mit ihm spazieren zu gehen oder zu spielen. So kann er seine aufgestaute Energie loswerden, bevor er das Kind kennenlernt. Bemühen Sie sich, dem Hund in dieser hektischen Zeit auch Aufmerksamkeit zu geben und ihn nicht zu übersehen. Verteilen Sie die Verantwortung für Kind und Hund wechselweise zwischen den erwachsenen Familienmitgliedern. Vermeiden Sie unbedingt, Panik allein bei dem Gedanken zu bekommen, was dem Baby alles passieren könnte und schreien Sie vor allem Ihren Hund nicht an, bevor er überhaupt irgendetwas falsch gemacht hat.

Schnüffeln erlaubt

Babys sind zerbrechliche und unschuldige Wesen. Äußerste Sorgfalt und gesunder Menschenverstand sind immer vonnöten, wenn Hunde und Babys miteinander zu tun haben. Manche Eltern werden aber auch übervorsichtig und lassen den Hund gar nicht mehr in die Nähe des Kindes. Das führt allerdings nur dazu, dass der Hund immer frustrierter und aufgeregter wird und das Kleine erst recht unbedingt sehen möchte. Es ist nichts falsch daran, den Hund am Baby schnüffeln zu lassen. *Natürlich müssen Sie aber auch hier Ihren gesunden Menschenverstand einsetzen. Wenn Sie unsicher sind, wie Ihr Hund sich verhalten wird, weil er in der Vergangenheit aggressiv auf Kinder reagiert hat, dann suchen Sie unbedingt den Rat eines Hunde-Verhaltenstherapeuten, sobald Sie wissen, dass Sie schwanger sind. Warten Sie nicht bis einen Monat vor Ankunft des Babys.* Ihr Hund ist neugierig und möchte sehen, was es mit diesem kleinen Bündel da auf sich hat. Befehlen Sie ihm »Sitz« und beugen Sie sich mit dem Kind im Arm auf seine Kopfhöhe hinab, sodass er das Kleine sehen und beschnüffeln kann. Wenn Sie das Kind zu hoch halten, springt er möglicherweise hoch, um besser sehen zu können. Sie können sich auch aufs Sofa setzen, das Kind auf den Schoß nehmen und den Hund dann schnüffeln lassen. Wenn Ihr Hund gut erzogen ist und grundsätzlich aufs Sofa darf, können Sie ihn auch zu sich hinaufbitten. Bestehen Sie aber darauf, dass er sich hinlegt. Die meisten Hunde reagieren ziemlich aufgeregt auf den Neuankömmling und möchten ihn unbedingt beschnüffeln. Lassen Sie das zu. Danach wird das Interesse Ihres Hundes schnell nachlassen und er wird wieder seinen eigenen Geschäften nachgehen. Wenn Sie ihm verbieten, das Kind näher zu untersuchen, kann ihn das sehr frustrieren.

Tun Sie Ihr Bestes, um auch dem Hund weiterhin genügend Aufmerksamkeit zu schenken.

Beteiligen Sie den Hund an Aktivitäten mit dem Kind

Versuchen Sie, den Hund in so viele Aktivitäten mit dem Kind wie möglich einzubinden. Wir erwähnten ja schon, dass Spaziergänge mit der ganzen Familie und dem Hund eine prima Sache sind. Auch wenn Sie mit dem Baby zusammen auf dem Fußboden liegen oder sitzen können Sie den Hund zu sich rufen, vorausgesetzt, er bleibt ruhig und hält sich an die erwähnten Regeln.

FALLBEISPIEL

Der Hund, der immer im Mittelpunkt stehen wollte

Pia bekam einen Anruf ihrer Nachbarin, die mit ihr über ihre 12 Monate alte Tochter und den anderthalbjährigen Rüden Champ sprechen wollte. Beide Eltern arbeiteten ganztags und brauchten jeden Tag drei Stunden für den Weg zur Arbeit und zurück. Ihre wenige kostbare Zeit am Abend reichte natürlich nicht für das Kind, Champ und sie selbst. Am meisten ärgerte sie, dass Champ sich immer in den Mittelpunk zu drängen versuchte, wenn sie sich mit dem Kind beschäftigten. Außerdem stahl er ständig dessen Spielsachen und Essen. Wenn sie Champ in ein anderes Zimmer sperrten, heulte er anhaltend. Sie hatten das Gefühl, dem Hund immer wieder »Nein!« zu sagen, aber völlig ohne Erfolg. Champ war ziemlich verspielt und spielte gerne sowohl mit den Eltern als auch mit dem Kind. Wenn das Kind abends im Bett war, setzten sich die Eltern mit Champ hin und spielten mit ihm. Champs Spielsachen sahen den Kinderspielsachen ziemlich ähnlich, er spielte in der gleichen Umgebung wie das Kind und die Eltern sprachen zu Kind und Hund in exakt der gleichen Tonlage. Woher sollte Champ wissen, wann seine Zeit für die Aufmerksamkeit war? Wenn Champ die freundlichen Worte hörte, in denen die Eltern zum Kind sprachen, kam er jedes Mal dazu, weil er sich angesprochen fühlte. Und woher sollte er wissen, welche Spielsachen seine waren und welche die des Kindes, wenn alle zusammen auf dem Fußboden lagen?

Nachdem Pia ihnen die Situation aus Sicht des Hundes erklärt hatte, verstanden die Eltern besser, wie Champ sich fühlte und warum er sich so verhielt. Er war nicht eifersüchtig auf das Kind, sondern wollte nur mitmachen. Er lernte nun, sich hinzulegen und ruhig liegen zu bleiben. So konnte er weiter mit dabeisein, nur eben stand er nicht mehr mitten im Geschehen drin. Dann lernte Champ, dazuzukommen und Dinge herzugeben. Nachdem er ein paar Kommandos gelernt hatte, war er viel entspannter, die Eltern hatten wieder Spaß an ihm und der Druck war von allen weggenommen.

Der Babylaufstall

Erlauben Sie dem Hund nicht, sich aufzudrängen: Er darf nur dann mitmachen, wenn Sie es wünschen.

Wenn es um Ihr Kind geht, sollten Sie immer in erster Linie an seine Sicherheit denken – vor allem, wenn Sie auch einen Hund im Haus haben. Sie brauchen einen sicheren Platz, an den Sie es hinlegen können, wenn Sie den Raum verlassen müssen (zum Beispiel, um ans Telefon zu gehen, ins Bad zu gehen etc.). Der sicherste Platz für ein Baby ist vermutlich im Kinderbett, aber solange Babys noch nicht krabbeln und herumrollen können, legen viele Mütter sie auch aufs Sofa oder den Fußboden, wenn sie einmal kurz aus dem Raum müssen. Das wäre ja auch in Ordnung – wenn Sie keinen Hund hätten. Das erscheint Ihnen vielleicht naheliegend, sollte aber unserer Meinung nach trotzdem erwähnt werden. Gehen Sie niemals davon aus, dass Ihr Hund auf jeden Fall um das auf dem Boden liegende Baby herumgehen wird oder dass er seine Vorderpfoten aufs Sofa stellen wird, um es sich näher anzusehen. Wir hatten schon öfter mit Hunden zu tun, die auf am Boden liegende Babys getreten sind. Und Babys müssen nun einmal ziemlich viel Zeit auf dem Fußboden verbringen, um richtig krabbeln zu lernen. Sinnvoll ist deshalb die Anschaffung eines Baby-Laufstalls, in dem Sie Ihr Kind sicher unterbringen können, wenn Sie kurz den Raum verlassen müssen. Vielleicht möchten Sie das Kind ja auch mit einer Decke auf den Küchenfußboden legen, während Sie gerade Abendessen kochen. Aber auch dann könnte es sein, dass der Hund darauf tritt, obwohl Sie im gleichen Raum sind. Wenn es dagegen in seinem Laufställchen ist, kommt der Hund nicht an es heran und Baby kann gefahrlos seine Umgebung erkunden.

Babyschaukeln

Mit Elektromotor betriebene Babyschaukeln sind beliebt, um dem Kleinen die Zeit zu vertreiben, während man selbst beschäftigt ist. Aus Sicht des

Mit einer guten Vorbereitung des Hundes wird die Ankunft des Babys viel problemloser vonstatten gehen.

Hundes sieht dieses sich bewegende Ding ziemlich interessant aus und kann ihn sicherlich dazu motivieren, es mit den Zähnen packen und festhalten zu wollen. Vermutlich ist das nicht etwas, das Sie haben wollen, wenn Ihr Kind gerade in der Schaukel sitzt. Wenn Sie eine solche Schaukel benutzen möchten, dann ist es besser, Sie gewöhnen Ihren Hund vorher mit einer Puppe als Passagier daran. Er muss lernen, aus dem Weg zu gehen und der Schaukel nicht zu nahe zu kommen, wenn sie sich bewegt.

Wenn ein Baby ins Haus kommt, wird sich sowohl in Ihrem Leben als auch in dem des Hundes eine ganze Menge verändern. Versuchen Sie, Ihrem Hund so viel Stress wie möglich zu ersparen, indem Sie die in diesem Buch dargelegten Vorschläge beherzigen und den Hund schon viele Monate vor Ankunft des Kindes vorzubereiten beginnen. Der Übergang in das neue Alltagsleben wird so für alle Beteiligten viel sanfter und leichter vonstatten gehen.

Nachwort

Was haben die Kombination Hund/Kind und Omas Apfelkuchen gemeinsam? Was an Omas Backtag so mühelos aussieht, ist in Wirklichkeit das Ergebnis vieler Jahre der Erfahrung und des Ausprobierens. Man muss wissen, welche Äpfel man nehmen muss, welche Zutaten, und wie man sie mischt, um einen perfekten Apfelkuchen zu backen. Oma wusste all das.

Und genauso wie es ein Rezept für den perfekten Apfelkuchen gibt, gibt es auch ein Rezept für eine glückliche Beziehung zwischen Kindern und Hunden. Es reicht nicht, sie einfach nur zusammenzustecken. Um für Sicherheit und Wohlergehen Ihrer Familie zu sorgen, müssen Sie einige Dinge bedenken. Kinder können körperliche Verletzungen davontragen und Hunde können für Dinge beschuldigt werden, die man gut hätte vermeiden können. Halten Sie sich also an die Regeln und üben Sie die »Hundelektionen« in diesem Buch, wenn Sie das Durcheinander vermeiden möchten, das sonst mit ziemlicher Sicherheit entstehen wird. Nur zu oft endet der anfangs so geliebte Hund im Tierheim und die tieftraurigen Kinder verstehen gar nicht, was eigentlich passiert ist.

Was man mit Hunden und Kindern tun und lassen sollte, haben Ihnen zwei Autorinnen erklärt, die aus eigener Erfahrung wissen, wie wichtig die gute Erziehung eines Familienhundes ist. Auch die Kinder profitieren davon, wenn sie lernen, richtig mit Hunden umzugehen: Sie werden zu verantwortungs- und verständnisvolleren Menschen heranwachsen und außerdem die Möglichkeit haben, die Welt auch aus vierbeiniger Perspektive zu entdecken.

Pia Silvani und Lynn Eckhardt haben die Kompetenz und die Erfahrung, um Familien den Weg zur Harmonie mit Hund und Kind zeigen zu können. Gerne haben sie ihr reichhaltiges Wissen über das Hundeverhalten und ihre Erfahrungen im Großziehen von Kindern und Welpen mit Ihnen geteilt. Jetzt müssen Sie sich nur noch an das »Rezept« halten, um später die Früchte Ihrer Arbeit ernten zu können: Ihrer Familie eine liebevolle Umgebung zu bieten, in der sowohl Kinder als auch Hunde geliebte und geschätzte Familienmitglieder sind.

Elizabeth McCorkle, Vorsitzende des Tierheims St. Hubert's, USA

»Hunde sind nicht unser ganzes Leben,
aber sie machen unser Leben ganz.« (Roger Caras)

Über die Autorinnen

Pia Silvani

Pias Hundekarriere begann mit einem sechsjährigen Golden Retriever, der eingeschläfert werden sollte, weil er in seinem Zuhause mehrmals ein Kind gebissen hatte. Er war Kindern gegenüber sehr misstrauisch, weshalb Pia an der Wiederherstellung dieses Vertrauens arbeitete und ihm Führung und Sicherheit bot. Er biss nie wieder. Stattdessen schloss er mit Pias beiden Neffen Freundschaft – er hatte neues Vertrauen in die »kleinen Menschen« gewonnen. Ihre Vorliebe für die Ausbilderinnen-Tätigkeit hatte Pia schon vor 20 Jahren entdeckt: Als Privatlehrerin, Tanzlehrerin, Schwimmtrainerin für die Special Olympics und regionale Ausbildungsleiterin für die Trainerfortbidung einer internationalen Aerobic-Gesellschaft. Nach 13 Jahren Managementtätigkeit im Büro beschloss sie, ihre nebenberufliche Lehrertätigkeit zum Hauptberuf zu machen und kombinierte ihre Vorliebe zum Lehren mit ihrer Liebe zu Hunden. Heute ist sie Leiterin für Ausbildung und Verhaltensfragen am St. Hubert's Animal Welfare Center in Madison, New Jersey. Zu den Verhaltensproblemen in Zusammenhang mit Aggression und Angst führt sie private Einzelberatungen durch. Sie lebt mit ihrem Ehemann Marty und zwei belgischen Tervueren zusammen.

Lynn Eckhardt

Lynns erster eigener Hund war ein kleiner Mischling, den sie vor über 24 Jahren aus dem Tierheim adoptiert hatte. Seitdem hat sie sieben Hunde verschiedener Rassen besessen, die sie alle von Welpenalter an aufgezogen hat. Aus reinem Spaß trainierte sie ihre Hunde für die verschiedensten Disziplinen: Hütearbeit, Agility oder Obedience, um nur einige zu nennen. Ihre Liebe zu Hunden, ihr Interesse an Hundetraining und -verhalten und der Wunsch, anderen bei der Erziehung ihrer Hunde behilflich zu sein, machten ihr Hobby schließlich zum Beruf. Heute gibt sie Obedience-Kurse und Einzelberatungsstunden zu Verhaltensproblemen wie Aggression. Sie lebt mit ihrem Mann Tim und ihren zwei Kindern Matthew und Sydney sowie der Katze Muggsy und den drei Hunden Strider (10 Monate), Kobe (6 Jahre) und Jordan (10 Jahre) zusammen.

Anhang

Adressen

Wenn Sie eine gute, qualitätsgeprüfte Hundeschule in Ihrer Nähe suchen, wenden Sie sich an:

Berufsverband der Hundeausbilder und Verhaltensberater e. V. (BHV)
Eppsteiner Straße 75
D - 65719 Hofheim
www.hundeschule.de

Tierärzte, die sich auf Verhaltenstherapie spezialisiert haben, finden Sie hier:

Gesellschaft für Tierverhaltenstherapie (GTVT)
Am Kellerberg 18 a
D - 84175 Gerzen
www.gtvt.de

Adressen von seriösen Welpenzüchtern der verschiedensten Hunderassen erhalten Sie bei:

Verband für das deutsche Hundewesen (VDH)
Westfalendamm 174
D - 44141 Dortmund
www.vdh.de

Schweizer Kynologische Gesellschaft (SKG)
Länggassstraße 8
CH - 3012 Bern
www.hundeweb.org

Österreichischer Kynologenverband (ÖKV)
Siegfried Marcus Strasse 7
A - 2362 Biedermannsdorf
www.oekv.at

Quellenangaben: Verwendete Literatur

Abrantes, Roger. *Dog Language: An Encyclopedia of Canine Behaviour.* Naperville, IL: Wakan Tanka Publishers, 1997.

Bergen, D. *Play as a Medium for Learning and Development.* Portsmouth, NH: Heinemann, 1988.

Bornstein, M., Haynes, O., Pascual, L., Painter, K., Galperin, C. »Play in two societies: pervasiveness of process, specificity of structure.« *Child Development*, 70, 317-331. (1999).

Hetts, Suzanne. *Pet Behavior Protocols, What to Say, What to Do, When to Refer.* Lakewood, CO: AAHA Press, 1999.

Lindsay, Steven R. *Handbook of Applied Dog Behavior and Training, Vol. 1 and 2.* Ames, IA: Iowa State University Press, 2000.

Fein, G. »Pretend Play in Childhood: An Integrative Review.« *Child Development*, pp. 1095-1118. (1981).

Fernie, David. *The Nature of Children's Play*. www.kidsource.com.

Fox, Michael. *Integrative Development of Brain and Behavior in the Dog.* Chicago, IL: University of Chicago Press, 1971.

London, Karen. »Frolicking Fidos Workshop.« 2003.

McArdle, Paul. »Child: Care, Health and Development.« *Children's Play*, Vol. 27:6, p 509, November 2001.

Overall, Karen. *Clinical Behavioral Medicine for Small Animals.* St. Louis, MO: Mosby, Inc., 1997.

Pfaffenberger, Clarence. *The New Knowledge of Dog Behavior.* Dogwise Publishing, reprinted 2002.

Piaget, J. *Play, Dreams, and Imitations in Childhood*. New York: Norton, 1962.

»Puppy Vaccination and Socialization Should Go Together,« Anderson, Robert K., DVM. Diplomat, American College of Veterinary Preventive Medicine and Diplomat of American College of Veterinary Behaviorists, University of Minnesota, School of Public Health, Minneapolis, MN.

Purdue University, Animal Behavior Clinic statement dated December 4, 2002 by Andrew Luescher, DVM, PhD., Diplomat ACVB, Director of Animal Behavior Clinic, Purdue University and Steve Thompson, DVM, Diplomat ABVP, Certified in Canine/Feline Practice, Director of The Pet Wellness Clinic, Purdue University.

Scott, J.P. and Fuller, J.L. *Dog Behavior: The Genetic Basis*. Chicago, IL: The University of Chicago Press, 1965.

Serpell, James, *The Domestic Dog*. Cambridge, England: Cambridge University Press, 1995.

Literaturempfehlungen zum Weiterlesen

Abrantes, Roger: *Hundeverhalten von A - Z*. Franckh-Kosmos Verlag, 2005.

Bailey, Gwen: *Hund gesucht – Welche Rasse passt zu mir?* Kynos Verlag, 2005.

Donaldson, Jean: *Hunde sind anders*. Franckh-Kosmos Verlag, 2000.

Jones, Renate: *Aggressionsverhalten bei Hunden – Auch nette Hunde streiten*. Franckh-Kosmos Verlag, 2003.

McConnell, Patricia: *Das andere Ende der Leine – Was unseren Umgang mit Hunden bestimmt*. Kynos Verlag, 2004.

Niewöhner, Imke: *Auf ins Leben! – Grundschulplan für Welpen*. Kynos Verlag, 2005.

Piturru, Pasquale: *Lassie, Rex & Co. klären auf – So wollen wir verstanden werden*. Kynos Verlag, 2004.

Pryor, Karen: *Clicker – Positives Lernen für Hunde*. Kynos Verlag, 2002.

Ray, Mary & Harding, Justine: *Dog Tricks – Clevere Spaßspiele für jeden Hund*. Kynos Verlag, 2006.

Rehage, Felicia: *Lassie, Rex & Co. – Der Schlüssel zur erfolgreichen Hundeerziehung*. Kynos Verlag, aktualisierte Auflage 2006.

Theby, Viviane: *Das Kosmos Welpenbuch – Der gute Start ins Hundeleben*. Franckh-Kosmos Verlag, 2004.

Theby, Viviane: *Schnüffelstunde – Nasenspiele für Hunde*. Kynos Verlag, 2003.

Yin, Sophia: *Wie der Mensch, so sein Hund – Erziehungsprogramm für Hundehalter*. Kynos Verlag, 2006.